뉴-보혈은 기적이다

『보혈은 기적이다』 개정판
뉴-보혈은 기적이다 *New-Jesus blood is the miracle*

개정판 1쇄 인쇄 | 2013년 03월 25일
개정판 1쇄 발행 | 2013년 03월 30일

지 은 이 | 심상태
펴 낸 이 | 백도연
펴 낸 곳 | 도서출판 세움과비움

등 록 | 제 2012-000230호
주 소 | 서울 마포구 양화로 16길 18(서교동)
전 화 | 02-704-0494
팩 스 | 02-6442-0423
메 일 | feelmoum@naver.com

ⓒ 심상태 2013

디 자 인 | 명상완

ISBN 978-89-98090-05-0 03230

정가 12,000원

이 책의 출판권은 저자가 가지고 있습니다.
저자와 출판사의 허락 없이 내용의 일부를 인용하거나 발췌하는 것을 금합니다.

※ 이 책은 『보혈은 기적이다』의 개정판입니다.

목회자와 신학생
평신도를 위한
보혈 교과서!

뉴-보혈은 기적이다
New-Jesus blood is the miracle

심상태 지음

세움과 비움

■■■ **개정판을 내면서**

    필자는 20여년을 일반 교회에서 목회로 주님의 교회를 섬겨왔다. 그러나 필자의 목회철학과 비전 vision의 충돌로 때로는 갈등을 겪기도 하였다. 고민 중에 큰 꿈을 품고 대구에서 교회를 설립하게 되었고 금년 들어 14년 되었다. 주님의 은혜로 목사의 전성기라 할 수 있는 40대 중반을 대구에서 개척을 시작하여 오늘에까지 이르게 되었다.
    필자는 생각하기를 몇 년 지나지 않아 대형 교회로 부흥되리라는 생각을 하였으나 꿈과 현실에는 엄청난 괴리가 있었다.

    개척 임대교회라 부담되어 떠난다는 성도들, 믿었던 지인들의 배신과 아픔의 상처를 남기고 떠나가는 성도들 때문에 받은 환난이 내게는 큰 상처로 다가왔다. 경제적인 문제로 아파하는 가족들 때문에 현실에서 겪는 아픔이 어느 것보다 더 크게 피부로 느껴졌다.
    무엇보다 가장 많이 들었고 듣기 싫은 말은 "목사님은 말씀은 좋은데 부담 때문에 간다."는 것이었다. 때론 목회를 계속해야 하느냐 하는 생각도 솔직히 들었다. 짧은 행복 긴 아픔이 계속되어 그것이 나에게 치유될 수 없는 상처가 되었다. 그러나 고난이 유익이라 했던가. 그 즈음 주님의 희미한 영음이 내 마음에서 들렸다. 모든 것이 내 잘못이고 그 해결책은 주님을 찾는 것이라는 사실이었다. 그것이 계기가 되어 주님을 간절히 찾게 되었고 금식, 철야, 산기도 등을 계속 하던 중 성령세례를 다시 받게 되었고 주님을 만나게 되었다.

무엇보다 감사한 것은 평소에는 전혀 깨닫지도 알지도 못했던 보혈의 진리를 주님은 종에게 계시하셨고 알게 하셨다. 지금 생각해보니 주님은 보혈의 진리를 종에게 계시해 주시려고 큰 아픔도 시련도 겪게 하셨다고 생각한다. 국내외 많은 교회와 신학교, 기도원 등에서 보혈을 전하게 하셨고 인터넷 카페 보혈신앙 선교회 http://cafe.daum.net/angtae와 또한 『보혈은 기적이다 Jesus blood is the miracle』 1권과 2권을 쓰게 하셨고 보혈시집 『은총의 붉은 낙엽 Leaves tinted red by His Grace』도 출간하게 하셨다.

『보혈은 기적이다』를 출간한 지도 어느덧 3년이 흘렀다. 물론 진리가 변할 수는 없지만 내용적인 면에서 수정의 필요성을 느꼈고 이번에 새로이 내용을 대폭 개정하여 『뉴-보혈은 기적이다』로 새로이 출간하게 되었다.

이번 개정판에는 필자가 30여 년 동안 목회와 부흥회 신학 강의 등에서 즐겨 사용했던 감동적인 이야기들과 서적에서 발췌한 내용들을 <신앙에세이 그리고 보혈>이란 제목으로 새로운 장을 만들어 지치고 힘든 신앙생활과 목회에 활력소로 재미있고 감동스럽게 보혈로 접목하여 『뉴-보혈은 기적이다 New-Jesus blood is the miracle』로 새로이 세상에 내어놓았다. 아쉬운 점은 많은 체험들을 지면의 제약 때문에 기록하지 못하였으나 감사하게도 함께 출간한 『보혈은 기적이다 Ⅱ Jesus blood is the miracle』에 많이 수록했으며 곧 출간할 예정인 『보혈은 기적이다 Ⅲ』에서 못 다한 체험도, 감동 에세이도 이어갈 것을 약속한다. 아무쪼록 본서를 통하여 보혈의 진리를 알고 체험하시기를 바라며 이 책을 읽으시는 모든 분들께 감사를 드린다.

주후 2013년 3월 10일

포도원교회 서재에서
저자 **심상태 목사**

■■■ 추 천 사

주님의 특별하신 은혜로 심상태 목사님이 저술하신 『뉴-보혈은 기적이다 New-Jesus blood is the miracle』라는 책을 출판하게 된것은 참으로 기쁜 일이며 주님께 영광이요 우리 모두에게 기쁜 일이라 먼저 축하의 말씀을 드립니다.

보혈은 예수그리스도의 피를 고상하게 높여 지칭하는 단어입니다. 한자로는 보혈寶血, 보배로운 피란 뜻인데 영어로는 귀한 피 Precious blood 혹은 혈액으로 번역할 수 있습니다. 그러나 우리나라 성경에는 그리스도의 피, 어린양의 피라는 말로 쓰여져 있습니다.

굳이 설명을 드린다면 베드로전서 1:19에서 그리스도의 보배로운피 The precious blood of Christ라고 하였습니다. 그러나 우리나라에서 그리스도의 피를 보혈이라 부르는 것은 복된 표현이라 생각합니다. 그 이유는 우리는 그리스도의 피를 통하지 않고는 죄사함도 구원도 받지 못하기 때문입니다.

신구약 성경은 피의 기록이라 할 수 있습니다. 구약시대의 제사는 보혈을 상징하는 짐승의 피를 통해 죄씻음 받고 피를 뿌려서 죄를 덮는 예식을 행하였습니다.

　신약시대에 와서는 예수 그리스도의 보혈로 단번에 죄를 도말하는 속죄의 영적 예배를 드립니다. 그러므로 구약을 짜면 짐승의 피가 흐르고 신약을 짜면 예수 그리스도의 보혈이 흐른다고 표현할 수 있습니다.

　성막과 성전의 역사도 피뿌림의 역사입니다. 그러므로 기독교 교리 중에 핵심인 보혈은 아무리 강조해도 부족하다고 할 것입니다. 왜냐하면 예수 그리스도의 보혈은 사죄의 능력, 구원의 능력, 영생의 생명력을 가졌기 때문입니다.

　주님이 친히 말씀하시기를 인자의 피를 마시지 아니하면 너희 속에 생명이 없느니라고 하셨습니다(요 6:53). 레위기 17:11에는 육체의 생명은 피에 있느니라고 하셨습니다. 다시 말씀드리면 보혈을 성경은 생명이라고 말하고 있는 것입니다. 육신의 생명도 피에 있습니다. 피가 없거나 모자라면 그 사람은 죽게 됩니다. 그 이유는 피는 곧 생명이기 때문입니다.

　보혈을 통하지 않고는 죄사함도 영생도 없다는 것이 성경의 가르침이며 핵심 진리입니다. 그래서 바울은 자기 피로 사신 교회를 치게 하신다고 하였습니다(행 20:28). 주님은 죽기 전날 밤 제자들에게 떡과 잔을 주시며 다 받아 먹으라 하시고(마 26:27) 마태복음 26:28에 "이것은 죄 사함을 얻게 하기 위하여 흘리는 바 나의 피 곧 언약의 피니라"고 하셨습니다.

　우리 모두는 보혈이 필요합니다. 피가 필요하지 않는 사람은 예수님 밖에는 없습니다. 만일 보혈이 없는 사람이 있다면 그는 주님을 만날 수도 없고 하나님께로 갈 수도 없습니다.

　구약에 대제사장이 하나님을 만나기 위해 지성소를 들어갈 때는 반드시 피를 가져가야 합니다(히 9:7).

마태복음 20:28에는 "인자가 온 것은 섬김을 받으려 함이 아니요 도리어 섬기려 하고 자기 목숨을 많은 사람들의 대속물로 주려 함이라"고 하셨습니다. 즉 주님이 오신 목적도 보혈을 흘리기 위함이었습니다.

그 증거가 죽으시기 전날 밤 겟세마네 기도에서도 나의 원이 아닌 아버지의 원대로 되기를 원한다 하셨고 요한복음 19:30에 피를 다 쏟으시고 죽으시기 직전에 다 이루었다고 말씀하시며 주님이 오신 목적이 보혈을 흘리기 위함이었음을 증명했습니다.

그런데 오늘날 교회는 주님의 보혈에 대한 강해, 강론, 설교를 잘 들을 수가 없습니다. 이는 참으로 안타까운 현실입니다. 그런데 이번 심상태 목사님이 쓰신 『뉴-보혈은 기적이다』란 책이 나오게 된 것을 참으로 기쁘게 생각하고 하나님의 은혜를 감사드리며 쉽게 이해할 수 있게 쓴 것은 우리를 향하신 주님의 은혜임을 알아서 기쁜 마음으로 추천하고 일독을 권합니다.

전재규 박사
경북대학교 의과대학 졸업 | 의학박사

미국 템플대학교 의과대학 교수, 계명대학교 의과대학 학장
한국의료윤리 교육학회 회장, 한국 호스피스협회 이사장
계명대학교 명예교수, 대신대학교 제5대 총장

■■■ 추천사

먼저 주님의 은혜로『뉴-보혈은 기적이다 New-Jesus blood is the miracle』라는 귀한 책을 출판하게 된 것을 진심으로 축하를 드리며 독자의 한사람으로도 기쁘게 생각합니다.

저자 심상태 목사는 저서에서 보혈은 성경 속의 가장 위대한 진리이며 핵심이라고 밝혔습니다. 저자는 보혈의 현재성과 사용방법을 논하면서 보혈은 과거도 현재도 미래도 필요하고 계속해서 우리가 죄를 씻고 마시고 능력을 힘입어야 한다고 증거합니다. 또한 보혈은 참된 양식이요 재림 시에 보혈이 있는 자를 부르시고 보혈이 있는 자는 그 안에 거함이라고 하였습니다.

기독교서점에는 수많은 종교서적 신학강론 설교집들이 있습니다. 그러나 예수 그리스도의 보혈에 대한 책을 쉽게 찾아볼 수 없는 것이 현실입니다. 그런데 이번에 심상태 목사님을 사랑하신 주님이『뉴-보혈은 기적이다』란 책을 출판하게 하신 것은 우리 모두 기뻐해야 할 것입니다.

『뉴-보혈은 기적이다』란 책은 목회자 신학생 평신도 어느 누구라도 반드시 애독해야 할 책이며 주님이 주시는 은혜와 기적을 체험하게 될 영감의 위대한 책이라고 할 수 있습니다. 한 번 읽고 덮어둘 책이 아니고 계속 읽으며 증거하며 설교하여 주님의 피뿌림을 실천하여야 할 것입니다.

그리할 때 주님이 주시는 은혜와 기적을 체험하게 될 것이며 기뻐 뛰며 찬송하며 주님께 감사하게 될 것입니다.

저자 심상태 목사는 신약성경을 1,000번이나 읽은 성경의 애독자이며 이미 7권의 책을 저술한 문필가이고 또한 기도의 사람입니다. 무엇보다 기적을 바라는 하루 5,000번씩 1년을 드린 기도는 우리 모두에게 공감을 주기에 충분합니다.

저자는 '한국 주사랑 문인회'를 통해 등단한 시인이기도 합니다. 그의 시는 보혈신앙선교회 카페를 통해 많이 소개되고 있으며 그의 보혈을 사랑하여 지은 보혈시는 우리의 가슴을 뭉클하게 하는 감동적인 진실로 가득차 있습니다.

또한 심상태 목사는 영감있는 설교로 24년이상 부흥회를 인도한 부흥사이며 신학강의를 15년째하고 있는 유명한 교수입니다. 저자는 현재 영감있는 보혈 전도자로서 한국과 세계 교회에서 보혈의 기적을 현장에서 일으킬 것을 믿어 의심치 않습니다.

심상태 목사는 경북 청송 출신입니다. 5대째 믿는 믿음의 가정에서 출생하여 지금까지 숨어있는 무명의 전도자로 주님이 쓰셨습니다. 그러나 이제『뉴-보혈은 기적이다』라는 본서가 세상에 나옴을 통해 세계적인 종으로 쓰임받으리라 확신합니다.

이미 다음 카페 : 보혈신앙선교회의 카페지기로서 많을 글을 세상에 소개하여 이미 많이 유명해져 가고 있기도 합니다.

수많은 고난에도 굴하지 않고 간구한 결과로 성령 충만한 설교자가 되었고 그에게 성령 하나님의 강권적인 역사와 성부 하나님의 섭리로 예수 그리스도 안에서 영감이 넘쳐 흐르는 기적이 크게 나타나게 되는 책자를 세상에 내어놓게 된 것입니다.

　『뉴-보혈은 기적이다』라는 책은 많은 독자와 전국 기독교 서점에서 이미 간절히 기다리고 있는 책입니다. 그리스도인이라면 누구라도 항상 휴대하고 계속 거듭 읽어야 하며 믿어야 할 책이며 세상에 알려져야 할 책이기에 이 위대한 책을 기쁨으로 추천의 글을 드립니다.

이종보 목사
예장합동 경청노회 은퇴목사
서울문학이사
주사랑문인회 이사, 시인, 부흥사
총회신학교수(개혁)

■■■ 들어가는 말

성경은 "피 뿌림을 얻기 위하여 선택된 우리"(벧전 1:2)라고 하였다. 하나님은 예수님의 피를 뿌리기 위하여 우리를 선택하셨음을 말한다. 필자도 다른 목회자와 같이 보혈에 대하여 잘 알지 못하였고 예수 피에 대하여 설교한 일도 없고 겨우 성찬예식 때나 한 번씩 설교해왔을 뿐이었다. 그것도 보혈의 진리를 알지도 못한 채 보혈로 구원을 받았다고 보혈을 과거완료형으로만 생각했었다. 그러나 보혈은 오늘도 필요하고 내일도 필요하고 예수님 오실 때까지 계속되어야 하는 반복적이요 현재진행형인 것이다. 그 이유는 우리 죄를 씻는 길은 예수님 피밖에 없고 예수님 재림 시까지 인간들은 죄를 짓고 또 지을 수밖에 없기 때문이다.

요한일서 1:7에는 "예수의 피가 우리를 모든 죄에서 깨끗하게 하실 것이요"라고 하였다. 다시 말하면 예수의 피가 없으면 죄 사함도 없다는 뜻이다. 찬송가 252장도 '나의 죄를 씻기는 예수의 피밖에 없네 다시 성케 하기도 예수의 피밖에 없네 예수의 흘린 피 날 희게 하오니…' 라고 증거하고 있다. 이렇듯 예수의 피 외에는 어떤 것으로도 우리 죄를 씻을 수 없다고 성경과 찬송이 말하고 있다.

필자는 보혈의 진리를 알지 못하고 막연하게 주님이 내 죄를 예수 피로 씻어주셨다고 생각하였다. 많은 사람들이 그렇게 믿고 가르치는 것이 또한 사실이다. 필자가 보혈을 알게 된 계기는 이러하다. 여러 해 전에 부산신학교 강의를 종강하고 인사를 하는데, 어떤 학생이 잠시 드릴 말씀이 있다면서 만나자고 하였다. 만나서 그가 하는 말이 "목사님은 조직신학, 성령론, 성경도 강의를 잘하시면서 왜 보혈에 대하여는 강의도 안 하시고 한 번도 말씀을 안 하십니까?" 하는 것이었다.

실제로 보혈의 말을 하지 않은 것은 보혈의 필요성을 알지 못했고 보혈에 대한 체험도, 지식도 없었기 때문이었다. 보혈은 신비주의자들이나 성경에 무지한 사람들이 귀신을 쫓아내고 병자를 안수할 때나 하는 말로 생각했었다. 필자는 그 말에 "예수 피 말입니까?"라고 묻고 아무 말도 하지 못했다.

지금 생각하니 그때가 주님이 그를 통하여 나에게 보혈의 진리를 전수하시는 시작이요, 또한 기적을 구하는 필자의 기도에 대해 응답하셨던 시간이었다는 것을 알게 되었다. 그녀는 말하기를 "목사님, 제가 가지고 있는 책 중에 서점에도 품절이 되어 구할 수 없는 귀한 보혈 책이 몇 권이 있는데 빌려드릴 테니 꼭 보시고 돌려주셔야 합니다." 하고는 그 다음 주에 다시 만나 필자의 의사는 묻지도 않고 몇 권의 보혈 책을 쥐어주었다. 그녀는 평소에도 필자를 위해 기도해 주고 많이 따르던 사랑스런 제자였기에 그 말을 들을 수밖에 없었다.

필자는 부족한 사람이지만 성경과 신학만큼은 책도 많이 읽고, 연구도 많이 하였다. 하지만 실제 성경의 핵심이 없는 지식만을 가진 자였다.

그 당시는 거절할 수 없어서, 또한 무엇일까 하는 호기심에 그 책을 빌려 왔지만 사실 별 관심이 없었다. 그 책은 맥스웰 화이트 Maxwell Whyte 목사가 쓴 『예수님의 보혈은 현실생활에서 어떤 역할을 하는가』, 『예수님의 보혈』 등 5권이었다. 집에 와서 읽어보았으나 재미도 없고 이해가 되지 않은 부분이 많아 그냥 덮어 두고 잊어버렸다. 그보다 몇 달 전에 지금은 미국에서 간호사로 근무하는 딸이 당시 부산백병원에 있을 때 신앙 서적 20여 권을 필자에게 보내왔다. 그 책 중에 베니 힌 Benny Hinn의 『어서오세요 성령님』, 『안녕하세요 성령님』과 박필이 쓴 『당신의 말이 기적을 만든다』란 책이 있었는데 이 책들은 외롭고 지친 필자의 심령에 감동과 은혜와 신선한 충격과 도전의식을 가지게 하였다.

아브라함 링컨 Abraham Lincoln은 그의 저서에서 자기를 대통령으로 만든 것은 세 권의 책이었는데 성경을 통해 자신을 기적으로 이끌어 주실 주님을 알았고, 『천로역정 天路歷程 Pilgrim's Progress』을 통하여 구원받은 백성이 가야 할 길을 알았으며, 『워싱턴 전기』를 읽으면서 대통령이 되는 꿈을 꾸게 되었으며 이 세 권의 책이 자신을 대통령으로 만들었다고 하였다.

필자도 많은 책 중에서 특히 『당신의 말이 기적을 만든다』라는 책이 가슴에 와 닿았는데 30여 년의 목회 중 말에 대한 상처가 너무 많아서인지 그 책을 여러 번 반복해서 읽고 그 분이 쓴 다른 책을 구하여 반복적으로 읽었다. 그리고 1년 동안 교회에서 '당신의 말이 기적을 만듭니다' 라는 현수막을 걸어놓고 오후 예배에는 1년 동안 말의 기적에 대한 설교를 하고, 밤에는 하루에 5,000번씩 '기적이 일어납니다. 감사합니다.' 라는 기도를 반복적으로 드렸다. 그렇게 7개월 정도 기도하는 중에 보혈의 책을 만난 것으로 기억한다. 기적을 달라는 기도를 드린 이유는 기적을 원하는 필자의 소망 때문이기도 하지만 그렇게 기도하면 기적이 일어나리라는 것을 믿었기 때문이었다.

특히, ^{민수기 14:28} "여호와의 말씀에 나의 삶을 가리켜 맹세하노라 너희 말이 내 귀에 들린 대로 내가 너희에게 시행하리라"는 구절이 나의 마음을 조급하게 했고 기적을 간구하는 기도를 드리게 되었다.

처음에는 40일 기도하면 기적이 일어나리라 믿고 열정으로 기도했지만 응답의 기적은 나타나지 않았고 또 40일 작정 기도를 늘리며 계속 기도하다 보니 그 기도를 1년 동안 계속하게 되었다. 그렇게 기도하는 중 어느 날 기도원에 찬양 인도 초청을 받아 가게 되었는데 강사님이 주기도문을 하루에 1,000번을 하면 능력과 함께 기적이 일어난다고 하면서 주기도문을 천 번씩 세 번을 하고 난 뒤에 은사도 강하게 나타나고 교회도 짓게 되었다고 하는 간증을 듣고 즉시 주기도를 하기로 마음을 먹고 시장에 가서 콩 반 되를 사가지고 교회에서 1개씩 숫자를 세면서 하루에 천 번씩 12번 그러니까 주기도를 1만 2천 번을 하였다.

한 번은 우리 교회 집사님들이 저의 아내에게 "사모님, 목사님이 이상해요. 강대상에서 바둑 연습을 해요!!"라고 말했다는 것을 들었다. 콩으로 숫자를 세니까 콩을 옮기는 소리가 아마도 바둑알 소리로 들린 것 같다. 주기도문을 다 하고 나서 신앙고백도 이어서 하루에 1,000번씩 두 번 하였다.

그런데도 기적은 일어나지 않았다. 그래도 '기적이 일어납니다.' 라는 기도는 계속하였고 그렇게 하루에 오천 번씩 기도하는 중 꼭 일 년 되는 날 새벽, 12월 24일 성탄절 전날. 그 날도 피곤하여 새벽기도를 마치고 잠을 잤는데 꿈에 광채가 나는 흰옷을 입은 주님을 만났다.

주님이 말씀하시기를 '사랑하는 종아, 기적을 구하는 너의 기도를 잘 들었다.' 하시며 '기적이 무엇인지 아느냐?'고 물으셨다. '주님, 기적이 무엇입니까?' 물었더니 주님은 '기적이 보혈이다.'라고 하셨다.

필자는 너무나 당황스러워 되물었다. '주님, 어찌 보혈이 기적입니까?' 하였더니 '보혈을 말하면 성령이 역사할 것이고 성령이 나타나면 기적이 일어날 것이다. 너를 보혈의 증거자로 내가 쓰리라. 앞으로 너에게 기적이 일어나리라.'고 하셨다.

그런데 놀라운 것은 그 후에 성경을 읽다가 요한일서 5:6~8, 특히 8절에 "물과 성령과 피는 하나니"라는 구절을 읽게 되었다. 신약을 1000번을 읽었는데 보이지 않던 보혈이 그때부터 보이기 시작했던 것이다. 성경의 가장 위대한 진리는 보혈이다. 여러분은 그 증거를 이 책에서 체험하게 될 것이다. 즉 보혈이 곧 성령이요, 성령이 주님의 주사역임은 이미 2천 년 전에 사도 요한을 통하여 말씀하셨던 것이다.

그 꿈을 꾼 다음 주간에 전남 지역으로 부흥회 초청을 받아서 가게 되었는데 그곳에서 보혈 책을 읽었다. 그런데 너무 은혜가 되어 그때 그 책을 단번에 다섯 번을 읽어버렸다.

'왜 이제야 이 책을 보게 되었을까?' 참으로 이상했다. 주님을 만나기 전에는 읽어도 아무런 감동이 없던 책이 은혜가 되어 책들을 읽으며 가슴을 치며 후회하였다. 이렇게 하여 보혈을 조금씩 알게 되었고, 그 후 보혈에 관계된 책을 인터넷과 기독서점에 수소문하여 거의 다 찾아 읽고 또 읽었다.

지치고 어두운 길을 혼자 걸어가던 그 당시의 필자에게 보혈의 책들은 한줄기의 빛이 되었고 하나님이 필자에게 주시는 마지막 기회라는 생각이 들면서 그 기회를 꼭 잡아야겠다는 간절한 마음이 생겼다.

그렇게 보혈은 필자에게 찾아왔다.

성경은 보혈의 책이다.

죄를 가지고 어찌 천국에 갈 수가 있겠는가. 보혈이 없이는 죄 사함도 천국도 없는 것이다. 물론 선택받은 우리는 주님이 피를 부어 주셔서 천국 가는 것을 부인하는 것은 아니다. 이 글을 읽는 모든 분께 주님의 보혈의 능력이 함께 하시길 기도한다. 그리고 이 글을 한번 읽는 지식의 전달이 아니라, 교육이요 훈련이기에 반복해서 기도하고 체험해야 하고 나의 것으로 만들어야 할 것이다.

보혈은 능력이기 때문에 사탄의 역사가 심하게 방해함을 기억하여 속지 말아야 한다. 보혈은 영적인 비밀이기에 많은 사람들이 잘 알지 못한다. 그러므로 자기 기준으로 자기 믿음의 잣대로 맞추다 보니 은혜가 안 될 수도 있다.

예레미야 33:3에서 "너는 내게 부르짖으라 내가 네게 응답하겠고 네가 알지 못하는 크고 비밀한 것을 네게 보이리라"고 말씀하셨다.

필자가 본 비밀을 이제 하나씩 이 글을 통해 펼쳐 보일 것이다.

■■■ 목 차

개정판을 내면서 • 4
추천사 • 7
들어가는 말 • 13

1장　보혈과 성령 Jesus blood & Holy Spirit

보배로운 피 • 26
다시 받은 성령세례 • 31
보혈의 신앙을 얻으려면? • 37
보혈과 참 생명 • 39
보혈과 성령 충만 받으려면 • 46

2장　보혈과 성경 Jesus blood & Holy Bible

보혈과 언약 • 56
가인과 아벨의 보혈 Ⅰ • 61
가인과 아벨과 보혈 Ⅱ • 68
노아 방주와 보혈 • 73
노아와 피뿌림 • 80
보혈과 아브라함과 언약 • 85
유월절 보호와 보혈 • 91

3장   보혈과 신앙 Jesus blood & Faith

보혈 신앙의 길 • 102
보혈에 대한 예수님의 증거 • 117
보혈에 대한 사도들의 증거 • 123
히브리서의 보혈 • 125
요한계시록과 보혈 • 129
보혈의 가치와 삶 • 135

4장   보혈과 능력 Jesus blood & Power

보혈을 사용할 때 나타나는 능력 Ⅰ • 144
보혈을 사용할 때 나타나는 능력 Ⅱ • 151
보혈을 사용할 때 나타나는 능력 Ⅲ • 160
보혈을 사용할 때 나타나는 능력 Ⅳ • 169

5장 보혈의 기도 Prayer of Jesus blood

보혈 기도 하는 방법 • 178
　보혈의 기도 • 179
　천사기도 • 180
　보혈로 기도하는 방법 • 183

갈멜산의 엘리야와 보혈 • 188
예언사역의 실제와 방법 • 194

6장 보혈과 체험 Jesus blood & Experience

보혈의 능력 체험 Ⅰ • 202
보혈의 능력 체험 Ⅱ • 210
보혈의 능력 체험 Ⅲ • 217
보혈의 능력 체험 Ⅳ • 226

7장　신앙 에세이 그리고 보혈 Religion & the precious blood of Jesus

우군은 적고 적군은 많은 세상 • 232
천국에서의 환영식 • 233
참된 행복은 어디에 • 234
주님을 웃기는 자 • 235
주님을 닮아 가는 삶 • 237
참다운 진리를 알아야 한다 • 238
당신은 모든 것을 잃었군요 • 242
참다운 성공비결 • 243
보혈을 얻기가 어렵다 • 245
주님을 닮아야 • 246
하나님이 하실 수 없는 것 • 248
세계에서 가장 큰 부자 • 249
참된 보화 • 251
칠전팔기의 신앙 • 252
참된 장수의 길 • 254
주님이 기도 응답을 약속하셨다 • 255
겨자씨의 위력의 기도 • 256
영생의 약속 • 258
천국 시민의 자격 • 259
깨달음의 지혜 • 261

> "이는 하나님이 너희에게 명하신 언약의 피라 하고
> 또한 이와 같이 피를 장막과
> 섬기는 일에 쓰는 모든 그릇에 뿌렸느니라
> 율법을 따라 거의 모든 물건이 피로써 정결하게 되나니
> 피흘림이 없은즉 사함이 없느니라"
>
> 히브리서 9:20~22

1장

보혈과 성령
Jesus blood & Holy Spirit

보배로운 피
다시 받은 성령세례
보혈의 신앙을 얻으려면?
보혈과 참 생명
보혈과 성령 충만 받으려면

보배로운 피

기적을 바라며 간절히 기도했던 하루 5,000번의 기도로, 보이는 기적은 아직도 많이 나타나지 않았지만 주님은 보혈이라는 보이지 않는 기적으로 응답하셨다. 보혈이 생명이기에 필자의 보혈 전파를 통해서 많은 사람들이 영적으로 새 생명을 얻게 되었으니 이미 기적은 계속 일어나고 있는 것이다.

보이는 일회성이 아닌 기적을 계속 만들어낼 수 있는 기적 중의 기적을 얻게 된 것이다. 그리하여 주님이 하신 말씀대로 책 제목을 『보혈은 기적이다 Jesus blood is the miracle』로 하기로 하였다.

내 속에 보혈의 지식과 믿음과 체험이 가득차고 주님의 때가 될 때, 주님께로부터 보이는 기적도 나타날 것이라 믿는다.

보혈이 무엇인가?

보혈寶血이란 영어로는 'precious', 존귀하다는 뜻이며, 예수님의 피 Jesus Blood를 말한다. 따라서 보혈을 영어로 'the precious blood (of Jesus)'라고 한다. 다른 말로는 '보배로운 피'란 뜻이다(벧전 1:18).

보배라는 말은 '측량할 수 없다 unmeasurable'는 뜻을 내포하고 있다.

구약의 뜻

히브리 원문

- 오차르 O-Char : 보물, 이 세상의 보화와는 비교할 수 없는 영육의 보배이다.
- 베체르 Be-Cher : 금은광석, 그것이 보화지만 우리가 파내어 낸 것으로 만들어야 한다.
- 마트몬 Mat-Mon : 숨겨진 보배, 누구의 눈에나 보인다면 보화가 아니지 않는가. 주님의 귀한 사람에게 보인다는 것이다.

신약의 뜻

헬라어

- 티미오스 Timios : 가치 있는, 값비싼. 보혈은 값을 측정할 수 없다.
- 엔티모우스 Entimous : 지위가 높은, 영예로운. 예수 보혈에 대해 요한복음 6장에서 생명生命이라 했으니 예수님의 생명이 오는 것이다. 놀라운 것은 보혈이 있으면 지위가 높아지고 영화로워지는 것이 원문의 뜻이다.

레위기 17:14에 생명은 피에 있다고 하였다. 우리 몸의 80%는 피가 차지하고 있고 13초마다 우리 몸속을 한 바퀴씩 돌고 있다고 한다. 우리 몸속에 있는 혈관의 길이 length of blood line는 장장 9,500km라고 한다. 경부고속도로를 열 번 왕복하고도 남는 길이다.

그 혈관 속에서 피는 할 일이 있다. 피는 우리 몸속에서 계속 일을 하고 있다. 우리 몸속의 혈관이 터지면 생명의 위협을 받는 위급상황이 되고, 교통사고가 난 환자가 병원에 오면 제일 먼저 의사가 하는 일은 피를 수혈하는 것이다. 몸

속에 있는 피를 모두 빼버리면 죽게 된다. 피가 건강해야 우리가 건강하다. 만일 피가 움직이지 않고 멈추거나 피가 죽으면 건강이 위험하다는 것은 상식이며 여러 번 강조해도 지나치지 않을 것이다.

이와 같이 마귀와 죄에 찢겨진 우리에게 가장 시급하고 먼저 해야 할 것은 예수 피로 수혈하는 것이다. 혈액량은 4~4.8L 정도이며 이중 3분의 1이상의 혈액을 흘리게 되면 목숨이 위험해질 수가 있다고 한다. 우리 피는 몸속의 병을 몰아내며 싸우듯, 우리 속에 있는 예수의 피는 우리의 죄악을 쉴 새 없이 청소한다.

주님은 요한복음 8:32 진리를 알지니 진리가 너희를 자유케 한다고 하였다.

진리인 예수의 피만이 우리를 죄에서 씻고 사탄에게서 자유케 할 수 있기 때문이다. 찬송가 252장 1절에는 '나의 죄를 씻기는 예수의 피 밖에 없네 다시 성케하기도 예수의 피 밖에 없네 예수의 흘린 피 날 희게 하오니 귀하고 귀하다 예수의 피 밖에 없네' 라고 노래하였다.

왜 보배로운 피인가? 베드로전서 1:18~19

베드로전서 1:18~19 "망령된 행실에서 구속된 것은 은이나 금 같이 없어질 것으로 한 것이 아니요 오직 흠 없고 점 없는 어린양 같은 그리스도의 보배로운 피 Precious blood of Christ로 한 것이라고 하였다.

첫째, 예수 그리스도 피만이 보배 피란 뜻이다.

한문으로 寶, 보배 보자에 血, 피 혈자이다. 영어로 the precious blood(of Jesus)이다. 세상에 어느 누구의 피로도 대신할 수 없는 예수님의 피를 가리킨다. 예수님은 본래 하나님의 본체시지만 마태복음 1:23 "우리 죄를 사해 주시기 위해" 다시 말해 보혈을 주시기 위해 인간이 되셨다.

인간은 모두가 아담의 후손이요 죄인이다. 우리의 구원자는 예수님밖에 없다. 요한복음 14:6에서 "내가 곧 길way이요 진리truth요 생명life"이라 하셨다. 죄 없으신 예수님이 사람의 몸을 입으시고 메시아Messiah로 오신 것이요, 예수 피만이 보혈이요, 그 분만이 우리의 구원자saviour이시다.

둘째, 예수님 피만이 모든 죄를 구속할 수 있다.
베드로는 망령된 행실에서 구속된 것은 예수 피밖에 없다고 하였다. 죽기 전날 밤 주님은 열두 제자들과 함께 성찬예식을 행하시면서 하신 말씀을 생각해 보자. 주님은 마태복음 26:27에서 "너희가 다 이것을 받아먹으라"고 하셨다. 이 말씀은 예수 피는 모든 사람이 다 마셔야 한다는 뜻이다. 28절에 그 이유는 "이것이 많은 사람의 죄 사함을 얻기 위하여 흘리는 바 나의 피 곧 언약의 피니라"고 말씀하셨으니 모든 사람의 죄 사함, 구속을 위해서는 당신의 죽음이 필요하고 죽으시면서 흘리신 보혈이 우리의 모든 죄를 구속하신다.

주님은 이것을 다 받아 마시라 하셨다. 마시라는 말씀은 보혈을 믿고 그 피로 우리 죄를 씻어야 한다는 뜻이다.

당신은 예수님 피를 날마다 마시고 있는가?

당신에게 예수 피가 있는가?

예수의 사랑이 무엇으로 나타나는가? 답은 '그리스도의 피'이다.

셋째, 베드로는 은과 금같이 없어질 것으로 한 것이 아니라고 하였다.

이 말은 은과 금은 세상의 보화지만 보혈은 세상 은, 금에 비유할 것이 아닌 영적인 보화요, 보배 중의 보배란 뜻이다. 성경은 보혈에 대하여 많은 말씀을 하고 있으나 감취인 보화이기 때문에 우리 눈에는 잘 보이지 않는다. 마태복음 23장에서 주님은 7가지의 화를 말씀하시면서 소경된 인도자라 하셨는데 그들은 생명의 주를 보고도 믿지 못했고 오히려 주님을 죽였다. 그러므로 주님은 그들을 소경된 인도자라 하신 것이다.

누가복음 24:16는 엠마오로 가던 두 제자들도 처음에는 예수님과 같이 가면서도 영적인 눈을 감았으므로 주님을 알지 못했다. 그러나 30절, 주님이 떡을 주시고 축사하신 후 31절, 그들은 눈을 떴고 또한 마음이 뜨거워졌던 것이다. 그 떡이 무엇을 말할까? 바로 보혈의 말씀인 것이다(요6:51,58).

마태복음 13:44 밭에 감취인 보화를 발견한 농부가 자기의 소유를 다 팔아 밭을 샀다. 이 보화는 영적인 보화, 보혈을 가리킨다. 많은 사람들은 자기 눈에 보이지 않는다고 그 진리를 부인한다.

육적인 은금보화를 얻기 위해서는 혈안이 되어 있지만 보혈을 얻기 위해서는 얼마나 힘쓰고 애쓰며 노력했는지 우리는 자신을 돌아보아야 할 것이다. 은, 금이 귀한가 보혈이 더 귀한가 생각해 보아야 할 것이다.

사도행전 28:26 "이 백성에게 가서 말하라 듣기는 들어도 도무지 깨닫지 못하고 보기는 보아도 도무지 알지 못하는도다".

이 말씀은 그때 그 백성을 향한 말씀이기도 하지만 필자와 독자 여러분을 향한 메시지임을 잊지 말아야 한다. 사도행전 3장의 거지는 은과 금을 원했지만, 사도는 은과 금은 없으나 예수를 가지고 있었다.

세상의 은금보다 예수 피가 비교할 수 없이 더 귀한 보배임을 알아야 한다.

넷째, 베드로는 점 없고 흠 없는 예수 피라 하였다.
(1) 예수님의 피는 죄가 없는 무흠한 피라는 뜻이다.
(2) 어떠한 죄도 예수 피는 사하는 능력이 그 피 속에 있다는 뜻이요.
(3) 작은 죄도 예수 피로 씻지 않으면 구속함을 받지 못한다는 뜻이다.

필자는 때로는 하루에도 여러 번 미국을 간다. 그러나 실제로 미국을 가본 적이 없다. 마음으로 간다는 말이다. 왜일까? 내 사랑하는, 하나밖에 없는 딸이 미국에 있기 때문이다.

하나님도 많은 사람 가운데서 당신의 아들의 피가 있는 자를 사랑하시는 것이다.

다시 받은 성령세례

"형님, 요즘 어떻게 지내세요?" 낯익은 반가운 음성이다. 난 사촌이 없으니 6촌이 가장 가까운 친척인데 서울에서 목회하는 6촌 동생인 심상로 목사의 전화였다.

"형님, 이번 주간에 감람산 기도원에서 목회자 세미나 있는데 같이 갑시다." 하는 것이 아닌가. "그래, 강사는 누군데?" 물었더니 "전광훈 목사요." 했다. 그때까지만 해도 전 목사님을 잘 알지 못하였다.

"자네나 은혜 많이 받게." 하며 정중하게 거절했다. 그런데도 단 한 번만이라도 참석하라는 동생에게 거절하느라 혼이 났다. 그리고 한 달 정도 지나니 이번에는 서울에서 세미나가 있다고 또 전화가 왔다.

"형님, 이번 기회를 놓치면 평생을 후회합니다."라며 반 협박조였다. 할 수 없이 어설픈 핑계로 거절을 했는데 한 주간을 지나고부터 문자와 전화로 제수씨까지 동원해 저의 아내에게까지 세미나를 가자고 하는 것이었다.

그때 곰곰이 생각했다. 평소에는 가끔씩 안부 전화만 하는 동생인데 왜 저럴까? 그는 나의 우군이지 적군은 아니지 않은가. 나를 사랑해서 연락하는 것이지 다른 뜻이야 있겠는가? 개척교회를 하는 형이 성공해서 주님께 귀하게 쓰임 받게 하고 싶은 동생의 마음은 충분히 이해가 되고도 남았지만 여전히 내 마음은 움직이지 않았다.

그때까지만 해도 하루에 겨우 1시간 미만 기도하는 세상적인 목사였다. 너무 힘들어서 "차라리 목회자가 아니었으면 집세 걱정, 생활 걱정은 없었을 걸! 필자는 목회하기 전에는 그 당시 국가 5급 공무원이었다.

'목회를 그만둬 버릴까?' 온갖 생각이 다 들었다. 때론 어딘가 훌훌 떠나고 싶은데 그럴 형편이 못되는 내 자신이 너무 초라했다. 전에 시무하던 교회는 새벽기도만 50~60명 정도 모였는데 지난날이 그리워지고 개척했던 일이 후회가 되기까지 하였다.

성도들이 말씀에 은혜는 받지만 개척교회라 부담스럽다면서 등록하지 않고 오히려 떠나가는 그들의 뒷모습에 힘들어 하며 내 마음처럼 채워지지 않는 교회의 빈자리를 보면서 잠 못 이룬 밤이 하루 이틀이 아니었다. 주일 예배 때에는 말씀을 전하다가도 성도가 떠나간 빈자리와 예배에 참석한 성도들의 숫자를 보며 시험에 든 적도 솔직히 많은 세상적인 목사였다. 개척 임대교회를 한다는 게 너무 힘이 들었다.

재미있는 이야기가 있다.

많은 사람들이 모여 코끼리 한 마리를 놓고 내기를 하였다. 누가 코끼리 눈물을 흘리게 하느냐 하는 시합을 했다. 훈련받지 않은 이 코끼리를 두고 사람들이 저마다 나와서 코끼리 눈물 흘리기에 도전했는데 어떤 사람은 협박도 하고, 어떤 사람은 달래기도 하고, 코끼리를 때리는 사람, 귀에다 속삭이는 사람, 먹이를 주며 유혹하는 사람 등 별 노력을 다했지만 아무리 노력해도 코끼리는 절대로 눈물을 흘리지 않았다고 한다. 그런데 어떤 조그마한 분이 코끼리에게 가서 귀에다 무슨 말을 하니 코끼리가 즉시 눈물을 흘렸다는 것이다.

덩치가 큰 코끼리의 눈물을 이상하게 여겨 "무슨 말을 했길래 코끼리가 저렇게도 슬피 우느냐?"고 했더니 그 분이 하시는 말씀이 "나는 개척교회 목사야." 했더니 금방 울었다고 한다.

또 이번에는 코끼리 다리 들기 시합을 했는데 아무도 다리를 들게 하지 못했다. 다리를 때리기도 하고 맛있는 먹이를 줘도 코끼리는 꿈쩍도 하지 않았다. 그런데 좀 전에 코끼리의 눈물을 흘리게 한 목사님이 다가가서 몇 마디 했더니 이번에도 당장 코끼리가 다리를 들었다는 것이다. 그것도 시키지도 않는 네 다리를 번갈아가며 들었다고 한다. 그 개척교회 목사님이 하시는 말씀이 "너 개척교회 할래? 아니면 다리 들래?" 했더니 코끼리가 금방 다리를 들었다고 한다.

농어촌 교회는 도시 교회가 관심을 가지지만 개척교회는 그렇지 못한 것이 현실이다. 필자는 그래도 견딜 수 있는데 아내와 자식들이 받은 상처는 말로는 표현할 수 없다.

지금은 미국에 있는 딸은 잠이 많다. 그래서 늘 하는 말이 "아빠, 난 밤에 눈 감고 눈 뜨면 아침이다." 다시 말해 잠이 많다는 말이다. 그런데 아무리 깊이 잠이 들어도 "너 목사 사모 할래?" 하면 아무리 피곤해도 금방 일어난다.

"안 해! 목사 사모 안 할 거야……."

개척교회의 힘든 현실을 얘기하려다보니 잠시 얘기가 다른 길로 갔다. 그리고는 전광훈 목사의 세미나는 한참을 잊어버리고 있었는데 신학교에서 만난 동료 김 목사님이 "심 목사, 서울에 목회자 세미나 한 번 같이 안 갈래?" 하는 것이 아닌가. "강사가 누군데?" 하였더니 "전광훈 목사"라는 것이 아닌가. "어때요? 은혜 받았어요?" 했더니 가보면 안다고 했다. 그때 생각했다. '주님이 나를 부르고 계시는구나. 이분들은 나를 위한 도구로 쓰임 받는구나.' 깨닫게 되었다. 로마서 10:17에 믿음은 들음에서 난다고 하지 않았는가.

그것이 주님이 나를 부르시고 계셨다는 것임을 그 집회에 참석한 후에 금방 알 수 있었다. 그리하여 아내와 함께 그 다음 주간 경기도 양수리 기도원에 갔다. 청교도영성훈련원 주최 '성령의 나타남' 집회였다.

주님이 필자를 보내셨기 때문이었을까? 아니면 너무 힘들고 어려운 환난 때문이었을까? 첫 날부터 은혜가 쏟아졌다. 그것이 인연이 되어 1년 동안을 한 달에 한 번하는 '성령의 나타남' 집회에 빠짐없이 참석했다.

정확하게는 모르지만 열 번째 집회쯤이었던 것 같다. 그때가 겨울이었는데 나는 감기로 고생하고 있었다. 그러나 은혜 받고 능력을 받아야겠다는 일념 때문에 무리하게 갔었는데 너무 추워서 견디지 못할 정도로 한기가 들었다. 필자는 과거 결핵 3기 환자였기 때문에 감기가 들면 기침과 한기 때문에 고생한 일이 한두 번이 아니다. 집에 내려갈까 생각도 들었으나 성령세례 baptism of Holy Spirit가 더 중요하다는 생각이 들었다.

당시 설교는 밤 7시에 찬양과 함께 시작되면 어떨 때는 기도와 찬양을 합해 새벽 한 시까지도 하곤 했다. 지금은 여러 해 동안 참석하지 않아 잘 알지 못하지만 그런데 꼭 기억해야 할 것은 환난과 고난, 어려움은 주님을 만나는 길임을 명심해야 한다.

아무리 집회시간이 길어도 중간에 이석하지 않았다. 왜냐하면 어찌 목사가 예배시간에 자리를 비울 수 있느냐는 생각 때문이었다. 시편 119:71은 "고난은 내게 유익이라 이로 말미암아 주의 율례를 배운다"고 하였다.

한나를 보라. 그는 너무 힘들고 어려워 금식하고 철야하면서 자식 얻기를 기도했는데, 대제사장 엘리는 "술 취한 여인이여 독주를 끊으라"며 술 취한 사람 취급을 하지 않았나. 그러나 한나는 난 술 취한 것이 아니라 나의 아들을 얻기 위해 하나님께 간구한다고 하였고 그 말을 들은 엘리는 열 달 후에 아들이 있을지어다 하지 않았나.

아들이면 다 같은 아들이겠는가. 사무엘은 제사장이요 사사요 선지자요 성경의 기록자요 당대 최고로 주님께 귀하게 쓰임 받은 주의 종이 아닌가. 엘리에게 그 말을 하게 한 것이 하나님이라는 사실을 기억해야 한다.

큰 비는 천둥과 뇌성과 바람을 통해서 오는 것처럼 은혜와 능력은 쉽게 오지 않는다. 한나에게 사무엘을 주시기 위해 주님이 하신 것이다. 나에게도 사무엘이 온 것이다.

그날 밤 찬양 시간에 부른 두 곡을 난 잊을 수 없다. 찬송가 369장 '죄 짐 맡은 우리 구주 어찌 좋은 친군지'와 '이제'라는 복음성가이다.

'이제, 아버지의 집으로 이제 영원한 안식처로……'. 이 곡을 부르자 눈물이 쏟아지기 시작하는데 두루마리 휴지를 몇 개나 눈물로 적셨는지 모른다. 그때 옆에 앉은 분이 울산 축복교회 김영미 사모님이었는데 옆에서 휴지 심부름을 하느라 바쁘셨던 기억이 있다.

4일 집회 동안 울면서 흘린 눈물은 평생을 흘린 것과 같았다. 집에 와서도 계속해서 눈물이 나오는데 절제하기 힘들 지경이었다.

그 다음 달, 구례 다니엘금식기도원 집회에 참석하였을 때는 불덩어리가 날아오기 시작하는데 앉아 있을 수 없을 정도의 진동과 뜨거움을 체험했다. 그렇게 주님은 내 영을 회복시키시기 시작하신 것이다.

필자는 스물두 살 때 결핵 3기 판정을 받고 앓은 적이 있었다. 모두가 죽는다고 했고 나 자신도 당시 너무 힘들었다. 몸무게가 그때 60kg으로 기억하는데 키는 180cm이니 생각해보라. 군에도 병 때문에 가지 못하였고 죽을 때만 기다리고 있었는데 대구에 있는 고모님 소개로 기도원에 가게 되었다. 기도원에서 서원기도를 하였다. 나를 살려주시면 주님을 기쁘시게 하는 목회자가 되겠다고 22일 동안 밤낮 생사를 거는 기도를 했다. 22일째 되는 날 밤 진동이 크게 오기 시작했는데 주체할 수가 없었다. 그리하여 병 고침을 받게 되어 지금까지 30년의 목회를 하고 있다.

그때 받은 성령세례, 그때 만난 주님을 다시 만난 것이다. 할렐루야!

필자는 그 후에 당장 교회가 부흥되리라 생각했지만 그 후부터 연단이 새롭게 시작되었다. 그 후에 보혈을 깨닫게 되었고 오늘까지 이르게 된 것이다.

보혈의 신앙을 얻으려면?

첫째, 성령과 보혈의 신앙을 갖기 위해서는 우리의 자아를 버려야 한다.

내 생각을 꺾지 않으면 절대로 보혈의 진리는 얻을 수 없다. 큰 비는 폭풍우 같은 바람과 큰 파도를 타고 온다. 많은 사람들은 보혈의 문턱까지 와서 자기 생각이 너무 견고하여 자기 생각이 마치 주의 뜻이라도 되는 것처럼 철통같이 믿고 바꾸려 들지 않는다. 예수님 당시 서기관과 바리새인들과 유대인 지도자들이 자기 생각대로 한 것과 마찬가지다. 그들은 결국 메시아를 죽였다.

자기 생각대로 했던 가룟 유다에게 주님은 인자는 기록된 대로 가거니와 인자를 파는 자는 화가 있다고 하지 않으셨던가. 고린도후서 10:4에 우리의 싸우는 무기는 견고한 진을 무너뜨리는 하나님의 능력이라 했다. 다시 말해 우리들의 생각은 견고한 진과 같다는 것이다. 바울은 5절에서 우리의 적은 이론과 생각이라고 하였다. 그렇다. 우리가 싸워야 할 적은 마귀보다 더 강한 자기 자신이다.

명심할 것은 중직자가 은혜를 받기가 어렵고 또한 크게 성공하면 더 어렵다. 그래서 고난이 복인 것이다. 주님은 보혈은 큰 환난이라고 하셨다.

필자는 어느 누구에게도 보혈의 신앙을 전수받은 일이 없는데도 지금은 보혈의 신앙인을 넘어 신학자, 능력자의 길을 가고 있다. 예수님은 마태복음 16장에서 당신의 죽음과 부활을 설명하셨는데 그때 베드로가 자기 생각으로 '주님 죽지 마세요.'라며 만류했을 때 주님이 무엇이라고 하셨는가. '사탄아 썩 물러가라! 너는 하나님의 일을 생각하지 않고 도리어 사람의 일만 생각한다'고 말씀하지 않았는가(마 16:21~23참조).

바울은 로마서 8:6에서 육신의 생각은 사망이며, 7절에서 육신의 생각은 하나님과 원수가 된다고 하였다. 다시 말해 십자가 보혈은 하나님 일이요, 보혈을 방해하는 것은 육신의 일이요 사탄의 일이란 것을 주님이 말씀하신 것이다.

둘째, 보혈을 사랑하고 사모해야 한다. 사모하고 구하지 않으면 절대로 보혈의 신앙가가 될 수 없다.

바울은 디모데전서 4:6~7에서 선한 싸움을 다 싸우고 달려갈 길을 마치고 믿음을 지켰다고 말하고 있다. 그렇다. 싸워야하고 달려야하고 지켜야 한다.

요한계시록 7:14 흰옷(보혈) 입은 사람은 큰 환난에서 나왔다고 하였다. 고생하지 않고 얻어질 수가 없다.

돌은 길가나 냇가 아무 곳에서라도 얻을 수 있지만 금덩어리는 그렇게 쉽게 얻을 수는 없다. 마찬가지로 보혈의 신앙은 쉽게 얻을 수 없다.

'보혈을 지나' 란 복음성가 가사 중 이런 내용이 있다.

'보혈을 지나 아버지 품으로 보혈을 지나 하나님 품으로 한 걸음씩 나가네 존귀한 주 보혈이 내 마음을 새롭게 하네'. 보혈을 지나야 아버지 하나님께 간다고, 한 걸음씩 간다고 하지 않는가?

셋째, 믿음이 전제되어야 한다.

모든 일에 믿음이 없이는 불가능하다. 주님께로 갈 때 믿음으로 간다. 우리의 신앙생활을 믿음이라고 한다. 그런데 믿음장인 히브리서 11:1에는 "믿음은 바라는 것들의 실상이요 보이지 않는 것들의 증거"라 하였다. 그렇다. 보이는 것은 누구나 다 믿을 수 있다. 보는 것을 누가 못 믿을까. 성경은 믿음을 보이지 않는 것의 증거라고 하였다. 보혈은 보이지 않는다. 실체는 없다. 그러나 보혈은 있다. 믿음의 눈으로 보아야 한다. 보혈을 아는 사람은 많은 것 같으나 진짜 보혈의 신앙인은 많지 않다. 그 이유는 보혈은 믿음의 눈으로 보아야 하며 또한 보혈의 진리는 깊이 숨어있기 때문이다.

마태복음 13:44에는 밭에 감춰인 보화라는 말이 있다. 보화는 숨겨져 있게 마련이다. 아직도 필자의 교회는 부흥되지 못했다. 한 번은 주님께 항의를 했다. '왜 그토록 기도했는데 부흥되지 않는 것인가요?' 주님은 말씀하시기를 '내가 십자가를 질 때 모습을 아느냐? 요한 외에는 모두 다 떠나갔지 않았느냐. 하지만 종아, 걱정하지 말라. 너의 사역의 부활이 오면 많은 사람이 몰려올 것이다. 네 사역의 부활을 위해 기도하라.'고 하셨다. 그렇다. 나는 보이지 않지만 믿는다.

심상태의 사역의 부활이 반드시, 반드시! 온다고 내 눈에는 보이지 않지만 이미 오고 있다고 확신한다. 그리고 보혈카페를 운영하는 것도 힘이 든다. 누가 품값을 주는 것도 아니지 않는가. 그러나 너무 기뻐서 요즘은 잠이 잘 오지 않는다. 주님의 피 뿌림이 필자를 통해서 이미 시작되었기 때문이다.

보혈과 참 생명

사람들은 누구나 건강하길 바라고 오래 살고 싶어 한다. 이것은 인간의 본능

이기도 하다.

우리가 잘 아는 말이지만 세 가지 거짓말이 있다. 그 하나는 처녀가 시집가기 싫다는 말이요 장사꾼이 밑지고 판다는 말이요 또 하나는 노인이 죽고 싶다는 말이다.

필자는 할머니, 어머님이 할아버지보다 먼저 돌아가셔서 목회를 하며 할아버지를 모셨던 일이 있었다. 할아버지는 평소 죽고 싶다는 말을 자주 하셨다. 그런데 소천하시기 직전에 고향에 갔더니 할아버님이 필자에게 밥공기를 보이시며 이 밥 한 그릇만 다 먹으면 살겠는데 밥이 넘어가지 않는다고 하셨다. 그 말을 듣고 필자가 물었다. "할아버지 더 살고 싶으세요?" 하고 물었더니 할아버님이 어두운 얼굴을 지으시며 하시는 말씀이 "내가 더 살고 싶다고 살 수 있겠느냐." 하셨다. 그때 깨달았다. 노인이 죽고 싶다는 말이 거짓말이구나. 93세까지 사셨으나 더 사시고 싶으시다는 말씀인 것이다. 이와 같이 인간은 오래 살고 싶은 것이다.

하나님은 인간을 창조하실 때 코에 생기를 불어 넣어 짐승과 달리 영생을 주셨다. 그러므로 인간은 죽지 않는다. 하지만 천국에서 영생이냐 지옥에서 영원한 죽음이냐로 나누이게 된다.

요한복음 5:29에서 "선한 일을 행하는 자는 생명의 부활로 악한 일을 행하는 자는 심판의 부활로 나오리라"고 주님은 말씀하시면서 영생의 두 단계를 우리에게 알려주고 있다. 성경은 구원을 얻어 천국을 소유한 자를 영생으로, 구원받지 못한 사람을 죽음으로 가정하여 말하고 있다. 인간이 짐승과 다른 점이 있다면 영원히 사는 것이라 말할 수 있는데 구원 얻지 못한 사람은 짐승보다 못하다.

하나님은 인간을 창조하시고 "생육하고 번성하여 땅에 충만하고 정복하라"하시면서 인류에게 복을 주셨다. 그런데 인간은 그 복을 잃어버렸다. 그것이 무엇인가? 죄罪 Sin라고 성경은 말한다.

인류의 조상 아담과 하나님과 맺은 언약言約은 순종을 전제로 행복과 불행이 결정되게 되었는데 아담의 범죄로 인류에게 사망과 저주가 오게 되었다.

로마서 5:12에 "한 사람으로 말미암아 죄가 세상에 들어오고 죄로 말미암아 사망이 왔나니 이와 같이 모든 사람이 죄를 지었으므로"라고 하였다.

여기 한 사람은 아담을 가리키고 그 아담은 나를 말하는데 우리의 죄 때문에 세상에 죽음과 저주가 왔다는 말이다. 그러나 19절에 한 사람이 순종치 아니함으로 많은 사람이 죄인된 것같이 한 사람이 순종함으로 많은 사람이 의인이 되었다고 말하고 있다.

죄를 지은 아담의 범죄는 인류에게 사망과 저주를 가져다주었으나 한 사람 예수님의 순종으로 많은 사람이 의인되었다는 말이다. 예수님의 순종 뒤에는 예수님의 고통의 십자가가 있었고 주님의 피 흘림이 있다는 사실이다.

보혈과 영생 eternal life에 대하여 생각해보자.

첫째, 로마서 6:23에 죄의 값은 사망이라고 말씀하고 있다. 그러나 그 죄라는 것이 영적인 죄를 의미하고 죄는 용서받을 수 있는 죄와 용서 받지 못할 죄가 있다. 용서받지 못할 죄는 예수를 믿지 않는 죄이다.

창세기 2:17에 "선악을 알게 하는 나무를 따먹지 말라 따먹는 날에는 정녕 죽으리라"고 하셨다. 하나님의 속성은 사랑이시지만 또한 공의의 하나님이신 것을 기억해야 한다. 다시 말해 죽는다고 말씀하셨는데 죽지 않을 수는 없다.

그래서 예수님이 대신 죽은 것이다. 인류는 원죄를 타고 태어났고 저주와 사망은 필연적으로 태어날 때부터 갖고 태어난 것이다. 그러면 범죄한 인간을 다시 살려야 하는데 그것이 하나님의 사랑이시다. 그래서 또 하나의 언약이 필요했고 창세기 3:21을 통해 범죄한 인간을 위하여 가죽옷을 입히셨다고 말씀하고 있다.

둘째, 보혈을 주신 것이 주님의 가장 귀한 사랑이다.

인류의 죄의 구속의 언약을 위해서는 죄가 없으신 예수님이 필요했다. 예수님은 본래 하나님의 본체이시지만(빌 2:5 참조) 죄 때문에 죽은 인류를 구원하기 위하여 죄가 없으신 예수님이 필요했고 그리하여 주님은 우리를 위하여 하늘의 권세를 버리시고 내려오셔서 성령으로 잉태되시고 처녀 마리아의 태에서 탄생하심으로 또한 완전한 인간이 되셨다.

성경은 그분은 죄가 없으시다고 말씀하고 있다. 그런데 이 땅에 오신 것은 보혈 흘려 우리를 구원하러 성육신하신 것이다. 죄 있는 인간을 구원하시기 위해서는 죄가 없으신 그분이 필요했고 그리하여 죄 없으신 주님이 죄인 되시어 오신 것이다.

요한복음 14:6은 "내가 곧 길이요 진리요 생명"이라고 말씀하고 있으며 요한복음 5:24에는 "내 말을 듣고 나 보내신 이를 믿는 자는 영생을 얻었고 사망에 이르지 아니하나니 사망에서 생명으로 옮겼느니라"고 말씀하고 있다.

본래 인간은 범죄로 죽었는데 그분 자체가 영생일 뿐 아니라 그분을 믿는 자도 영생을 얻는다고 말씀하고 있다.

또한 요한복음 11:25 "나는 부활이요 생명이니 나를 믿는 자는 죽어도 살겠고 살아서 믿는 자는 영원히 죽지 아니하리니"라고 말씀하고 있다.

요한복음 5:26은 "아버지께서 자기 속에 생명이 있음같이 아들에게도 생명을 주어 있게 하셨다"고 말하고 있다.

셋째, 어떻게 그 생명이 우리에게 오게 되었는가 하는 것이다.

여기서 기억할 것은 예수님이 대신 죽으셨다는 사실이다.

찬송가 303장 1절 '나 위하여 십자가의 중한 고통 받으사 대신 죽은 주 예수의 사랑하신 은혜여 보배로운 피를 흘려 영영 죽을 죄에서 구속함을 얻은 우리 어찌 찬양 안 할까'.

우리를 구원하시기 위해 내 대신 죗값으로 죽으시고 피 흘려 주셨다. 이것이 참 사랑이다(롬 5:8 참조).

예수님이 대신 죽으시고 우리를 살리는 것은 ① 우리를 사랑해서 ② 우리를 구원하시려고 ③ 우리가 필요해서 복음전파를 위해서 주님이 대신 죽으시고 우리를 살린 것이다.

성경을 특별계시라 한다. 계시란 뚜껑을 연다는 뜻이다. 뚜껑을 연 자만이 보혈이 보이는 것이다. 주님은 우리를 사랑하셔서 보혈을 계시하시어 알게 하신 것이다.

몇 년 전에 필자에게 어떤 집사님이 여자아이 하나를 기도 받게 하려고 데려왔는데 귀신이 들려 산만했고, 물어 보니 다른 말은 다 말하는데 유독 보혈, 예수, 피란 말은 아무리 시켜도 절대로 하지 않았다. 안 한 것이 아니라 못한 것이다. 마귀는 보혈을 가장 싫어하고 은혜 받지 못하게 훼방하며 대적한다. 바꾸어 말하면 성령은 보혈을 기뻐한다는 뜻이고 우리도 악한 영의 도구가 되어 보혈을 방해할 수가 있음을 알아야 한다.

히브리서 9:22에 "피로써 정결케 되나니 피 흘림이 없이는 사함이 없느니라"고 하였다.

넷째, 우리는 아담의 옷을 벗어 던져 버리고 예수님의 옷, 가죽옷으로 갈아입어야 한다. 이 옷은 믿음의 옷이요 보혈의 옷이다. 요한계시록 7:9에는 천국에서 성도들이 흰옷을 입고 있는데 14절, 어린양의 피에 옷을 씻어 희게 하였다고 하였다. 죄로 더럽혀진 우리는 세상의 어떤 세제로도 희게 할 수 없다. 오직 예수님의 피만이 우리의 죄를 씻을 수 있으므로 그 피 옷으로 갈아입어야 한다.

소경 거지 바디매오는 주님이 자기를 부른다는 소리를 듣자 옷을 던져 버리고 예수님께 달려갔다고 하였다. 그렇다. 거지의 옷이 얼마나 더럽겠는가. 우리도 더러운 죄의 옷을 벗어 던지고 예수님의 보혈의 옷으로 갈아입어야 한다.

마태복음 22장에는 잔치 집에 예복을 입지 않고 연회에 참석한 한 사람이 있는데 임금이 바깥 어두운 데 내어 쫓으라 거기서 슬피 울며 이를 갊이 있으리라 하였다(마 22:13). 왜 그럴까? 이 옷은 예수님의 피 옷이 아닌 다른 옷, 아담의 옷을 입었기 때문이다. 천국에는 예수의 피에 빤 옷을 입지 않고는 갈 수 없다.

여기 임금은 예수님이요 바깥 어두움은 지옥을 가리킨다. 결박당하여 내어쫓기어 슬피 울며 이를 갈게 됨을, 예수를 믿어도 예수 피가 없으면 구원을 받지 못할 것을 말한다.

그 다음 구절인 마22:14에는 청함을 받은 자는 많고 택함을 입은 자는 적다고 하였다.

이 말씀은 구원 얻을 자가 적다는 뜻으로 주님이 직접 말씀하신 것이다. 필자도 평소는 잘 알지 못했으나 보혈을 알고 주님이 깨닫게 하셨다. 정말 그렇다. 구원의 백성이 너무 적다는 것을 여러분들도 아셔야 한다. 그러나 이 말씀은 예복을 입은 자가 적다는 말씀이니 보혈의 옷을 입으면 구원을 얻는다는 말씀이다.

찬송가 261장 3절 '여러 가지 죄악으로 주홍같이 되었으니 물 같은 것 가지고는 씻을 수가 아주 없네 주의 귀한 보배 피로 날 정결케 하옵소서 흰 눈보다 더 흰 눈보다 더 주의 흘리신 보혈로 희게 씻어 주옵소서' 하였다.

이 찬송가는 우리의 죄를 씻는 길은 예수님의 보혈이고 또한 우리 죄를 보혈로 씻어 달라고 하고 있다.

에베소서 2:1에 "허물과 죄로 죽었던 너희들"이라며 보혈로 씻기 전의 모습을 말씀하고 있다. 창세기 2:17에 나오는 "정녕 죽으리라"는 말씀은 다시 사는 길도, 죄를 없이 하는 길도 예수의 피밖에 없다는 사실을 말하고 있다.

우리는 기도할 때마다 예수님의 보혈로 죄를 고하고 씻어 달라 기도해야 한다. 그 이유는 ① 날마다 죄를 짓기 때문이요, ② 우리 죄를 씻는 길은 예수님의 피밖에는 없기 때문이다.

다섯 째, 짐승 피와 예수 피

구약은 예수 피를 대신하여 임시적으로 짐승 피를 사용했으나 신약의 예수 피는 실제 피인 것이다. 구약에는 짐승의 피요 신약에는 예수님 피이고 구약에는 보이는 피요 신약에는 보이지 않는 피요 구약에는 돈을 주고 사는 피요 신약에는 믿음으로 사는 피요 구약에는 제사의 보혈로 신약에는 예배의 보혈로 구약에도 예수 피로 구속함을 받았고 신약에도 예수 피로 죄 사함 받았으며, 그러므로 구약의 짐승 피도 보혈이라고 할 수 있다. 그 이유는 임시적이지만 예수님의 피를 상징하기 때문이다. 구약은 제사장을 통해서, 신약은 내가 직접 죄를 씻을 수 있다. 그러므로 구약은 옛 언약이요. 신약은 새 언약이다. 보혈을 믿고 그 피로 씻어 구약에는 오실 예수를 믿어 구원받았고, 신약에는 오신 예수를 믿어 구원받았으므로, 신약이나 구약이나 뜻은 같은 것이다.

그러나 지금은 새 언약 시대이므로 짐승 피가 아닌 예수님의 피로만이 죄를 씻고 구원을 받을 수 있다.

보혈과 성령 충만 받으려면

예수님은 말씀하시기를 "너희가 어느 집에 거하든지 평안의 복을 빌어주라"고 하셨다(마 10:12). 당시 유대인들에게 가장 귀한 복福이 샬롬의 복 blessing of shalom이었다. 그러므로 가장 귀한 평안의 복을 빌라고 하셨다. 13절에서 '그러면 그 복이 그 집에 거할 것'이라고 하셨고 아니면 너희에게로 오리라고 하셨다. 이 말씀은 그들보다 우리를 위하여 하신 말씀이다.

주님께서 어느 집에 가든지 복을 빌라고 하신 말씀은 우군이든 적군이든 사랑하여 주라는 말씀이다. 말은 살아서 움직이는 동사이다. 결코 죽지 않는다.

히브리서 4:12에 "하나님의 말씀은 살았고 운동력이 있어"라고 하였다. 하나님의 말씀은 죽지 않고 살아있다. 그러므로 저주하지 말고 복을 빌라고 하신 것이다.

우리말에도 말은 씨가 된다고 하였다. 만일 저주한다면 어떻게 될 것인가. 저주받을 자라면 그 저주를 받겠지만 저주받을 대상이 아니라면 결국은 내가 나를 저주하는 것이 될 수도 있다. 그렇기 때문에 주님은 복을 빌어주라고 하셨다.

우리가 복을 빌어 주어야 할 나 자신, 가족, 가까운 사람들, 나의 우군에게 저주하는 경우가 많다는 것을 명심해야 한다.

예수님은 마태복음 5:39~44에서 오른 뺨을 치거든 왼 뺨도 돌려 대며 속옷을 달라 거든 겉옷까지 주며 오리를 가게 하거든 십리를 가라고 하셨고 원수를 사랑하고 핍박하는 자를 위하여 기도해 주라고 하셨다. 이것이 사랑일 뿐 아니라 우리가 주님과 사람들의 사랑을 받게 된다고 말씀하고 있다.

요한복음 14:21에 "나의 계명을 가지고 지키는 자라야 나를 사랑하는 자니 나를 사랑하는 자는 내 아버지께 사랑을 받을 것이요 나도 그를 사랑하여 나를 나타내리라"고 하셨다. 우리가 주님을 사랑해야 주님과 하나님의 사랑을 받게 된다는 뜻이다.

서론 부분을 길게 말씀드리는 것은 하나님께서 주신 사명을 감당하고 이 땅에 살아가면서 귀하게 쓰임받기 위해서는 주님의 도우심과 성령 *Holy Spirit*으로 충만해야 한다는 것이다.

바울은 에베소서 5:18에서 "술 취하지 말라 이는 방탕한 것이니 오직 성령의 충만을 받으라"고 하였다.

그렇다면 어떻게 해야 성령 충만할 수 있을까?

성령은 보혈과 항상 함께 있으며 보혈을 부르면 항상 성령 충만을 받을 수 있다는 것이다. 토레이 Torrey 박사는 "우리가 성령의 능력을 힘입기 원한다면 보혈의 능력을 힘입으라"고 하였다. 그는 또 말하기를 우리가 보혈의 능력을 힘입기 위해 기도하면 할수록 보혈의 능력도 받게 될 것이라고 하였다.

루터 Martin Luther는 말하기를 '성경의 시작과 끝은 보혈'이라고 했다. 구약은 어린양의 피이고 신약은 예수의 피이다. 그런데 이 성경을 기록한 분이 성령이심을 알아야 한다. 진정으로 성령을 받은 자라면 보혈을 알아야 한다. 그렇다. 보혈과 성령은 같은 것이며 보혈을 부르면 성령의 충만을 받게 된다.

우리 카페에 중국에 있는 선교사님이 계시는데 그분이 기도할 때 하나님께서 필자를 위한 기도를 시키셨다고 한다. 밤새 눈물의 기도를 시키시고 환상을 보았는데 노란 주머니에서 물방울이 떨어지는 것을 보고 '보혈은 붉은 색인데'라는 생각을 하는데 잠시 후에 한 주머니에서 붉은 물방울이 떨어졌고 이어 주님의 말씀이 노란 물은 성령이고, 붉은 물은 보혈이라고 하셨다고 한다. 잠시 후 '보혈신앙선교회'란 글씨가 뚜렷해지며 주님이 심 목사님과 이 카페를 사랑하시고 계심을 가르쳐 주셨다고 간증하였다.

토레이든 루터든 칼빈 Calvin이든 성경이 말하지 않는 말을 한다면 동의할 수 없다. 하지만 우리가 그들의 말을 신용하는 것은 그들이 귀하게 쓰임 받는 하나님의 사람이고 그들은 성경을 근거로 하여 말하는 사람으로 믿기 때문이다.

첫째, 성령 충만을 받기를 원하면 보혈을 부르라.

요한일서 5:6~8은 성경 속의 가장 위대한 구절 중 하나라고 말할 수 있는데 그 이유는 요한복음 6장과 함께 보혈의 진리를 가장 쉽게 설명하고 있고 잘 증거하고 있기 때문이다. 요한일서 5:6은 예수님은 물과 피로 임하셨다고 하였다.

요한복음 3:5은 예수님이 밤에 자기를 찾아온 니고데모에게 중생의 진리를 설명하시면서 하신 말씀인데 물과 성령으로 거듭나지 아니하면 하나님의 나라에 들어갈 수 없다고 하셨다.

여기 물과 성령은 말씀과 성령을 말한다. 그러니 말씀과 성령으로 거듭난다는 말이다. 그런데 이 구절을 내용으로 하여 부른 찬송가 288장을 작사한 크로스비 F. J. Crosby 여사는 찬송가 288장 1절에서 '예수로 나의 구주 삼고 성령과 피로써 거듭나니'라고 하였다. 그녀는 피로써 거듭난다고 하였다. 물론 찬송가는 성경의 권위와 같지 않다는 것을 필자도 잘 안다. 하지만 찬송은 어느 누구의 설교보다 더 권위가 있다고 말할 수 있지 않을까? 수백 년을 지나오며 수많은 성도들이 부른 찬송이기 때문이다.

물은 말씀이요 또 그 말씀은 곧 보혈이다. 에베소서 5:26에도 "이는 곧 물로 씻어 말씀으로 깨끗하게 하사 거룩하게 하시고"라고 기록되어 있는데 여기 말씀은 곧 보혈임을 암시한다.

더 놀라운 것은 요한일서 5:7에 "증거하는 이는 성령이시니 성령은 진리"라고 하였다. 이 말씀의 뜻은 예수와 그의 말과 피를 전하는 것이 성령이 하는 일이라는 것이다. 다시 말해 성령은 피를 전하는 것이 주사명이므로 보혈이 증거되는 곳에 성령이 강하게 역사하는 것은 지극히 당연한 일이다.

요한일서 5:8에서는 "증거하는 이가 셋이니 성령과 물과 피라 또한 이 셋은 합하여 하나니라"고 하였다.

성경 66권을 한 마디로 말하면 물은 말씀이라 하였고 또한 그 말씀이 보혈이다. 보혈은 성경의 핵심이요 또한 성경 그 자체이다. 요한계시록 19:13 그가 피 뿌린 옷을 입었는데 그 이름은 말씀이라고 하였다.

필자는 신약을 1,000번 정독했다. 그렇다면 이 구절도 천 번을 읽은 것이다. 그런데도 알지 못했다. 그러나 지금은 찬송가나 복음성가를 부를 때 특히 신약성경이 보혈로 보인다. 이 위대한 진리를 글로 전하면서도 가슴이 뜨거움을 느낀다.

필자는 개인의 말이나 개인적인 신학 이론이나 사상을 전하는 것이 아니라 말씀을 전하고 있으며 나에게 말씀하신 영적인 보혈의 진리를 쉽게 설명하고 또한 전한다는 것을 아시기를 원한다.

몇 해 전의 일로 기억한다. 전남 목표지역의 기도원 부흥집회를 인도하러 가게 되었는데 원장님의 따님과 함께 대구에서 5시간이나 같은 차를 타고 가게 되었다. 그때 필자가 보혈의 진리를 전하였더니 자기는 이미 다 알고 있다고 하였다. 그래서 어떻게 보혈을 아느냐고 물었더니 그 전도사님이 말씀하기를 지금도 하루에 3시간 이상씩 보혈 기도를 한다는 것이 아닌가.

처음에는 보혈을 잘 알지 못했는데 일주일에 한두 번씩 대구에서 목포로 갈 때 차안에서 계속해서 하루에 5시간 정도 기도하면서 가는데 성령의 충만을 받고 난 후 성령께서 보혈 기도를 시키는데 보혈 기도를 한 후부터는 영이 맑아지고 예언, 신유 등 각종 은사가 강하게 나타났고 성경이 보이기 시작한다고 하였다. 그렇다. 성령 충만 받기를 원한다면 보혈기도를 하고 보혈을 부르라. 그리하면 성령의 은사를 체험하게 될 것이다.

세계적인 신유의 종이요 보혈 신학자인 베니 힌 Benny Hinn 목사는 보혈을 알고 난 후부터 한 번도 보혈로 나를 덮어달라는 기도를 하지 않는 날이 없다고 했다. 또한 그는 보혈을 말하지 않고는 한 번도 설교한 일이 없다고 하였다. 베니 힌이 누구인가? 가는 곳마다 성령이 강하게 역사하고 심지어 베니 힌 목사의 집회를 가는 도중에, 혹은 TV를 보면서도 병이 낫는다는 것은 우리 모두가 잘 아는 사실이다.

그렇다면 성령과 보혈이 같이 역사한다는 말은 검증된 것이나 같지 않을까? 무엇보다 그가 쓴 『예수님의 보혈』이란 책에서 많은 사람들이 집에 모여 보혈을 부르면서 합심 기도하는데 얼마 후에는 거기 있는 모든 사람들이 성령에 취하여 술 취한 사람같이 모두 충만했다는 기록을 우리는 만날 수 있다. 물론 베니 힌 목사도 문제가 많다는 말을 들었다. 또한 있을 수도 있을 것이다. 인간은 연약하니 말이다. 그래서 보혈이 필요하지 않는가?

구약에서 가장 위대한 능력자는 모세이고 그는 보혈의 능력자이고 신약에서는 바울이 그렇다.

죄란 원문의 뜻은 하나님의 말씀에서 빗나갔다는 것이다. 다시 말해 죄란 하나님의 계명을 어기는 것이요 말씀을 불순종하는 것이다. 말씀은 하라는 계명과 하지 말라는 계명이 있는데 우리는 하지 말라는 계명을 어긴 것만 죄란 생각을 하게 된다. 물론 그것도 죄인 것은 사실이다. 하지만 하라는 계명을 하지 않은 것도 죄다. 사무엘은 기도를 쉬는 것을 죄라고 했다. 도적질, 간음, 살인 등 하지 말라는 계명을 어긴 것도 죄이지만 보혈을 모르고 구하지 않고 가르치지 않는 것도 죄임을 알고 보혈의 신앙인으로 거듭나야 한다.

현대인의 성경은 히브리서 12:24을 다음과 같이 기록했다. "여러분은 지금 속죄 피 앞에 있습니다. 우리는 모두 속죄 피 앞에 있습니다."

둘째, 한센병 환자와 보혈

레위기 14장은 한센병(나병, 문둥병) 환자의 치유 받는 장면이 기록되어 있는데 여기에서 중요한 진리를 제공해준다. 2절에 보면 모든 병자를 제사장 앞에 데려갈 것을 말하고 3절에는 그를 진찰하여 환자임을 확인하여 4절, 산새 두 마리와 백향목과 홍색실과 우슬초를 가지고 오도록 하여 5절, 제사장은 새 한 마리는 흐르는 물 위에 질그릇 안에서 잡게 하고 6절, 다른 새 한 마리는 산 채로 취하여 백향목과 홍색실과 우슬초와 함께 가져다가 흐르는 물 위에서 잡은 새의 피에 찍어 7절, 한센병에서 정결함을 받은 자에게 일곱 번 뿌려 정하다 하고 그 산새는 들에 놓을지니 8절, 정결함을 받은 자는 그 옷을 빨고 물로 몸을 씻을 것이며 그 후에 진에 들어올 것이요 12절에 숫양 하나를 속건제로 드리고 13절, 숫양을 거룩한 장소에서 속죄제와 번제로 드리라고 말하고 있다.

이는 예수님의 죽으심과 부활을 의미한다.

새를 질그릇에 잡은 것은 주님이 질그릇 같은 육신의 몸을 입고 세상에 오실 것을 의미하고 백향목은 십자가에 죽으실 것을 가리키고 홍색실은 십자가에서 주님이 보혈을 흘려주심을 의미한다.

피 묻은 새를 날려 보내는 것은 주님의 보혈로 우리들이 살아날 것과 주님이 보혈을 흘린 후에 부활할 것을 가리킨다. 우슬초로 피를 적심은 믿음을 말한다. 다시 말해 우리가 보혈의 신앙을 가져야 할 것을 말씀하고 있다.

14절에는 숫양의 피를 취하여 우편 귓부리와 우편 엄지발에 바를 것이며 15절, 제사장은 기름을 취하여 우편 좌편 손바닥에 일곱 번 뿌리라고 했는데 엄지발가락과 엄지손가락에 바름은 피를 뿌리고 바른 곳에 죄가 씻기고 성령이 역사한다는 뜻이며 그 다음 피 뿌린 곳에 기름을 7번 뿌린다는 것은 피가 있는 곳에 성령이 역사한다는 것을 말한다.

이렇게 성경은 보혈이 뿌려지는 곳에 성령이 역사함을 여기에서도 가르쳐 준다. 구약의 기름은 성령을 상징한다. 그렇다. 한센병의 고침 받은 역사에서 보듯이 우리는 보혈의 신앙으로 회복하고 보혈을 부르면 즉시 성령이 역사하심을 레위기에서도 볼 수 있다.

욥도 욥기 1:5에서 자녀들에게 보혈의 신앙을 주기 위해 힘쓴 사실을 알 수 있다.

셋째, 보혈을 뿌려야 한다.

레위기 4장, 18장을 비롯해 레위기의 전체에서 피 뿌림과 성령의 역사를 가르쳐 주고 있는데 특히 임직식을 드릴 때는 피를 뿌리고 기름을 부었다고 기록되어 있다. 이는 보혈을 뿌리고 나면 성령의 역사가, 다시 말해 성령의 기름 부음이 있다는 것이다.

우리는 날마다 시간마다 그리스도의 피 뿌림의 기도와 전도가 있어야 한다. 뿌리는 대상은 사람이나 사물 모두에게 해야 한다. 구약에는 제사 때마다 피를 제단과 제단 사면, 제물, 사람, 율법 책에도 뿌렸다.

구약에는 제사를, 신약은 예배를 드린다. 그러나 우리가 명심할 것은 구약은 보혈을 상징하는 짐승의 피를 뿌렸고 오늘은 예배 때마다 보이지 않는 보혈의 말씀을 듣고 예수 피를 날마다 뿌려야 한다는 것이다.

구약에는 오실 예수를 믿었으나 지금은 오신 예수를 믿고 구약에는 짐승의 피이나 오늘은 예수피로, 구약은 직접적인 피지만 오늘은 믿음의 피를 우슬초에 찍어 뿌려야 한다. 다시 말해 보혈의 신앙으로 날마다 보혈을 뿌려야 한다. 그리고 강단에 뿌려져야한다.

주님은 "내 피를 마시지 않으면 너희 속에 생명이 없느니라"고 하셨다(요 6:53). 베드로전서 1:2에 "피 뿌림을 얻기 위하여 선택된 우리"라고 하지 않았는가. 날마다 전해야 한다. 뿌리라는 말의 본래 뜻은 보혈의 진리로써 신앙을 전하라는 뜻이다.

출애굽기 12:14은 너희는 이날을 규례로 삼아 대대로 지킬지니라 하였는데 무엇을 규례로 삼아야 하는가? 출애굽기 12:14에 "피 뿌림을 너희도 자손만대로 지키라"고 하며 그 규례가 피 뿌림임을 알려주고 있다. 그리고 이것은 자손만대에 이르기까지 계속되어야 함을 말하고 있다.

2장

보혈과 성경
Jesus blood & Holy Bible

보혈과 언약
가인과 아벨의 보혈 Ⅰ
가인과 아벨과 보혈 Ⅱ
노아 방주와 보혈
노아와 피뿌림
보혈과 아브라함과 언약
유월절 보호와 보혈

보혈과 언약

성경을 깊이 읽어 가면 '창세기부터 계시록까지 from Genesis to Revelation 보혈이 흐르고 있다는 것을 알 수 있다. 보혈과 직접적인 글은 700여 구절이지만 그와 관계된 구절 – 구원, 구속, 죄 사함, 십자가, 제사, 회개, 십자가 공로, 사랑, 보화 등이 보혈을 상징하고 있으므로 성경 전체에 보혈이 흐르고 있다는 것을 알 수 있다. 그래서 성경은 피의 책, 보혈의 책이라 부른다. 신약 성경에서 예수님의 말씀이 붉은 글씨로 쓰인 것은 보혈과 관계가 있는 것이다.

기독교를 십자가의 종교 Religion of Cross라고 한다. 옳은 말이다. 그러나 십자가 Cross는 로마 형벌에 의하여 죄인을 처형하는 사형 형틀이다. 그 당시 사형방법에는 사형수를 죽은 송장과 함께 묶어 죽은 송장의 썩은 물로 인해 죽게 하는 방법이 있었고 죄수에게 기름을 부어 불에 태워 죽이는 방법도 있었고 굶주린 맹수에게 죄인을 집어던져 밥이 되게 하는 방법이 있었는데 그중에도 십자가는 그 당시에 가장 무서운 사형방법의 형틀이었다.

그러나 그 십자가가 우리 기독교에서 복음의 상징이며 기독교 표상이 된 것은 예수님이 우리 죄를 위하여 십자가에서 죽으셨고 무엇보다 십자가에서 보혈을 흘려주셨기 때문이다. 그러므로 십자가라는 말만 사용하면 안 되고 '십자가 보혈'이라고 하여야 한다.

그런데 보혈이란 말은 하지 않고 십자가만 말하는 것은 대단히 잘못되었으며 회개해야 할 것이다. 우리는 십자가라고 하면 보혈을 생각해야 한다. 예수님의 보혈이 없는 십자가는 사형 틀이요 나무토막에 불과한 것이다. 예수님의 죽음, 구속, 죄 사함이라는 말만 나오면 나를 위해 십자가에서 흘리신 보혈을 기억하여야 한다. 그런데 많은 사람들은 그냥 십자가라고만 한다.

성경은 우리를 위하여 흘리신 십자가 보혈과 그 피를 통하여 구원받은 사건을 기록한 책이므로 성경은 예수님의 말씀이고 십자가 보혈로 우리 죄를 구속하신 사건을 기록한 책이 성경임을 알아야 한다.

보혈과 언약

행위의 언약

아담이란 히브리어로 사람이란 뜻이다. 그러므로 사람, 즉 나와 하나님과 맺은 언약이란 뜻이다. 그 언약은 인간의 삶과 죽음이 아담의 순종과 불순종에 달렸다는 말인데 다시 말하면 선악과를 먹지 않으면(순종) 영원히 살고, 따먹으면(불순종) 영원히 죽는다는 것이었다.

그러나 아담이 선악과를 따먹으므로 언약은 파괴되었고 그 결과로 사망과 저주가 온 것이다.

하나님과 인간과 맺은 언약이기에 인간 전체에 저주와 사망이 온 것이다. 하나님의 속성은 사랑이지만 또한 공의의 하나님이시다. 죄지은 인간은 죽을 수밖에 없다. 죄의 값은 사망이기 때문이다(롬 6:23).

로마서 5:19은 한 사람이 순종치 아니하므로 많은 사람이 죄인이 된 것같이 한 사람이 순종하므로 많은 사람이 의인이 되었다고 말하고 있다. 죄지은 한 사람은 아담 Adam이요, 죽은 한 사람은 예수님 Jesus을 가리키고 있다. 여기 아담의 불순종은 나의 죄를 말하고 순종한 예수님은 피 흘리심을 말씀하고 있다. 그러나 하나님의 속성은 사랑이시라 죽은 인생을 다시 살아나게 하기 위해서는 또 하나의 언약이 필요했다.

구속의 언약

다른 말로 하면 보혈의 언약이다.

주님이 범죄한 나를 대신하여 죽어 피를 흘리시고 그 피로 죄를 씻기로 한 하나님과 예수님과 맺은 언약을 말한다. 범죄한 인류와 나를 위하여 제2의 언약이 필요했고 그 언약을 위하여 창세기 3:21의 범죄한 인류를 대신하여 가죽 옷을 지어 입히셨다는 구절이 언약을 예표해 주고 있다.

요한복음 1:29에서 세례 요한은 "세상 죄를 지고 가는 하나님의 어린양을 보라"하므로 그 짐승이 양이며 장차 우리를 위해 보혈을 흘리실 예수님임을 가르쳐 주고 있다.

죄지은 인간을 위해서는 죄가 없는 예수가 필요했고 죗값을 위해서 예수님의 죽음이 필요했다. 주님은 십자가에서 다 이루었다 하심으로 구속을 완성하게 하신 것이다(요 19:30 참조).

바울은 고린도후서 5:14에서 "생각건대 한 사람이 모든 사람을 대신하여 죽으심은…". 예수님의 죽으심의 필요성을 말하고 있다.

첫 번째 언약은 인간에게 언약의 주체가 되게 하셨으나 두 번째 언약은 예수님이 주체가 되신 것이다. 다시 말하면 예수님에게 죗값을 담당케 하시고 그 피로 구원을 얻게 하신 것이다.

주님은 겟세마네 동산에서 기도하실 때도 '나의 원이 아닌 아버지의 원대로 되게 하소서' 라고 기도하신 그 말씀은 주님은 보혈을 주시기 위해 오셨고 보혈을 위해서는 죽어야 하시는 당신의 고통의 호소의 단면을 볼 수 있다.

은혜 언약

구원 Salvation은 전적 주님의 은혜이며 칼빈 Calvin은 제한 속죄를 주장하는데 그것은 택한 백성에게 당신의 피를 부어 주셔서 구원하신다는 것이다. 또한 그것을 불가항력적인 은혜라 하였다. 하지만 선택된 자는 구원받게 되지만 성경은 전도를 명령하고 있다. 주님이 피를 택한 백성에게 부어 주시지만 피를 뿌리라 마시라고 명령하고 있다.

주님이 십자가에서 다 이루어 놓으신 보혈의 언약을 값없이 내 것으로 믿는 것이다. 다시 말해 보혈을 믿고 그 피로 우리의 죄를 씻어 받아들이는 것을 의미한다.

^{에베소서 2:8} 그 은혜로 말미암아 그 믿음으로 구원을 얻었나니 이것이 너희에게 나오는 것이 아니라 하나님의 선물이라 하였다. 찬송가 261장의 후렴 가사는 '흰 눈보다 더 흰 눈보다 더 주의 흘리신 보혈로 희게 씻어 주옵소서' 이다. 주님이 하시지만 우리 죄를 씻어달라는 기도를 항상 드려야 한다.

성부 하나님의 보혈을 약속하셨고 성자 예수님이 보혈을 십자가에서 성취하셨고 성령 하나님이 우리에게 적용하시고 우리는 그 피를 믿고 씻는 것이 은혜 언약인 것이다.

인류의 구원을 위해서 예수님이 하신 일이 무엇인가?

① 예수님의 탄생 ② 예수님의 십자가 피 흘리심 ③ 부활하심 ④ 성령을 보내주심 ⑤ 승천하심 ⑥ 재림하심이다.

이 6가지가 다 이루어지면 구원의 완성이며 이 역사적인 사건은 인간이 대신 할 수 없고 예수님만이 하실 수 있고 또한 하셔야 한다.

찬송가 303장 '나 위하여 십자가의 중한 고통 받으사 대신 죽은 주 예수의 사랑하신 은혜여 보배로운 피를 흘려 영영 죽을 죄에서 구속함을 얻은 우리 어찌 찬양 안 할까'.

예수님은 인류의 죄를 위하여 오셨고 보배 피를 흘리신 것이다. 이 6가지는 구약 선지자를 통하여 예언하셨고 신약에서는 재림을 제외하고는 모두 다 성취되었다. 이 6가지 중 무엇이 가장 중요한지 생각해보자. 물론 모두가 다 중요하겠지만 예수님의 보혈이 가장 중요하다. 왜 그럴까?

인류의 죄를 씻어 구속하기 위해서도 예수님 보혈이 필요했고 예수님의 탄생이 중요하지만 목적이 죄에서 구원하러 오셨으니 보혈 흘려주심이 가장 귀하다. 이는 예수님의 이름의 뜻에서도 잘 나타나 있다. 이름을 예수라 하라 이는 그가 자기 백성을 저희 죄에서 구원할 자이심이라(마 1:21) 하심에서도 볼 수 있지 않는가.

부활이 참으로 귀하다. 하지만 십자가 후에 부활이지 주님의 죽음이 없었다면 부활 또한 있을 수 없는 일이다. 성령 강림도 참으로 귀하다. 그러나 성령은 복음 전파가 주사역이시며 특히 요한일서 5:6은 예수님의 피를 전하는 것이 성령이 하신 일이다. 승천도 택한 백성의 천국을 준비하기 위한 것이요(요

14:1~3 참조) 재림도 선택된 자 예수 피가 있는 자를 데리러 오신다고 했다.

요한계시록 7:14에 요한이 보니 흰 옷 입은 무리가 천국에 있는데 예수의 피에 옷을 씻은 자들이라고 하였다. 예수님 재림 시에는 보혈 있는 자만이 구원 받기에 우리도 우리의 죄를 예수의 피에 날마다 씻어야 한다.

출애굽, 유월절 때도 어린양의 피가 있는 백성이 구원 받았음을 명심하자. 또 하나, 중요한 메시지는 재림 외에 5가지는 33년 만에 다 이루어졌고 성탄부터 성령 강림까지는 3년 반밖에 걸리지 않았는데 재림은 2000년이 지나도 왜 안 오시는 것인가?

필자는 확신한다. 보혈의 피 뿌림이 없기 때문임을 명심하자. 내 자식이 누구인가? 내 피가 있는 자가 아닌가. 주님은 마태복음 24:14에서 이 천국 복음이 모든 민족에게 증거되기 위하여 온 세상에 전파되리니 그제야 끝이 오리라고 하셨다.

'주님의 빚진 자'란 복음성가 중에 이런 가사가 있다. '십자가 보혈 증거하라고 주님이 살리셨네'.

가인과 아벨의 보혈 Ⅰ

필자가 총신 다닐 때 일이다. 학우들끼리 토론이 벌어졌는데 그 주제는 아벨 Abel의 제사와 가인 Cain의 제사에 대한 주제였다. 어떤 학우는 하나님이 가인의 제사를 받지 않으시고 아벨의 제사를 받으신 것은 양의 피 Blood of Lamb를 아벨은 드렸기 때문이며 가인은 피를 드리지 않았기 때문이라고 하였고 어떤 학우는 제물이 아니라 마음, 다시 말해서 가인은 형식적인 제사를 드렸기 때문이고 아벨은 정성을 다하여 제물을 드렸기 때문이라는 견해를 내세우며 팽팽하게 맞섰다. 그때 필자는 하나님은 우리의 마음을 받으시는 분이시기 때문에 제물 자체가 아니라 정성과 마음이라고 고집했던 기억이 난다.

물론 나름대로 둘 다 성경적인 근거를 갖추고 있었던 것 또한 사실이다. 하지만 그 생각은 총신 입학한 이후로 20여 년이나 계속되었고 보혈을 가르쳐 주신 그날까지 계속 고집하고 있었으니 그 죄악이 얼마나 큰지 주께 용서를 구한다.

얼마 전에 어느 큰 교회의 부목사님이 배척받은 이유가 보혈 찬송을 너무 많이 부른다는 데 있다는 말을 들었다.

악한 영은 오늘도 보혈의 말을 못하게 주의 종의 입을 막고 있음을 우리는 알아야 한다. 우리가 기억할 것은 보혈의 은혜를 받지 않으면 핍박자가 될 수 있음을 알아야 한다.

창세기 4장은 에덴동산에서 추방당한 아담의 가계가 기록되어 있는데 특히 가인과 아벨이 하나님께 제물을 드리는 사건이 기록되어 있다. 그런데 중요한 것은 본문에서 가인과 아벨의 행적은 한 마디도 말하고 있지 않다는 사실이다. 과거든 현재의 생활에 대해서든 침묵하고 있고 가인과 아벨이 제사를 드린 사건과 아벨의 죽음만을 말하고 있다. 그럼에도 그 결과에 대하여는 엄청난 차이와 진리를 제공하고 있다.

아벨은 양의 첫 새끼와 그 기름으로 드렸다

그리고 "아벨과 그 제물은 열납하셨으나"라고 말씀하고 있다. 4절이 말하는 것과 같이 제물에 문제가 있는 것이다. 5절이 답을 주고 있다. "가인과 그 제물은 열납하지 아니하신지라"라고 말하고 있다.

놀라운 사실은 '아벨의 제물'과 '가인과 제물'이라 하심이다. 가인은 제물도 가인도 받으시지 않았다는 사실이다. 다시 말씀드리면 아벨은 기름과 보혈로 제사를 드렸다. 구약에는 기름이 성령을 상징한다. 성령의 가르침으로 성령과 보혈을 드림으로 주님의 응답을 받았고 보혈을 드리면 그 제물과 드리는 자도 함께 받으신다는 것이다.

반대로 보혈을 드리지 않으면 제물도 그 사람 수고도 헛것이 된다는 사실이다. 아벨은 보혈을 드림으로 순교를 당하였지만 가인은 저주의 사람이 되었다.

아벨은 어떤 복을 받았는가를 생각해 보자.

아벨은 그 의로운 피 때문에 핍박을 받은 것이다. 주님은 팔복을 말씀하시면서 마태복음 5:10에서 '의를 위하여 핍박을 받는 자는 복이 있나니 천국이 저희 것이요' 하셨고 '너희를 욕하고 핍박할 때 오히려 복이 있나니 기뻐하고 즐거워하라 너희 전에 선지자들도 핍박을 받았느니라'고 하셨다.

주님의 사도들과 속된 사도들의 삶도 그리하였다. 그들의 최후를 보면 잘 알 수 있다. 베드로는 십자가를 거꾸로 지고 죽었고 빌립도 소아시아에서 십자가에서 죽었고 바돌로매는 몸의 가죽이 벗겨져 죽었고 도마는 인도에서 돌에 맞아 죽었고 마가는 알렉산드리아에서 순교했고 마태는 에디오피아에서 창에 맞아 죽었고 안드레는 그리스에서 십자가에 못 박혀 순교했고 맛디아는 돌팔매질 맞고 목 베임을 받았고 누가는 헬라에서 감람나무에 매달려 죽임을 당했고 바울은 칼에 목이 3번 떨어져 죽었고 요한은 백 살까지 살다가 밧모섬에서 산 순교자가 되었다. 초대교회 교부 터툴리안은 말하기를 순교자의 피는 교회의 씨앗이 된다고 하였다.

여기서 기억할 것은 하나님의 나라 백성은 핍박을 받는다는 것이다. 보혈을 받기까지는 많은 핍박이 올 것임을 명심하자.

(1) 아벨은 죽었으나 하나님이 '셋'이란 이름으로 다시 축복의 가계를 이어주셨다. 그 후손에게서 아브라함, 다윗, 그리고 예수님이 오심으로 자손만대가 복을 받게 하셨다.

(2) 아벨은 지금도 살아있다. 창세기 4:8에는 가인이 아벨을 쳐 죽였다고 말하고 있다. 그런데 하나님이 "네 아우 아벨이 어디에 있느냐" 물으셨다. 그때 가인은 9절에서 "나는 알지 못함이니다 내가 아우를 지키는 자이니이까"라고 말할 때 하나님이 하신 말씀에 주목해 보아야 한다. 10절에서 "네 아우의 핏소리가 내게 호소하느냐"고 말씀하고 있다. 그렇다. 그는 분명히 죽었다. 그러나 그는 살았다. 영은 산 것이다. 진정한 죽음이란 하나님과의 분리, 다시 말해 영이 죽은 것을 말한다.

주님은 요한복음 11:25에서 "나는 부활이요 생명이니 나를 믿는 자는 죽어도 살겠고 살아서 믿는 자는 영원히 죽지 아니하리라"고 하셨다. 우리 속에 오신 보혈은 절대로 죽지 않고 우리를 아버지께로 인도한다.

배추로 김장을 하려면 칼로 배추의 뿌리를 자르게 되는데 배추는 이때 죽게 되고 소금을 뿌려 배추를 절이면 두 번째 죽게 된다. 양념을 하는 순간 세 번째 죽은 것이요 김장독에 들어가는 순간 네 번째 죽은 것이요 입에서 씹는 순간 다섯 번째 죽은 것이다. 그러나 그 김치를 먹는 순간 병균을 이기고 심지어 암균도 죽인다고 하지 않는가. 그러니 실제로는 죽은 것이 아니라 살아있다고 말할 수 있다.

현대인의 성경은 히브리서 12:24을 다음과 같이 기록했다. "여러분은 지금 속죄 피 앞에 있습니다. 우리는 모두 속죄 피 앞에 있습니다".

통계에 따르면 다른 범죄는 미제 사건이 많으나 살인 사건, 특히 어린 생명을 살인한 사건은 세계적으로 미제 사건이 거의 없다고 한다. 반드시 잡힌다는 것이다. 왜 그럴까. 피는 죽지 않기 때문이다.

최근 예수님의 피를 발견했는데 2000년이 지난 지금도 살았다는 것이다. 그렇다. 보혈은 죽지 않는다. 영원히 살아있다.

히브리서 12:24에서도 "새 언약의 중보이신 예수와 및 아벨의 피보다 낫게 말하는 뿌린 피니라" 하였다. 히브리서 기자도 "말하는 피라 함으로 그 피는 죽지 않고 살아서 말하고 있다"고 하였다.

아벨의 드리는 제물이 믿음의 제사이다(히 11:4)

히브리서 11장을 우리는 '믿음장'이라고 부른다. 구약의 족장들, 선진들의 순종을 히브리서는 믿음이라고 말하고 있다는 것이다. 우리는 믿음으로 구원을 받는다. 그 믿음은 보혈의 신앙임을 알아야 한다.

로마서 10:9~10을 보면 10절은 "마음으로 믿어 의에 이르고 입으로 시인하여 구원을 받는다"고 하였는데 9절에서 무엇을 믿고 시인해야 할 것인가를 말씀하고 있다. 그것은 예수님이 십자가에 죽으시고 살았다는 것을 믿고 시인한다는 것이다. 고린도전서 15장은 '부활장'이다. 15:1~3에서 바울은 복음을 헛되이 믿지 아니하면 이로 말미암아 구원을 받는다고 하였다.

보혈의 신앙이 더 나은 제사라고 하였다

히브리서 11:4에서 아벨은 가인보다 더 나은 제사라 하였으나 피의 제사를 드리지 않은 가인은 저주를 받았고 반대로 보혈을 드린 아벨은 구원을 받았음을 말해주고 있다.

구약의 제사장이 1년에 한 번씩 지성소에 들어가게 되는데 피를 가져가지 않으면 죽게 된다. 그러나 방법에 맞는 정결한 짐승의 피를 가져가면 하나님을 만나고 또한 자신의 죄와 백성의 허물과 죄를 속하게 된다(히 9:7참조). 그러므로 피 있는 제사, 예배는 주님이 기쁘게 받으시는 제사임에는 틀림이 없다.

보혈은 죄인을 의인으로 만든다

보혈이 하는 일이 참으로 많지만 가장 주된 사역이 죄 사함과 구원이다. 본문 히브리서 11:4은 보혈의 제사를 드림으로 의로운 자라는 증거를 얻었다고 말하고 있다. 그렇다. 보혈은 죄인인 우리를 의인으로 주님 앞에 서게 한다.

찬송가 266장 1절에도 '주의 피로 이룬 샘물…… 구원하는 크신 능력 다 찬송할지라 찬송하세 주의 보혈 그 샘에 나아가 죄에 깊이 빠진 이 몸 그 피로 씻어 맑히네'라고 하였다.

요한일서 3:12에도 가인은 자기 행위는 악하고 아우의 행위는 의롭다고 말하고 있다. 여기서 꼭 알아야 할 것은 가인이 동생 아벨을 죽인 이유를 말하고 있다. 자기는 악하고 아우는 의롭다는 것이다.

여기서 알아야 할 것은 아벨도 아무것도 한 것이 없고 다만 제사 한 번 드리고 형에 의해 살해당한 것이 전부이다. 그런데 아우는 의롭고 자신은 악하다고 하였다는 것이다. 이 말씀은 보혈이 의로운 것이지 아벨의 신앙행위를 말하지 않음을 알아야 한다.

보혈은 예물에 대하여 증거하심이라 하였다

필자는 종종 이런 생각을 하게 된다. '만일 내가 죽게 되더라도 심상태 목사는 보혈을 사랑하고 전하였으며 그는 보혈의 신앙가요, 신학자요, 능력자였다고 후대 사람들에게 평가 받을 수만 있다면 더 바랄 것이 없는데…'

요즘은 좀처럼 잠을 이룰 수 없이 솔직히 기쁘다. 그 이유는 보혈의 피 뿌림이 종을 통해서 이미 시작되었기 때문이다. 아벨은 인류 최초의 사람이라 죽은 지가 계산할 수 없을 정도로 옛날에 죽은 사람이지만 성경은 지금도 살아있다고 하였다.

우리도 살아있는 보혈의 복음을 전하는 자가 되자.

가인과 아벨과 보혈 II

앞 장에서는 가인 Cain과 아벨 Abel과 보혈寶血의 관계 중 특히 아벨과 보혈에 대하여 말하였다. 이번에는 가인과 보혈에 대하여 말하려고 한다.

전편에서 아벨이 복 받은 것에 대하여 말했다면 이번에는 가인이 보혈을 드리지 않음으로 저주받은 사건을 조명해보며 주님의 하시는 성경적인 답을 말하고자 한다.

앞에서 말씀드린 것처럼 아벨은 아무것도 한 것이 없는데도 그는 복을 받았다. 그 이유는 보혈 때문이다. 그럼 반대로 형이 잘못한 것이 무엇이며 그가 받은 저주를 생각해보자.

가인의 잘못은 제물을 드리지 않는 것이다

가인의 저주는 피를 드리지 않았기 때문이다.

구약에서는 크게 5가지 제사 Sacrifice가 있다.

① 번제 ② 소제 ③ 화목제 ④ 속죄제 ⑤ 속건제이다.

이 모든 제사는 모두 짐승을 잡아 드리고 그 피를 받아 뿌린다. 하지만 단 하나, 소제는 곡식을 고운 가루로 만들어 드린다. 그래서 소제를 피 없는 제사라 부른다. 하지만 이 제사는 단독으로 드리는 것이 아니라 다른 제사와 함께 드리기 때문에 부속제사라 부른다.

재료가 곡식의 가루이지 주재료인 양이나 소의 피를 제단에 뿌리고 피와 기름에 섞어서 드림으로 보혈과 성령으로 드린 것이며 이 뜻은 우리를 위해 온 몸과 마음을 다 드린 그리스도를 상징한다.

그럼 왜 제사에는 피가 있어야 하느냐. 피는 생명이기 때문이다.

히브리서 9:22은 피 흘림이 없은즉 사함이 없다고 말하고 있다. 보혈은 크게 죄 사함과 구원 두 가지의 능력이 있다. 이제 그 증거를 하나씩 찾아보자.

아담과 하와의 범죄를 통하여 하나님께서 창세기 3:21에서 양의 가죽옷을 지어 입히신 것이다. 그것이 언약이요 누구든지 인생은 보혈로 죄 사함을 하기로 언약하셨기 때문이다.

주님도 보혈이 없는 자의 죄를 사해 주실 수도, 구원해 주실 수도 없다는 것이다. 성경은 천국과 지옥, 알곡과 쭉정이, 의인과 악인, 성령의 사람과 사탄의 사람이 있다. 또한 저주 받은 사람과 복 받은 사람이 있다. 다시 말해 가인의 길과 아벨의 길인 것이다.

나는 어느 편에 속한 사람인가?

그런데 인간은 누구나 복을 받고 싶어 하고 천국 가길 원하지 저주와 죽음을 누가 원하겠는가? 그러나 인간이 마음대로 할 수 없다는 사실이다.

그 당시는 주님과 직접 대화하던 시대였지만 그는 하나님께 묻지도 않았다. 다른 말로 기도하지 않았다는 사실이다. 주님이 왜 내 제사는 받지 않으시고 아우의 제사만 받으시냐고 단 한 마디 말하면 주님이 말씀해주실 것인데도, 아니면 아우에게라도 물어보았으면 되는데 그런 그 마음을 사탄이 막은 것이다. 이유는 악한 영이 이미 그 마음을 정복했기 때문이다.

요한일서 3:12은 "가인같이 하지말자 저는 악한 자에게 속하여"라 말하고 있다.

요한복음 13:2은 마귀가 벌써 가룟 유다의 마음에 예수를 팔려는 생각을 넣었다고 말하고 있다.

우리는 기도할 수 있을 때 기도해야 한다. 기도는 주님이 우리에게 주시는 최고의 선물이다. 기도하지 않으면 주님이 가르쳐 주시지 않는다.

'주님, 보혈 기도를 해야 합니까? 주님의 십자가의 보혈로 충만케 하소서.' 이렇게 기도하여야만 한다.

무엇보다 가인은 자기 동생만 없으면 하나님은 자기를 사랑해 주시겠지 하는 자기의 교만하고 잘못된 생각과 시기, 질투가 결국은 사탄에게 동기를 부여하게 되었고 그것이 살인죄로 발전하게 된 것이다.

가인이 받은 저주

(1) **창세기 4:5에는 분이 가득하였다고 하였다.**
그것도 하나님께 분을 낸 것이다. 우리는 변화가 되어야 한다.

(2) **8절은 살인죄를 지었다.**
보혈을 드렸다면 보혈 자체가 그를 지켜 주었을 것이다.

(3) **하나님을 속인 것이다.**
그는 동생을 죽이고도 회개하지도 않고 도리어 하나님을 속였다. 우리 속담에 물에 빠진 사람 건져내어 놓으니 내 보따리를 내 놓으라고 한 것과 같은 것이다.

(4) **12절, 농사를 지어도 효력을 내지 아니한다고 하였다.**
그 당시는 사람들은 축산이나 사냥이나 농사짓는 일이 전부였다. 그런 모든 육적인 일도 잘 되지 않았다. 저주의 결과이므로 성공이란 있을 수 없었다(시 127:1~2참조).

(5) **13절에 내 벌이 너무 중하여 견딜 수 없다고 고백하였다.**
심령의 고통의 호소이다. 그렇다. 육의 아픔보다 심령의 고통이 더욱 견딜 수 없음을 여기서도 볼 수 있다.

(6) **14절에 하나님을 뵈옵지 못할 것이라고 하였다.**
하나님을 뵈옵지 못하는 것이 무엇인가? 그것이 지옥에 갈 것이란 말이다. 가장 큰 저주요 큰 고통이다. 분명히 알아야 하는 것은 가인이 동생을 죽인 죄보다 보혈이 없는 제사를 드린 것이 더 큰 죄라는 사실이다. 왜 그런가? 살인죄는 보혈로 씻을 수가 있지만 보혈을 드리지 않은 죄는 용서받을 길이 없기 때문이다.

  사도행전 1:25에 유다의 죽음을 통해 사도의 보선을 하는 자리에서 베드로는 가룟 유다를 가리켜 "이를 버리고 제 곳으로 갔다"고 하였는데 제 곳은 지옥을 말한다. 유다는 주님을 판 것으로 은 30냥을 얻었으나 천국과 상급 그리고 사도의 직을 잃었고 마귀들과 함께하는 지옥을 얻은 것이다.

  예수님은 유다를 가리켜 "인자는 기록된 대로 가거니와 인자를 파는 자는 화가 있도다 차라리 나지 아니 하였다면 제게 좋을 뻔 하였다"고 말씀하셨다.

  『천국은 있습니다』라는 책에 보면 토마스 주님 Choo Thomas이란 여인이 천국과 지옥을 19번이나 갔다 왔는데 지옥에 가니 자기 아버지가 불구덩이 속에 있는데 자기 아버지가 울부짖으며 "주님아, 예수님께 말씀하여 이 지옥에서 빼내서 나를 천국에 좀 가도록 해달라."고 통곡하는 모습을 보았는데 그리하여 주님께 부탁드렸더니, 주님이 하신 말씀이 "너희 아버지는 내 피가 없어 지옥에 갔단다. 내 피가 없으면 나도 어찌할 수가 없단다."라고 하셨다는 이야기가 있다.

  필자가 무명의 제자에게 보혈의 책을 빌린 지 6년. 그동안 온갖 고통과 핍박을 견디어 내며 오늘까지 왔다. 그 열매로 여러분들도 이 책을 만나게 된 것이다. 부디 주신 기회를 놓치지 않는 보혈의 신앙인이 되어 주님을 기쁘시게 하시길 소망한다.

노아 방주와 보혈

성경은 노아 Noah를 의인이요, 당대에 완전한 자라고 말하고 있다(창 6:9). 그리고 노아는 하나님의 은혜를 입었다고 말씀하고 있다(창 6:8). 노아는 또한 제2의 조상이다.

첫 번째 조상인 아담의 범죄 사건을 통하여 세상에 죽음과 저주가 왔다면 노아 때문에 인류에 축복이 오게 되었다. 하나님은 아담을 창조하시면서 생육하고 번성하여 땅에 충만하라고 말씀하셨다. 그 말씀을 노아에게도 하셨다(창 9:1). 노아는 죄악이 관영한 시대에 태어났다. 그리하여 그의 이름을 노아라 하였으니 그 이름의 뜻은 위로라는 뜻이다. 죄악이 많고 괴로운 시대에 하나님께 위로 받기를 원하는 부모의 마음을 읽을 수 있다. 노아 당시의 세상은 죄악으로 물들어 있었다. 그런데 어찌하여 노아의 식구만 구원을 받을 수 있었을까?

그 이유는 두 가지다.

하나는 주님의 보혈의 은혜이고, 또 하나는 하나님의 선택을 받은 사람이기 때문이다. 창세기 6:8에 그러나 노아는 하나님께 은혜를 입었다고 말하고 6:9에 노아는 의인이요 당대에 완전한 자라고 하였다. 노아는 의인이라고 말하고 있다. 모든 사람이 죄인인데 노아는 보혈이 흐르고 있으며 노아는 주님의 은혜로 보혈의 은혜를 입은 은혜의 의인이 된 것이다.

인류의 죄 때문에 주님은 사람을 지었음을 한탄하셨다고 말씀하고 있다.

그런데 창세기 6:8~9에서 노아는 주님의 은혜로 보혈을 알고 그 피로 씻었음을 암시하고 있는 것이다.

죄의 결과에 대해 로마서 6:23에 죄의 삯은 사망이라고 하지 않는가? 죄의 결과는 사망과 저주이다. 그럼 어떻게 할 것인가? 두 가지 길이 있다. 죄를 짓지 않든지 아니면 보혈로 죄를 씻든지이다.

그러나 죄를 짓지 않고 살아갈 사람은 아무도 없다. 설령 죄를 짓지 않았다고 하더라도 아담으로부터 받은 유전의 원죄는 어떻게 하겠는가?

인간은 누구든지 죄에서 자유로울 수는 없다. 성경은 의인은 없나니 한 사람도 없다고 말씀하였음을 우리는 알아야 한다. 바꾸어 말하면 보혈이 필요 없는 사람은 한 사람도 없다는 것이다.

또 죄는 마음으로, 입으로 또 행동으로 짓게 되는데 주님이 말씀하시기를 마음으로 음욕을 품으면 간음이라고 하였고 탐심은 우상숭배라고 말씀하지 않았는가? 행동의 죄는 혹시 짓지 않는다고 하더라도 마음의 죄는 불가능하다. 노아의 시대가 죄악이 관영한 시대였다면 보혈로 죄를 씻지 않았기 때문이라 할 수 있다.

로마서 3:24은 그리스도 예수 안에 있는 구속으로 말미암아 하나님의 은혜로 값없이 의롭다 하심을 얻은 자 되었다고 말하고 있다. 구속이 무엇인가? 여기에서 바울은 의롭다 하심을 얻는 것이 구속이라고 말하고 있다. 보혈이 없이는 구속이 없다. 보혈의 말씀을 듣고 읽는 그 자체가 은혜라고 말할 수 있다. 그러므로 노아는 보혈을 통해 구원받는 은혜를 입은 은혜의 의인이 된 것이다.

노아방주가 무엇을 가르쳐 주는가

노아의 방주는 예수님의 몸을 상징하고 예수님의 몸인 교회를 말한다. 노아 방주는 신학자마다 조금씩 견해를 달리하지만 표준 농구장의 약 30배 정도이며 척추를 가진 짐승만 약 9만7천 종이 들어갔다고 한다.

그런데 창세기 6:16에 보면 그렇게 크고 넓은 방주에 문이 하나요 창문도 하나임을 알 수 있다. 요즘 주택에 문이 하나라면 터무니없이 부족했을 것이고 창문은 더욱 많아야 하지만 성경은 방주의 문이 하나였다고 말한다. 잠시 머물러야 하는 집도 여러 개의 문과 창문이 필요한데 여러 수만 종의 짐승이 함께 거하는 거대한 집이니 오죽할까. 그런데 창문이 위로 보게끔 나있고 문으로도 창문으로도 함께 하나로 한 것은 구원은 예수님 한 분 외에 없음을 상징하고 가르쳐 주고 있다.

요한복음 14:6에 내가 곧 길이요 진리요 생명이니 나로 말미암지 않고는 아버지께로 갈 자가 없다고 하였다. 사도행전 16:31에는 주예수를 믿으라 그리하면 너와 내 집이 구원을 얻으리라 하셨다.

사도행전 4:12에도 다른 이로서는 구원을 얻을 수 없나니 천하 인간에 구원을 얻을 만한 다른 이름을 주신 이가 없다고 말하고 있다. 성경에는 항상 세 가지를 말하고 있는데 예수, 구원, 나에게 말씀하고 있다는 것이다. 여기도 방주는 예수를 말하며 노아의 8식구는 나를 말하고 또 방주 안에 있다는 것은 구원을 말한다.

방주는 하나님의 방법대로 지었다

창세기 6:13~16까지 읽어보면 노아는 오랫동안 방주를 지었는데도 불평한

일도 없고 자기의 주장을 한 일도 없이 100% 주님 말씀을 순종한 것을 볼 수 있다. 방주를 짓는 데 사용된 경비만도 약 300억 원 이상 들었을 것이라고 신학자들은 추정한다.

그리고 노아는 방주를 지어 본 일도 없고, 목수도 아니고, 주님이 함께 일할 일꾼도 돈도 주시지 않았고 다른 곳에서 받은 적도 없다. 그런데 노아는 불평, 원망도 하지 않은 것은 다른 사람들과 모든 것은 멸절하나 너와 너의 가족을 위하여 방주를 지으라 하셨기에 순종한 것이다(창 6:13~4).

창세기 7:5에 노아는 여호와께서 명하신대로 다 준행했다고 하였다. 창세기 6:22에도 노아는 하나님이 자기에게 명하신대로 다 준행하였다고 하였다.

방주를 100년 이상의 시간과 물질을 들여 지었다고 많은 신학자는 말한다. 그러나 300억 원 이상의 돈을 써가면서도 100년 이상을 수고해도 '너를 위하여'이다. 하지만 이것도 주님의 핏값에 비할 수 없다. ^{창세기 6:8} 하나님의 은혜를 입었다는 것을 기억해야 한다. 노아가 방주를 짓는데도 불평 없이 방주를 지은 것같이 우리도 보혈의 신앙이 아무리 큰 환난이라도 보혈 신앙을 가져야 한다. 그 이유는 우리 자신을 위하는 길이요 또한 주님의 크신 은혜이기 때문이다.

히브리서 11:7에는 노아를 믿음의 사람이라고 하였다. 노아의 방주가 자기를 위하듯 보혈 또한 우리를 위함임을 알아야 한다.

방주 안에는 평화가 있었다

그 이유가 무엇일까? 주 안에 있었기 때문이다. 방주 안에는 악한 짐승, 악한 짐승, 그리고 그 속에는 천차만별 종류의 짐승이 있었으나 그 안에는 안식과 평화만이 있었다. 이 땅에서 아무리 많은 죄를 지었고 또한 악인이라 할지라도 보혈로 죄를 씻고 천국에 가면 참된 평화와 만족만이 있다는 걸 보여주고 있다.

모두 죽었으나 방주 안에 있는 자만 살았다

그 이유는 무엇일까?

창세기 6:13에 보면 하나님이 노아에게 이르시되 혈육 있는 자의 강포가 가득하되 내가 그들을 땅과 함께 멸한다고 하셨다. '강포'에 대하여 5절이 답을 주기를 '죄악이 관영'이라 하였다. 다시 말해 죄 때문이다. 죄 때문에 죽인다는 것이다. 그럼 죄를 무엇으로 씻을 수 있느냐? 세상에 하나가 있으니 그 답은 보혈밖에는 없음을 기억해야 한다.

땅에 거하는 모든 사람을 비롯해 동물들까지 죽었다. 6:17에 무릇 생명이 기식하는 모든 것을 다 죽이리라 하였다. 물곰, 물개, 수달, 미꾸라지도 다 죽었다. 앞에서 언급한 물속에 있는 짐승은 왜 다 죽었는지 그 이유가 무엇일까?

다시 말해 예수 피가 없는 자는 다 죽는다는 것을 암시한 것이다. 이 말씀은 마지막 심판 날에 보혈이 없는 자는 모두가 심판을 받아 죽음을 당한다는 것을 보여준다. 천국은 죄를 가지고는 갈 수가 없는 곳이다.

왜 방주 안에는 죽음이 없이 생명이 있었나

그 이유는 예수 안에 있었기 때문이었다. 방주 안에 있었던 노아의 여덟 식구와 짐승들은 다 살았으나 방주 바깥에는 한 생명도 살지 못하고 모두 다 죽었다는 사실을 기억하자. 그 이유는 예수 안(방주)에는 보혈이 있었기 때문이다.

창세기 6:14에서 답을 주고 있다. 잣나무로 너를 위하여 방주를 짓되 그 안에 간들을 막고 역청으로 안팎을 칠하라. 여기 역청을 이강복 목사가 쓴 『십자가의 피의 12가지 의미』란 책에서 설명하고 있는데 이 역청은 예수의 피라고 하였다. 역청 瀝青 bitumen이란 어원의 뜻이 피라는 것이다.

여기 역청은 방수제로 물이 방주에 스며들지 못하게 하는 역할을 하는데 우리 현실에 적용하면 예수 피로 우리 안팎을 칠하지 않으면 모두가 죽는다는 의미이다. 바꾸어서 말씀드리면 방주 안에 있는 자가 모두 산 것은 육적으로는 역청이나 영적으로는 보혈 때문인 것이다.

유월절에도 양의 피를 집안과 밖에 바르는 이유는 핏속에 보호와 생명이 있기 때문이다. 물론 나무의 재료로 쓰인 잣나무는 단단한 나무이다. 그러나 노아는 목수도 아니고 방주를 지어 본 경험도 없는데도 물이 쓰며들지도 않았고 완전했던 것은 역청, 다시 말해 보혈 때문이다. 그런데 1년 동안이나 물속에서 견디었고 바위가 무너지고 산이 넘어지고 온 지구에 생명이 있는 자가 다 죽었어도 방주 안에 있는 생명체만이 산 이유는 역청 때문이다. 다시 말해 우리 영혼은 예수 피가 있어야 살 수 있다는 것을 말씀하고 있는 것이다.

우리가 이 세상 마지막 날에도 예수 피가 없으면 세상에서 무슨 일을 하였든지 무슨 직분으로 살았고 어떤 기도를 했든지 아무 소용도 없다.

오직 보혈로만 구원받음을 알아야 한다.

찬송가 208장1절에 보면 '내 주의 나라와 주 계신 성전과 피 흘려 사신 교회를 사랑한다' 고 하였다.

교회가 무엇인가? 그곳은 예수 피가 있는 곳이다.

사도행전 20:28에서 바울은 에베소 교회 장로들에게 성령이 저들 가운데 감독자로 삼고 피로 사신 교회를 치게 하셨느니라 하였다.

교회는 피가 있어야 한다.

유월절 사건 때에 애굽인은 모두가 죽음을 당했고 이스라엘인은 모두가 생명을 얻은 사실을 잘 알 것이다. 좁은 의미의 교회는 나 자신을 말한다. 교회에는 예수 피가 있어야 되는 것처럼 나에게도 보혈이 있어야만 한다.

요한계시록 5:9 "사람들을 피로 사서 하나님께 드리고".

우리는 피가 있어야 천국에 갈 수 있고 하나님이 받을 수 있다고 말하고 있다. 찬송가 313장 4절은 '내 임금 예수 내 주여 이 마음과 이 천한 몸 그 보배 피로 값 주고 주 친히 사신 몸이오니 나 이제 사나 죽으나 주 뜻만 따라 살리라' 고 하였다. 주님이 우리를 살리신 것은 보배 피이며 그 피가 나를 살렸다. 방주 안에 생명이 있었음은 방주 바깥에 칠한 역청, 다시 말해 보혈이 있었음을 기억하자. 찬송가 395장4절에도 '거룩하신 구주여 이 피로 날 사셨으니 어찌 감사하온지' 하고 있다.

노아와 피뿌림

노아 방주사건도 예수님의 보혈을 상징하는 양의 피가 감싸고 있었기 때문에 그 속에는 생명이 있었지만 방주 밖에는 모두 다 죽었다는 것은 무엇을 의미하는가? 그것은 방주 밖에는 보혈이 없었기 때문에 모든 생물체가 죽었다는 말이다. 노아는 당대에 "의인이요 완전한 자라 하나님의 은혜를 입었다"고 말하였다. 그 말 속에는 모두 보혈을 담고 있다.

주님이 다시 오실 재림 때에도 이와 같을 것이다. 구원 얻을 자가 적을 것이고 피가 있는 자만 구원 얻을 것이다.

노아가 하나님의 은혜로 1년 후에 방주에서 나와서 첫 번째 한 일은 창세기 8:20~22이 잘 말해주고 있다. 하나님은 인류의 타락을 한탄하시며 죄악으로 물든 세상을 물로 심판하셨고 죄악으로 가득찬 지구에 물로 세례를 베푸셨다. 그 뒤에 노아로 하여금 보혈의 세례로 이 세상을 적셨다. 범죄 후에 하나님으로부터 저주와 죽음이 온 인류에게 미쳤으나 은혜의 보혈은 부분적이었음을 알 수 있다.

보혈을 받으신 하나님께서는 노아의 8식구에게 복을 내리셨다. 창세기 9:1에 보면 하나님은 아담처럼 노아를 사랑하심을 볼 수 있다. 아담을 창조하신 후 아담에게 하신 것처럼 제2의 조상인 노아에게도 하나님이 복을 주시며 가라사대 생육하고 번성하여 땅에 충만하라고 하셨다. 8:19은 은혜 입은 노아의 8식구가 방주에서 나온 후에 하나님께 한 일이 기록되어 있다.

노아는 하나님께 번제를 드렸다 창8:20~22

이는 보혈을 드린 것이다. 여기서 중요한 것은 번제를 드린 것이 어찌 보혈을 드린 것이냐고 생각하시는 분이 혹시라도 있을 것 같아서 번제에 대하여 잠시 언급하고자 한다. 번제란 말의 뜻은 영어로 burnt offering, 히브리어로 '아라' A-rah인데 그 뜻은 올라간다는 뜻이며 하나님이 그 제물을 받으신다는 뜻이다.

이 번제의 참 뜻은 예수님의 희생적 죽음과 피 뿌림, 승천을 의미한다.
번제의 제물은 소나 양이나 비둘기이며 형편에 따라 드릴 수 있으나 반드시 정결한 수놈이라야 한다. 이것은 예수 그리스도의 속죄의 죽음을 상징하는 것이다. 짐승을 죽이기 전에 반드시 죄지은 사람이 그 짐승에게 안수를 함으로 짐승에게 나의 죄를 전가시킨다. 이는 인간을 죄에서 구원하시기 위해 주님이 대신해서 죽을 것을 가르쳐 주고 있다. 다시 말해서 예수님이 인간의 죄, 나의 죄를 위하여 대신 죽어 주신다는 것을 말씀하고 있다.

레위기 1:1~9에도 기록되어 있는데 12절에 보면 짐승의 피를 받아서 그 피를 제사장에게 주면 제사장은 그 피를 번제단 주위 사면에 뿌리고 18절, 단 주위에 뿌린다. 그 이유는 레위기 17:11에서 "육체의 생명은 피에 있느니라 내가 이 피를 너희에게 주어 단에 뿌려 너희 생명을 위하여 속하게 하였나니 생명은 피에 있음이라 이 피가 죄를 속하느니라"고 하였기 때문이다. 피는 보혈을 상징하므로 피를 단에 뿌린다. 이 말씀은 항상 보혈의 설교가 주님이 받으시는 설교임을 암시한다.

구약의 성도가 제물을 드릴 때마다 피를 드린 것은 '피가 없는 곳에는 사함이 없기 때문'이며 신약시대를 살아가는 우리도 생명인 보혈의 신앙을 가져야 함을 의미한다.

구약의 성도만 죄를 짓고 우리는 죄를 짓지 않는다면 드리지 않아도 되지만 우리는 오늘도 내일도 주님이 오시는 날까지 죄를 짓는 연약한 인간이므로 날마다 시간마다 보혈을 드려야 하고 항상 날마다 기도할 때마다 보혈의 기도를 드려야 한다.

번제의 종류는 아침, 저녁으로 드리는 집단적인 번제와 개인적인 번제가 있다. 그 외에도 여러 제사가 있으나 제사 지낼 때마다 조금씩 방법은 다르나 피를 뿌린다는 사실은 같다. 범죄한 후 생명을 얻은 노아는 땅에 첫 발을 내디딘 후 처음으로 하나님께 보혈의 제사를 드렸다는 사실을 꼭 기억하자. 노아는 죄악 세상의 인류를 대표하여 보혈의 세례로 지구를 적셨는데 하나님이 노아를 통해서 하셨다는 사실을 기억해야 한다.

베드로전서 1:2에 우리 성도를 가리켜 예수 그리스도의 피 뿌림을 얻기 위하여 택하심을 입은 자라고 하였다. 그렇다. 필자와 여러분은 보혈을 전하기 위하여 선택함을 입은 우리 공동체요 동역자이다.

유대인들은 7대 절기 중 유월절을 가장 큰 명절로 여겼다. 유월절의 특징은 피에 있다. 그때에는 모든 이스라엘 백성이 예루살렘 성전에 모여 제사를 드렸는데 그때 드리는 짐승만도 어마어마한데 양만 약 40만 마리를 드린다고 한다. 작은 나라 300만 인구도 되지 않는 이스라엘 나라에서 한 절기에 왜 40만 마리의 양이 왜 필요할까? 왜 양을 죽여서 피를 드리지 않으면 안 되는 것이었을까? 이는 주님이 우리 죄를 위하여 죽으시고 흘린 보혈로 구원하는 언약이기 때문이다.

유월절은 4가지 은총이 있다.

①내가 너희를 빼낸다. ②내가 너를 건졌다. ③내가 너를 구속하였다.
④내가 너희를 내 백성 삼았다.

이 4가지 은총이 유월절의 핵심이다. 그런데 이 4가지 은총을 기억하며 붉은 포도주를 마시게 되는데 물론 포도주는 구속의 피를 의미하며 그리스도 보혈을 말한다. 주님이 죽으시기 전날에 제자들에게 포도주를 주시면서 말씀하신 것과 같다. 우리도 보혈을 드리면 이와 같이 보혈로 은총을 받게 된다는 사실이 얼마나 감사한 일인가?

노아의 제물을 흠향하셨다 창8:21

노아가 드리는 번제를 주님이 기쁘시게 받으셨다. 솔로몬이 왕이 되자 열왕기상 3:4에 보면 일천 번제를 하나님께 드렸다고 하였다. 그 번제를 주님이 기뻐하셨고 솔로몬의 꿈에 나타나시어 친히 구하지도 아니하였는데 '내가 너에게 무엇을 줄꼬' 라 하셨음을 열왕기상 3:5에서 볼 수 있다.

여기서 솔로몬은 나라를 잘 다스리기 위해 지혜를 구했고 하나님은 지혜를 구함을 기뻐하시고 열왕기상 3:12절에 "너와 같은 자가 전에도 없었고 후에도 없으리라" 하시며 전무후무한 복을 주셨다. 우리도 보혈의 신앙을 가지고 보혈을 드리면 우리에게도 지혜도 큰 복도 주신다.

보혈의 신앙인은 주님의 복을 받는다

창세기 8:21에 "내가 다시는 사람으로 인하여 땅을 저주하지 아니하리니" 하셨다. 이 말씀의 뜻은 보혈을 드리면 저주로부터 해방된다는 것을 말씀하고 있다.

애굽에 있는 이스라엘 백성들도 분명히 죄가 있었다. 그런데도 이스라엘 백성은 한 생명도 죽음이 없이 하나님의 보호하심을 받았다. 그 이유는 구원이 행위에 있지 않고 그 피에 있기 때문이다. 노아의 방주 바깥은 죽음과 저주가 있었지만 방주 안에는 생명과 평안이 있었다. 무엇 때문일까? 그것은 보혈을 상징하는 피의 은총임을 알아야 할 것이다.

여리고 성에도 정탐꾼을 숨겨준 대가로 라합에게 붉은 줄의 언약을 했고 그 붉은 줄은 그 성의 모든 사람이 죽임을 당했지만 라합에게는 죽음을 면케 한 것은 물론이고 복을 받게 했다. 예수님의 족보에도 그 이름을 남겼다. 라합, 그는 기생이라는 비천한 신분의 여자였고 가정을 파괴하는 여자로서 그 당시 돌에 맞아 죽을 무서운 범죄자였음에도 불구하고 보혈이 그를 구한 것이다.

그 붉은 줄은 무엇을 의미하는가. 보혈과 언약을 의미한다. 마찬가지로 마지막 심판의 날에도 붉은 줄이 있는 가정과 개인만이 생명을 얻음을 명심하자. 그 이유는 하나님과 인간과의 언약이기 때문이다.

본문 21절에는 "모든 생물을 멸하지 않게 하리라" 하셨다. 노아의 방주 안에 있는 동물들의 생명도 보호하셨다. 보혈이 있는 곳에는 하나님의 보호하심이 있음을 말하고 있다. 그리고 기억할 것은 보혈의 예배는 더 나은 제사라 하였다(히11:4).

그리고 다시는 물로는 심판하시지 않으신다고 약속하셨고 그 증표로 무지개를 주셨다(창9:12~14).

그 후 하나님은 노아와 그 아들들에게 아담에게 약속하셨던 축복을 빌어 주셨다(창 1:27~28, 창 9:1~7 참조). 이와 같이 보혈을 드리는 자를 축복하시는 주님의 마음을 알 수 있다.

보혈과 아브라함과 언약

먼저 알아야 할 것은 보혈에 대한 같은 말의 반복이다. 성경에도 주님의 재림 Lord's second coming에 대해서 360회나 말씀하고 있다. 실제는 한 번만 기록하면 될 것인데 말이다. 이와 같이 사람들은 보혈의 말을 잘 믿지를 않는다. 보혈은 교육이고 훈련임을 명심하시고 같은 보혈의 말이 반복되는 것은 그만큼 중요한 훈련임을 알아야 한다.

성경은 구약이나 신약이나 목적과 방향은 같다고 말할 수 있다. 다만 예수님 탄생 전의 기록의 말씀을 구약 Old Testament이라 하고 예수님의 탄생 이후에 약속의 글을 신약 New Testament이라고 부른다. 다시 말씀드리면 구약성경은 예수님이 오시기 전에 우리를 위해서 약속하신 언약의 글이고 신약은 예수님이 오신 이후에 우리에게 한 언약의 성취다. 그러므로 목적과 하나님의 뜻은 같다고 할 수 있다. 다만 원리는 같지만 순서와 방법은 구약과 신약이 조금 다르다. 보혈에 대하여도 마찬가지다.

보혈에 대한 구약의 가르침

구약은 그림자요 상징이요 미래에 대한 예언이다. 그러나 신약은 실체이고 현실이다. 다시 말해 구약은 예수님을 통해 이루어질 예언이고 신약은 예언의 성취다. 구약은 그림자이므로 짐승의 피를 통한 죄 사함은 장차 오셔서 흘려주실 보혈의 그림자요 상징이라면 신약의 보혈은 실체요 현실이다. 그러나 구약의 피가 임시적이며 반복적인 반면 신약의 보혈은 영원하며 완전하다. 구약은 제사장을 통한 피 뿌림인 반면에 신약은 예수님을 통해 우리 자신이 직접 보혈을 드려야 함을 말하고 있다. 그러나 보혈은 구약시대나 오늘에나 반복적이고 계속적이어야 하는 것은 동일하다.

한 가지 안타까운 것은 주님께 의존하고도 확신 없이 막연히 주님이 부어주셨다는 단회성이고 과거완료적으로 보혈을 생각하는 분들이 많다는 사실이다. 다시 말하면 보혈에 대하여 무관심하고 거부하는 사람들도 많이 있다는 사실이다. 그러나 명심해야 할 것은 계속적이요 반복적으로 보혈을 마시고 뿌려야 한다는 것이 성경의 가르침이라는 것이다.

성경 어디에 보혈을 통하지 않는 구원을 말하고 있는가. 하나님을 섬기는 형태는 구약은 제사, 신약은 예배다. 여기서 구약은 짐승의 피를 드렸고 신약은 예수님의 피로 바뀐 것뿐 피를 드리는 원리는 같은 것이라는 것을 알아야 한다.

왜 예수님이 피를 흘려야 했는가

인류의 범죄로 사망이 오게 되고 영생을 잃은 인류를 위하여 예수님이 언약의 주체가 되심으로 그에게 죄를 맡기신 것이다. 구약이든 신약이든 구원자요 생명이신 분은 단 한 분 예수 그리스도밖에는 없으시다.

로마서 6:23은 "죄의 삯은 사망이요 하나님의 은사는 우리 주 안에 있는 영생"이라고 말씀하고 있다. 그렇다. 죄의 결과는 사망이므로 인류 모두는 영생을 얻지 못한다. 그리하여 영생이신 그 분이 오셔서

(1) 내 대신 죽으시고 피를 흘리시고 그 피로 우리를 살리신 것이다.

바울은 고린도후서 5:14에서 "그리스도의 사랑이 우리를 강권하신다"고 말하고 15절에서 "저가 모든 사람을 대신하여 죽으심"이라고 말하였다. 우리의 구원을 이루기 위해서는 그가 대신 죽을 수밖에 없었다. 로마서 5:17을 보면 "한사람의 범죄로 인해 사망이 왔다"고 말하고 있는데 다시 말해 인류는 모두가 죄인이라는 것이다. 그러므로 인류 모두는 보혈이 필요한 것이다.

(2) 주님이 우리가 받아야 할 사망과 저주를 대신 받은 것이다. 그래서 주님이 죽어야 했고 그 결과로 죽으시고 은혜의 보혈을 흘려주신 것이다.

(3) 그 보혈을 흘려주심으로 우리의 죄를 그 피가 구속하신 것이다.

왜 예수 그리스도의 피여야 하는가? 요한일서 1:7에는 "예수의 피가 우리를 모든 죄에서 깨끗하게 하실 것"이라고 하였다. 그렇다. 답은 간단하다. 예수의 피 외에는 다른 어떤 피로도 될 수 없고 오직 예수 피만이 우리의 모든 죄를 씻을 수 있다고 말한다. 기억할 것은 예수 피밖에 없으므로 보혈이라고 부른다.

찬송가 252장 가사처럼 '나의 죄를 씻기는 예수의 피밖에' 없다.

또 한 가지 명심할 것은 우리는 예수 피로 날마다 씻어야 한다는 것이다. 아담과 하나님과의 언약 창세기 3:21 이후에도 피의 제사가 계속되어 왔다.

믿음의 조상 아브라함과의 맺은 언약

창세기 15:7에는 "나는 이 땅의 업을 삼게 하려고 이끌어 낸 여호와"라고 하였고 9절 "여호와께서 이르시되 나를 위하여 삼년 된 암소와… 숫양을", 10절, 쪼갠 후 13절에는 "네 자손이 이방에서 사백 년간 네 자손을 괴롭게 하리라"고 하였다. 그리고 17절에는 "쪼갠 고기사이로 지나가시느니라" 하심으로 예수님의 피가 지나가셨다는 것을 말한다.

창세기 17:2에는 "내가 너와 언약을 세워 너로 번성케 하리라"고 하였고

4절 "내가 너와 언약을 세우리니 너는 열국의 아비가 되리라"고 하였으며

5절 "이제 너는 아브람이 아닌 아브라함이라 하리니 열국의 아비가 되게 하리라"고 하셨다.

6절 "심히 번성케 하신다"고 약속하셨고,

7절 "내가 너와 언약을 세워 너와 후손의 하나님이 되리라"

8절 "가나안 땅을 기업으로 자손만대로 주리라"

9절 "너는 언약을 지키라"

10절 "너희 중 남자는 다 할례를 받으라 이것이 너와 후손사이에 지킬 언약이니라"

11절 "너는 양피를 베어라 이것이 나와 너희 사이에 언약의 징표니라"

¹⁴절 "할례를 행하지 않는 자는 백성 중에서 끊어지리라"고 하셨다.

이 언약을 약 600년이 지나서도 주님은 기억하셨다. 애굽에서 430년 동안 종살이로 고생하던 아브라함의 후손에게 하나님은 "그들의 고통을 들으시고 아브라함과의 언약을 기억"하셨다(출 2:24).

여기에서 중요한 것은
(1) 하나님과 아브라함과 언약을 맺으셨다는 것이다(창17:1~14).
(2) 그 언약을 지키라고 하셨다는 것이다(창17:9).
(3) 언약을 지키면 복을 주신다. 가나안의 복, 자손의 복, 기업의 복, 번성의 복, 복의 근원이 되게 하여 주신다.
(4) 그 복의 대상은 언약을 지키는 모든 백성과 자손만대이다(창 17:7~12).
(5) 그 언약은 피와의 언약이라는 사실이다(창15:7~18, 창17:1~14 참조).

한 가지 말씀드리고 싶은 부분은 피는 언약이라는 사실이다. 성경에 나오는 피에 대한 구절에서 '언약의 피'란 구절을 많이 보게 된다. 그것도 언약의 피임을 증명하는 것이다.

찬송가 370장 4절 '내주와 맺은 언약은 영불변하시니 그 나라 가기까지는 늘 보호하시네… 할렐루야 내 앞길 멀고 험해도 나 주님만 따라가리'.

여기서 기억할 것은 보혈은 언약이며 그 언약은 영원히 불변하다는 사실이다. 히브리서 기자는 히브리서 6:13~14에서 하나님이 아브라함에게 약속하실 때에 "맹세할 자가 자기보다 더 큰 이가… 반드시 번성케 하고 번성케 하리라" 하셨고 저가 오래 참아 약속을 받았다고 말하고 있다. 특별히 히브리서 8장~9장에 보면 보혈이 언약이라고 반복하여 말하고 있음을 알 수 있다.

하나님의 약속은 불변하시며, 그 언약과 약속은 피의 언약이며, 아브라함은 오래 참아 복을 받았으며 이 약속은 곧 우리에게 한 약속임을 믿어야 할 것이다. 갈라디아서 3:9에 "그러므로 믿음으로 말미암는 자는 믿음이 있는 아브라함과 함께 복을 받느니라"고 하였다.

이삭을 번제로 바침과 보혈의 언약

창세기 22장은 하나님께서 이삭을 번제로 바치라는 명령이 나온다. 이 사건에서 보혈과의 언약을 잠시 생각해보자. 중요한 것은 하나님이 아브라함에게 이삭을 바치라고 하셨다. 영적으로는 하나님이 자기 아들 독생자를 우리 위해 아낌없이 번제로 드리심을 생각해 볼 수 있다.

아브라함이 독자인 아들을 바치라는 주님의 명령에 순종함을 통해 언약의 중요성, 하나님의 명령을 순종하는 믿음의 사람의 마음을 볼 수 있다. 이 세상의 어떤 것보다 하나님이 가장 큰 복이며 귀한 분이시다.

창세기 22:12에 아브라함이 이삭을 드릴 때에 이제야 네가 나를 경외하는 줄 알았노라 하시고 13절에서 숫양을 대신 준비하셨다. 여기서 중요한 것이 두 가지가 있다. 하나는 번제가 경외라는 사실이요 또 하나는 주님이 이미 번제할 양을 준비하셨다는 것이다. 즉 보혈이 경외이며 주님은 우리를 위하여 보혈을 준비하셨다는 말씀을 놓치지 말아야 한다. 13절에 보면 아브라함은 이삭을 대신하여 번제로 하나님께 드렸다고 말하고 있으며 14절에 그 땅의 이름을 여호와 이레라 하였으니 하나님이 친히 준비하셨다고 하셨다.

⑴ **이삭을 대신하여 숫양이 대신 죽어 피를 흘려 제물이 되었다는 말씀은 날 대신하여 예수님이 죽으셨다는 사실이다.** 여기서 숫양은 주님을 가리키고 숫양이 흘린 피는 보혈을 상징한다.

⑵ **그 숫양이 이삭을 대신하여 이미 준비되었다는 사실이다.** 14절에 아브라함이 이 땅 이름을 여호와 이레라 하심을 통해서도 알 수 있다.

⑶ **아브라함도 이삭도 몰랐으나 순종 후에 하나님의 마음을 알았다.** 마찬가지로 우리도 잘 모르고 이해도 안 되지만 순종하면 알게 된다는 것이다.

⑷ **그 후에 아브라함도 이삭도 큰 복을 받았다는 사실이다.** 창세기 22:15~18은 하나님은 보통 복이 아니라 큰 복을 주셨다는 것을 말씀하고 있다. 우리도 아브라함과 같은 보혈을 드리면 큰 복을 받는다. 아브라함처럼 복을 받기 원하는 것은 우리보다 주님이 더 원하신다는 사실을 우리는 알아야 한다.

유월절 보호와 보혈

하나님께서는 당신의 백성 이스라엘에게 절기를 주셨는데 그 절기를 7대 절기라 부르며 이 7대 절기의 특징은 다 예수 그리스도의 생애와 우리의 구원과 연관되어 있다. 무엇보다 중요한 것은 죄와 그리스도의 보혈과의 관계성이다. 성경은 영생의 책이며 또한 보혈의 책임에 틀림이 없다.

요한복음 5:39에 "너희가 성경에서 영생을 얻은 줄 생각하고 성경을 상고하거니와 성경은 내게 대하여 증거하는 것이로다"라고 하였다.

성경은

(1) **성경은 예수에 대하여 말하고 있으며**

(2) **성경은 구원에 대하여 말하고 있으며**

(3) **성경은 나에게 말하고 있다.**

성경은 장마다 구절마다 이 말씀이 다 있다. 다시 말하면, 구약도 신약도 예수님을 통한 구원을 말하고 그 말들이 나를 향한 말씀이요 글임을 알아야 한다.

7대 절기

(1) **유월절 Pass-Over** : 가장 중요한 절기이며 이 절기는 그리스도의 죽으심과 보혈의 보호를 가르쳐 주고 있다.

(2) **무교절** : 그리스도와 친교를 가르쳐 준다.

(3) **초칠절** : 그리스도의 부활과 성도들의 승리를 말한다. 기독교는 부활의 종교요 승리의 종교다.

(4) **칠칠절** : 성령의 강림과 성령 시대 도래와 주님과 임무 교대를 말한다.

(5) **속죄절** : 그리스도를 통한 구속 보혈을 통한 죄 사함을 말한다.

(6) **나팔절** : 그리스도를 통한 성도의 부름을 말한다.

(7) **추수감사절** : 그리스도를 통한 성도의 추수를 말한다(레23:4~43 참조).

이 절기의 교훈은 모두 다 그리스도를 통한 구속과 보혈과 연관되어 있음을 알 수 있다. 출애굽기 12:6~14를 중심하여 말씀드리려고 한다.

하나님께서는 당신의 백성을 보혈로 장차 구원해 주실 것을 아브라함에게 언약으로 말씀하셨다(창 17장 참조).

이스라엘 백성이 흉년으로 인해 애굽 땅에 74명이 내려가서 430년 동안 애굽에서 살았다. 그 세력이 점점 왕성해지자 애굽의 바로가 이스라엘 백성을 두려워하여 핍박을 하게 되었고 그 고역이 점점 심해져 남자아이를 낳으면 산파를 통해서 죽이라고 명령하였다.

이스라엘 최대의 핍박이었다. 자식은 죽으면 가슴에다 묻는다고 하지 않는가. 이때부터 이스라엘 백성들은 자기의 정체성을 조금씩 발견하게 되었으며 자신들은 선민이요 하나님의 선택받은 민족임을 깨닫게 되었다. 그때부터 그들은 그 고역과 핍박 때문에 부르짖고 기도하게 되었고 영적인 눈을 조금씩 뜨기 시작하였다.

출애굽기 2:23에 보면 "이 고역으로 인하여 부르짖으니 부르짖는 소리가 하나님께 상달된지라 하나님이 그 고통의 소리를 들으시고 아브라함과 이삭과 야곱에게 세운 언약을 기억하사" 구원자 모세를 보내셨다. 이 언약은 피 언약을 말한다.

시편 119:71은 고난 받는 것이 내게 유익이라고 말한다. 때론 우리가 원하든 원치 않든 고난의 파도도 핍박도 사업실패도 시련도 병도 찾아온다. 그러나 고난은 우리 영을 살리려고 우리를 사랑하시는 주님의 부르심을 기억하자. 고난은 우리를 자라게 한다 Tough time makes us grow.

베드로도 고기를 한 마리도 잡지 못한 그날 새벽에 주님은 찾아오셨다. 밤새 노를 젓고 파도와 지쳐 싸우고 있을 때 말이다. 주님은 사경에 제자를 찾아 오셨음을 알 수 있다.

필자도 군에서 제일 큰 교회를 7년 동안 시무했지만 지금은 개척교회를 하면서 시험도 환난도 겪으면서 목사의 최고의 전성기를 이곳에서 보내고 있다.

큰 비가 오려면 천둥도 바람도 부는 것이 아닌가. 주님은 나에게 보혈을 주시기 위해 그렇게도 고난과 시련의 바람이 불었는가 보다.

이스라엘의 부르짖음을 기억하사 그들의 기도를 들으시고 주님은 구원자 모세를 보낸 것이다. 모세가 와서 내 백성을 돌려 달라는 하나님의 말을 전했으나 바로는 듣지 않았으며 마지막 열 가지 재앙을 앞두고 주님이 주신 영적인 비밀이 본문의 말씀이다.

출애굽기 12:5 어린양은 흠이 없는 양이나 염소의 수놈들 중에 취하여 6절 그 양을 잡아서, 7절 그 양의 피로 문설주와 인방에 바르라고 하였다

(1) **어린양은 예수님을 말한다.** 요한계시록에는 예수님의 이름을 어린양이라고 하였다. 요한복음 1:29에서 세례 요한은 예수님을 가리켜 세상 죄를 지고 가는 하나님의 어린양이라고 하였다. 앞으로 오셔서 우리의 제물이 되어주실 속죄주의 사역을 말씀하고 있다.

여기서 어린양은

(2) **우리를 위해 대속의 제물이 되어주신 예수님을 예표하고 있고 이스라엘 백성은 구속함을 받은 선택된 하나님의 백성을 말하는 동시에 나를 가리킨다.**

(3) **양의 피를 문설주에 뿌리고 바르라는 말이 중요하다.**

다른 사람이 대신 발라주거나 하나님이 하신 것이 아니라 우리에게 직접 문설주에 바르고 뿌리라고 하셨다는 사실이다. 가난하든 부하든 남녀노소 누구든지 예외 없이 양의 피를 바르라고 하셨다는 사실이다.

이것이 복음이다. 놀라운 사실은 애굽 사람에게는 영적인 비밀인 피의 사건을 가르쳐주지 않았다는 것이다. 이 피의 복음을 듣지 못한 애굽인은 바로를 위시하여 한 집도 빠짐없이 장자가 다 죽임을 당했지만 이스라엘 백성은 한사람의 장자도 죽지 않았다. 그것은 행위가 아니라 피의 공로였다는 사실을 기억하자.

여기서 더 놀라운 것은 우리에게 피를 뿌리고 바르라고 말씀하고 있다는 사실이다. 피를 뿌리고 바르면 어떻게 되는가?

보호해 주신다

12절에는 피가 없는 애굽인들을 치고 벌을 내린다고 하신다.
(1) **피가 없으면 하나님의 재앙과 저주를 받는다.**
하나님은 사랑이시지만 피가 없는 애굽에는 한 가정도 예외 없이 모든 장자가 죽임을 당하였다.
(2) **애굽의 모든 신에게 벌을 내린다는 말이다.**
다시 말해 피가 없는 자는 주님의 심판과 징계의 대상이란 말이다.
(3) **피가 있는 가정은 죽음의 천사가 넘어간다.**
13절, '내가' 라 하셨으니 벌을 주시는 분도 주님이시요 보호하시는 분도 주님이시다.
(4) **그 피, 다시 말해 보혈이 있는 가정과 개인은 절대로 죽지 않고 보호해**

주신다는 언약이다.

요한복음 6:53~54에서 보혈은 생명이라고 하셨다. 우리는 날마다 예수 피를 믿음으로 뿌려야 한다. 구약에는 짐승의 피를 뿌리고 발랐지만 오늘은 예수 피를 뿌리고 발라야 한다. 구약에는 보이는 피였지만 지금은 육의 눈에는 보이지 않는 보혈을 믿음으로 뿌려야 한다.

최근에 일어난 기독연예인의 자살사건이 우리의 마음을 아프게 하였다. 그러나 그들도 보혈을 뿌렸으면 죽지 않았을 것인데 하는 안타까운 마음이 들었다. 출애굽 사건은 오늘의 예표이기 때문이다. 우리 자식, 가족들에게도 보혈을 뿌려 놓으면 절대로 죽지 않는다. 그 피가 생명을 지킨다.

2년 전에 총회신학교 특강 때 보혈론을 강의하였는데 얼마 후에 한 제자에게서 연락이 와서 만나게 되었다. 그는 너무 감사하다고 인사를 하였다. 자기 조카가 강릉으로 캠프를 갔었는데 물놀이 사고로 의식이 없이 죽게 되었다는 것이다. 그런데 보혈 강의 들은 것이 생각나서 보혈을 뿌리며 보혈 기도를 계속하였는데 기적적으로 살아났다는 것이다.

할렐루야! 그렇다. 보혈은 생명이다.

찬송가 493장 2절은 '예수 보배로운 피 모든 것을 이기니 예수 공로 의지하여 항상 이기리로다' 라고 말하고 있다. 그렇다. 애굽의 바로도 아홉 번째 재앙까지는 강퍅하여 이스라엘 백성을 놓아주지 않았으나 열 번째 보혈 재앙에는 항복을 한 것이다.

이와 같이 보혈은 모든 것을 이기며 악한 영도 보혈이 있는 곳에서는 쫓겨 간다. 본문에도 죽음의 천사가 보혈을 보고 넘어갔다.

주님은 보혈만 보신다

보혈은 이렇게 큰 능력이 있다.

요한복음 6:54에 "내 살을 먹고 내 피를 마시는 자는 영생을 가졌고 마지막 날에 내가 그를 다시 살리리라" 하셨다. 부자냐 가난한 자냐 하는 문제도 인간의 기준에서는 중요하지만 주님은 피만 보신다. 목사냐 장로냐 세례 받았느냐 능력이 있느냐는 중요하지 않고 오직 당신의 피가 있느냐 없느냐만 중요한 것이다.

이스라엘에는 행복과 축복의 밤이지만 애굽인에는 통곡과 저주와 죽음의 밤이었다(출 12:13). 이와 같이 주님의 재림 시에도 동일하다. 보혈의 피가 있는 자는 찬송하며 기뻐하지만 피가 없는 자는 통곡할 것이다.

히브리서 9:7 아랫부분에 보면 "피 없이는 아니하나니 이 피는 자기와 백성의 허물을 위하여 드리는 것이니라"고 하셨다. 그 피가 그들 생사를 갈리게 한 것이다.

보혈은 기적과 이적을 가져온다

출애굽기 12:13 "너희에게 표적이 될지라"고 말씀하셨다. 물론 그날에 피 때문에 구원받은 것도 이미 이적이지만 보혈을 상징하는 양의 피로 보호함을 받은 백성은 마귀(바로)의 사슬에서 벗어나 예수(모세)의 인도를 받은 것이다.

그들은 남자 장정만 60만 명이었다. 주님은 밤에는 불기둥으로, 낮에는 구름기둥으로 보호하셨으며 40년 동안 농사를 짓지 않고서도 그 백성을 먹이고 입혔으며 홍해 바다가 갈라졌으며 반석을 치니 물이 나오는 이적을 경험하게 하셨다.

또한 보혈의 신앙인이요 보혈의 전도자인 모세 Moses를 하나님은 신으로 사용하셨다. 보혈 신학자이신 맥스웰 화이트 Maxwell Whyte 목사님은 그의 저서에서 펄펄 끓는 물이 팔에 쏟아졌는데 '보혈 보혈하니 흉터도 없어졌다.'고 말하고 있다. 소경도 현장에서 보혈 기도 후에 시력이 회복되었다고 하였다.

보라. 출애굽시대의 사건을 필자는 믿는다. 보혈이 가득찰 때 나에게도 나타날 이적과 기적을 말이다. 지금도 많은 신유가 나타나고 있다. 이글을 읽는 여러분들에게도 이미 시작되었음을 믿는다.

보혈은 우리에게 육적인 복도 주신다

시편 105:37은 출애굽 당시에, 다시 말해 유월절에 양의 피를 바르고 구출된 후의 사건을 기록하고 있는데 그들이 은금보화를 가지고 왔다고 말하고 있다. 맥스웰 화이트는 월급봉투에 보혈을 뿌렸더니 월급이 올라갔다고 하였다. 이처럼 주님은 보혈이 있는 당신의 백성을 보호하시고 그의 기도를 들으신다. 예수 피는 생명이요 주님 자체이다.

보혈은 지금도 살아계셔서 역사하시는 예수 그리스도요 또한 당신의 생명이시며 또한 주님의 사랑이다.

구약시대에는 피를 사람뿐 아니라 책이나 물건에도 뿌렸다고 하였다.

어떤 사모님은 보혈로 날마다 명령하고 세수하였더니 젊어졌고 또한 많이 예뻐졌다고 하였다.

약한 자가 하나도 없다고 말하고 있다 시편 105:37

보혈이 있는 자는 하나님이 건강하게 하여 주신다. 건강해야 보혈을 전할 수 있기 때문이다. 복음성가 '빚진 자'의 가사에 '십자가 보혈 증거하라고 주님이 살리셨네' 하는 말씀이 있다.

어떤 장로님은 이 복음성가에 은혜 받고 병든 몸으로 보혈을 전하였는데 실제로 건강해졌다고 하였다. 그렇다. 십자가 보혈은 우리를 건강하게 한다.

사역자들 중에도 귀신을 쫓아내고 신유가 강하게 나타나는 사람들은 모두가 보혈을 조금은 안다는 사실이다. 사도 중에도 보혈 전도자는 바울과 베드로, 요한이다. 주님은 그들을 더 많이 사용하셨음은 두말할 필요가 없다. 병이 들면 보혈로 기도하고 명령 기도하면 즉시 낫게 된다.

필자도 보혈로 명령 기도하며 나에게 병이 침투하지 못하게 기도하고 세계적인 신유의 종이 되게 해 달라고 기도하고 있고 그날이 이미 오고 있다.

출애굽기 12:14은 "너희는 이날을 기념하여 여호와의 절기를 삼아 영원한 규례로 대대에 지킬지니라"고 하셨다. 구약시대만 아니라 영원히 대대로 지키라 하셨다. 그런데 오늘날은 우리들은 이 규례를 지키고 있는가? 24절에도 "너희는 이 일을 규례로 삼아 너희와 너희 자손이 영원히 지킬 것이니" 하심으로 오늘도 영원히 내가 지켜야 한다는 것임을 알아야 한다.

바울도 고린도전서 11:25~26에 "식후에 또한 이와 같이 잔을 가지사 이 잔은 피로 세운 나의 언약이니 주의 죽으심을 오실 때까지 전하는 것이니라"고 하였다. 주님이 오실 재림 시까지 보혈을 믿고 마시고 또한 전하여야 한다.

찬송가 229장 3절은 '이는 나 위하여 형벌을 받으사 주가 친히 대신 흘린 주의 보혈일세' 그렇다. 우리가 아직 죄인 되었을 때 친히 보혈 흘려 속량해 주셨다(롬 5:8 참조).

'보혈이야말로 은혜 위의 은혜요, 복 중의 복'임을 명심하여야 하겠다.

3장

보혈과 신앙
Jesus blood & Faith

보혈 신앙의 길
보혈에 대한 예수님의 증거
보혈에 대한 사도들의 증거
히브리서의 보혈
요한계시록과 보혈
보혈의 가치와 삶

보혈 신앙의 길

많은 사람들은 보혈寶血 the precious blood of Jesus에 대하여 잘 알지 못한다. 별 관심 없이 막연하게 주님이 보혈을 부어주셨다고 그냥 믿고 있다. 필자도 30년 목회를 했지만 보혈 설교를 해 본 일도 들은 기억도 없는 것 같다. 다만 성찬 예식 때 형식적으로 한 적은 있다. 그러나 성경은 지금도 보혈을 믿어야 하고 받아 마셔야 하고 증거하여야 한다고 말하고 있다.

그럼 보혈을 어떻게 하면 받을 수 있나? 어떻게 보혈의 신앙인이 될 수 있는지를 알아보자. 보혈을 지식적으로 안다고 그냥 부른다고 내가 보혈의 신앙인이 되는 것은 아니다. 5단계를 거쳐야 한다.

1 단계 : 지식의 보혈

보혈을 지식적으로 먼저 알아야 한다. 우리말에 알아야 면장을 한다는 말이 있다. 로마서 10:13에 누구든지 주의 이름을 부르면 구원을 받는다고 하였다. 14절에 그런즉 믿지 아니하는 이를 어찌 부르리요 듣지 못한 이를 어찌 믿으리요 전파하는 자가 없이 어찌 들으리요 하였다. 알기 위해서는 많은 보혈에 관한 서적을 읽어야 하고 나의 것으로 만들어야 한다. 보혈에 대한 세미나도 집회도 간증도 체험담도 들어야 한다.

지식만 가진다고 되는 것은 아니다. 스님들도 성경을 100독 이상 하신 이들이 있다고 하지 않는가? 그러나 주님은 말씀하시기를 요한계시록 1:3에 이 예언의 말씀을 듣는 자와 읽는 자와 지키는 자가 복이 있다 하셨다.

2 단계 : 기도의 보혈

보혈을 내 것으로 만들기 위해서는 주님의 도움을 받는 기도를 해야 한다. 주님은 쉽게 보혈 신앙을 주시지 않는다. 보석은 길가에서, 아무 곳에서 얻을 수는 없다. 아무데서나 얻을 수 있다면 그것은 보석이 아니다.

잠언 8:17 "나를 사랑하는 자가 나의 사랑을 입을 것이며 나를 간절히 찾는 자가 나를 만난다"고 하였다. 우리는 부르짖어 기도해야 하고 간절히 기도해야 한다.

필자는 지난 몇 년 동안 국내외 10여 개 나라와 많은 신학교와 교회에서 보혈 강의를 해왔고 우리 교회에서 2년 동안 보혈 설교를 해왔다. 그런데 필자의 경험에 비추어 보면 말씀을 증거할 때에는 많은 사람들이 은혜를 받지만 지속적인 보혈의 신앙인은 5%도 되지 못한다는 것을 알게 되었다.

그 이유는 너무나 간단하다. 보혈 찬송을 부르면 은혜가 다른 찬송 부를 때보다 더 크고 성령이 강하게 역사하는 것처럼 보혈의 말씀을 증거하면 은혜는 다 받지만 그만큼 악한 영인 마귀도 더욱 강하게 역사하기 때문이다.

마귀는 우리가 보혈신앙을 갖지 못하도록 역사한다. 사람을 통해 방해한다는 사실이다. 그것도 나를 도와주어야 할 우군을 통하여 역사한다는 것을 명심해야 한다. 마귀는 우리보다 영리하다. 특히 힘 있는 사람, 가까운 사람을 통해 역사한다.

마태복음 16:21~23에 보면 베드로에게 사탄이 역사했고 주님은 "사탄아 썩 물러가라 너는 나를 넘어지게 하는 자로다"라고 말씀하셨다.

필자도 처음 보혈의 진리를 깨닫고 하루에 세 시간 이상씩 보혈의 기도를 하는데 놀라운 사실은 보혈을 부르면 또한 성령이 강권적으로 역사한다는 사실이다.

어느 성도가 예수 믿고 큰 은혜 받고 기도를 많이 해야겠다고 생각하고 기도하는데 5분 하니 더 할 것이 없어 그냥 '하나님, 사랑합니다.' 라는 말만 계속하였는데 30분 정도 지나서부터 눈물이 비 오듯 하여 밤새도록 기도하였다는 글을 읽은 적이 있다. 그렇다. 그냥 보혈, 보혈, 보혈 이렇게만 기도해도 채 20분도 되기 전에 성령의 능력을 체험하게 될 것이다.

맥스웰 화이트 목사의 저서에 보면 성도들이 함께 모여 보혈의 임재를 간절히 간구했는데 모두가 성령으로 충만했다고 했다.

3단계 : 믿음이 있어야 한다

주님은 마가복음 9:23에서 "할 수 있거든이 무슨 말이냐 믿는 자에게는 능치 못할 일이 없느니라"고 하셨다. 주님은 네 믿음대로 될지어다 하셨다. 모든 일에 주님은 우리에게 믿음을 요구하신다. 기억할 것은 모든 것이 믿음의 기도로 주님의 것이 우리에게 내려온다는 사실이다.

누가복음 18:1 "주님은 항상 기도하고 낙망치 말아야 될 것을 말씀하시고" 8절 "인자가 올 때에 믿음을 보겠느냐"고 하셨다.

내 것으로 만들지 못한 많은 사람들은 자아의 벽을 넘지 못하기 때문이다. 고린도후서 10:4에 우리의 적은 견고한 진을 무너뜨려야 하는 것이라 하였다. 그 진이 우리의 생각과 이론(5절)이라고 말하고 있다.

예수님 외의 우리 생각은 완전치 못하다. 예수님 곁에 제일 가까이에 있었던 베드로도 사탄에 이용당했던 것처럼(마 16:21~23 참조). 다시 말해 베드로 가룟 유다도 사탄의 도구가 된 것이다.

보혈을 내 것으로 만들기 위해서 의심의 단계, 그리고 내 자아의 단계를 넘어야 한다. 로마서 8:7에 육신의 생각은 하나님과 원수가 된다고 하였다. 주님이 우리의 생각에 역사하심 같이 사탄도 우리 생각 속에 역사한다.

4단계 : 보혈의 찬송을 불러야 한다

다행스러운 것은 600장이 넘는 찬송 중에 보혈을 직접 말한 찬송이 78장이나 된다는 사실이다. 보혈 찬송을 부를 때는 크게 불러야 하고 그 뜻을 하나씩 하나씩 생각하며 불러야 한다. 찬송은 곡조 있는 기도이고 특히 보혈 찬송은 보혈 신앙을 가지게 하는 큰 힘이 된다. 또한 보혈 찬송은 우리의 신앙이 보혈의 신앙으로 전환하게 할 뿐 아니라 성령의 임재를 가져오게 한다.

5 단계 : 보혈의 은혜를 사모하고 생각해야 한다

보혈을 사랑해야한다.

야구해설가 하일성 씨는 자기는 야구인으로 40년을 즐기지 못하였기 중병이 세 번이나 왔으며 삶에 행복하지 못하였다고 하였다. 강철왕 카네기는 누가 성공하느냐는 질문에 즐기는 자라고 대답하였다. 우리는 보혈을 사모하고 좋아해야 하고 항상 감사해야 할 것이다.

보혈은 가장 귀한 보배이기 때문이다. 또한 보혈을 주시기 위하여 주님은 십자가의 모든 고통과 죽임을 당하셨다. 우리 죄를 위하여 보혈이 있어도 되고 없어도 되는 선택의 문제가 아니라 보혈의 신앙은 반드시 있어야 하는 필수 조건이라는 사실을 우리는 기억해야 한다. 또 한 가지는 구약에도 신약에도 오늘도 보혈 신앙인은 주님께 귀하게 쓰임 받았다는 사실이다.

구약의 모세, 이사야, 다윗, 신약의 바울, 베드로, 요한 등이 보혈을 말하지 않는 사도들과는 엄청난 차이가 있음을 알 수 있다. 세계적인 신유의 종인 베니힌 Benny Hinn, 맥스웰 화이트 Maxwell Whyte, 차브다 Chavda, 조슈아 Joshua, 조용기, 김홍도 목사 등도 보혈의 신앙인인 동시에 보혈의 신학자요 능력자이며 이 시대 주님께 크게 쓰임 받고 있다.

우리도 주님의 보혈 신앙자, 보혈의 능력자가 되어 주님께 귀하게 쓰임 받는 자가 다 되자.

"Let's be Lord's worthy servants by becoming faithful believers and powerful Christians of the precious Jesus blood."

보혈과 생명의 비밀 요6:33~58

예전에 TV에서 외국인 여성들이 나와서 함께 이야기하는 프로그램(미녀들의 수다)을 본 적이 있는데 그들이 우리나라에 와서 자신들이 살고 있는 지역의 방언을 말하고 있다는 것이었다.

사람은 누구나 환경의 지배를 받기 때문에 듣고 습득한 것을 할 수밖에 없다. 오늘날도 신앙생활을 하면서 보혈에 대한 설교를 거의 듣지 못하고 신앙생활을 했기 때문에 마치 보혈을 말하는 사람이 잘못된 사람은 아닐까 생각하는 것도 어찌 보면 당연한 일인지도 모른다. 난쟁이 마을에 정상인이 갔더니 그들은 그 정상인을 가리켜 장애인으로 보았다는 말처럼 관념이나 습관은 참으로 중요하다.

요한복음 6장에는 보혈을 마시지 않으면 너희 속에 생명이 없다고 말씀하고 있다. 성경 66권은 다 같다. 모두가 하나님의 말씀이요 다 같이 예수 구원을 말하고 있기 때문이다. 그러나 그중에서 복음서가 더 귀하다. 그 이유는 복음서는 구약의 예언의 성취의 핵심이요 또한 다른 성경은 예수님을 간접적으로 말하고 있으나 복음서와 계시록은 주님이 직접 말씀하셨고 그의 사역을 말씀하고 있기 때문이다.

그러나 복음서 중에도 요한복음이 더 귀하다. 요한복음은 예수님을 하나님으로 보았을 뿐 아니라 그 말씀 속에서 구원, 영생, 피, 생명이란 말이 가장 많이 기록되어 있기 때문이다.

이 세상에서 가장 귀한 복은 생명이다. 주님은 온 천하를 다 얻고도 내 생명을 잃으면 무엇이 유익하냐고 하셨다. 요한복음 중에도 6장은 가장 귀한 장(章) 중의 하나라고 말할 수 있는데 그 이유는 보혈에 대해 설명한 보혈장이요 또한 생명장이기 때문이다. 특히 말씀 중에도 주님이 직접 하신 말씀이 더욱 귀하고 '진실로, 결단코'라는 말이 기록된 구절은 더 귀하며 보혈을 기록한 장은 그 중요성을 두말할 필요도 없이 귀하다.

필자는 몇 년째 보혈의 신앙을 많은 교회와 신학교에 전하고 있다. 3년 전에 전남 여수지역에서 부흥회를 인도하는 중 낮 공부시간에 한창 강의를 하는데 어느 여집사님이 감격하여 울먹이면서 질문했다.

"어느 날 새벽기도에서 간절히 기도하는데 흰옷을 입으신 주님이 '사랑하는 딸아! 요한복음 6장을 읽으라'고 말씀하시는 음성을 들었어요. 그래서 집에 와서 요한복음 6장을 반복해서 읽었으나 그 뜻을 도저히 알지 못해 여러 사람에게 물어보아도 시원한 답을 듣지 못했고 본 교회 목사님께 찾아가서 질문을 하였으나 담임목사님은 예수님께서 죽으시며 흘리신 보혈을 말씀하는 것인데 성찬식에 대한 중요성을 강조한 것이라고 말씀하셨고 그 설명은 제가 평소에 알고 있는 내용의 설명이어서 늘 마음속에서 궁금해 했는데 오늘 심 목사님의 요한복음 6장 강해에서 궁금증이 풀렸으며 기도에 대한 응답이에요." 하며 감격하며 눈물을 흘리는 것이 아닌가.

그렇다. 요한복음 6장은 성경 속의 가장 위대한 진리를 내포하고 있다. 요한복음 6장은 보혈장이다. 보혈은 성경에서 가장 위대한 진리임에 틀림이 없다. 성경은 붉은 금줄의 보화이다. 그 이유는 주님이 보혈을 흘려주시기 위해 이 땅에 오셨으며 보혈이 없이는 구원도 죄 사함도 있을 수 없기 때문이다!

마태복음 20:28에 "인자가 온 것은 섬김을 받으려 함이 아니요 도리어 섬기려 하고… 많은 사람의 대속물로 주려 함이라"고 하시므로 예수님의 오신 목적도 피 흘려 죽으시러 오셨음을 말씀하고 있다.

예수님은 누구신가

마태복음 1:21 그 이름이 우리를 죄에서 구원하시려 오신 구원이라는 뜻이요. 1:23에 "보라 처녀가 잉태하여 아들을 낳을 것이요 그 이름을 임마누엘이라 하리라"고 한 구절에서 보듯이 그 분의 이름은 하나님이시다. 그러나 우리를 죄악에서 구원하시기 위하여 33년만 인간이 되신 것이다. 또한 이 땅에 내려오셔서 하늘 권세를 버리시고 친히 죄인이 되신 사랑의 하나님이시다.

또한 이 땅에 사람으로 오셔서 우리 죄를 위하여 친히 죄인이 되셨고 보혈 흘려 우리를 구원하신 우리를 가장 사랑하신 분이시다.

여기서 몇 가지 명심할 것은

(1) 인생은 모두 다 죄인이라는 사실이요

(2) 우리 죄를 구원하실 분은 예수님밖에는 없다는 사실이요

(3) 모든 사람이 아니라 택한 백성들의 죄만 사해 주신다는 것이며

(4) 그 죄 사함에는 반드시 보혈이 있어야 한다는 사실이다.

보혈은 생명이다

본문 요한복음 6:53~58까지는 그 내용을 보면 구절마다 영생, 생명이라는 단어를 쓰고 있다. 다시 말하면 요한복음 6장 전체의 구절마다 생명에 대하여 말씀하고 있는 것이다. 그럼 생명이 무엇인가. 54절에 보면 '영생'이라는 말이 나온다. 다시 말해 영생이 곧 생명이요 생명이 곧 영생이다.

앞장에서 본 것같이 인간은 만물의 영장이다. 인간이 영생을 소유할 수 없다면 짐승보다 나은 것이 없다. 짐승은 지옥이 없지 않은가?

본문에서 영생을 말씀하심은 천국에서 영생을 누리는 삶을 말씀하고 있는 것이다. 이 말씀은 장수를 말하는 것이 아니다. 63절 "살리는 것은 영이니 육은 무익하니라"고 하심에서 알 수 있다.

그렇다면 어떻게 하면 영생할 수 있을까? 어떻게 하면 성경에서 말하는 생명을 얻을 수 있나? 답은 53절에 있다. "진실로 진실로 너희에게 이르노니 인자의 살을 먹지 아니하고 인자의 피를 마시지 아니하면 너희 속에 생명이 없느니라". 즉 인자의 보혈을 먹어야 한다는 말이다. 그리고 이어지는 54절에서 "내 살을 먹고 내 피를 마시는 자는 영생을 가졌고 마지막 날에 내가 그를 다시 살리리라" 하셨다. 이 말씀을 깊이 생각하자. 우리 스스로 구원 얻는 것은 불가능하다. 그러나 보혈을 의지하면 아무리 무겁고 큰 죄도 눈과 같이 희게 될 수 있다.

⑴ **예수님이 직접 하신 말씀이다.**
그분은 우리를 가장 사랑하시는 분이시요(마 7:9 참조)
우리를 위하여 생명을 버리신 분이 아닌가(롬5:8 참조).
또한 거짓말도 못하시는 분이시다(히6:18 참조).
마태복음 5:18을 보면 천지가 없어지기 전에는 율법의 일점일획도 없어지지 아니하고 반드시 이루신다 하셨다.

⑵ **본문에서 '진실로 진실로', '결단코' 라는 말씀을 하셨다.**
이 말씀은 생명과 보혈의 진리를 더욱 강조하고 있다.

⑶ **예수님의 보혈을 마시는 자와 예수님의 살을 먹는 자가 영생한다고 하시고 53절에 마시고 먹지 않으면 영생하지 못한다고 하셨다.**

보혈이 있어야 구원 받는다

　죄가 있는 자는 구원을 받지 못한다. 성경에도 분명히 영생을 얻지 못한다고 말씀하셨다. 구원받기 위해서는 죄를 짓지 않든지 아니면 죄를 씻음 받든지 두 길이 있다. 그러나 예수님 외에는 죄를 짓지 않을 사람도 죄를 정복할 수 있는 사람도 없다. 예수님을 가장 가깝게 닮은 바울조차도 로마서 3:10에서 의인은 없나니 곧 한 사람도 없다고 말하지 않았나?

　다윗도 시편 14:3에서 부패하고 행실이 가증하니 선을 행하는 자가 없으니 하나도 없다고 하였다. 그렇다면 죄를 씻는 길은 예수님의 보혈로 우리 죄를 씻는 길밖에 없다. 물론 주님이 선택 자에게는 보혈을 알지 못해도 보혈을 구하지 않아도 보혈을 뿌려 주셔서 죄로부터 구속시켜 구원하실 수 있고 성경에 여러 번 말씀하고 있다. 『보혈은 기적이다 Ⅱ』에서 상세하게 기록하였다. 그러나 결국은 보혈을 통하여 구원을 받으며 구하는 것이 진리며 은혜인 것이다.

　요한복음 13장에도 예수님은 물로 제자들의 발을 씻기시면서 내가 너를 씻기지 아니하면 네가 나와 상관이 없다고 하셨다.

　우리는 오늘도 내일도 영원토록 계속해야 할 기도는 보혈의 기도이다. '보혈로 덮어주옵소서! 보혈로 내 죄를 씻어주옵소서!' 라고 기도하여야 한다.

　본문 54절에는 보혈을 마시는 자를 마지막 날에 다시 살린다고 하셨는데 이 말씀은 보혈이 없는 자는 구원받을 수 없다는 말이다. 이 말씀은 우리 모두는 죽으나 예수님의 재림 시에 예수님은 피 있는 자를 구원하신다는 말이며 마치 피를 나눈 이가 가족인 것처럼 예수님은 피 있는 자녀를 찾아 구원을 허락하신다는 말이다.

예수 피를 먹어야 주님이 내 안에 거한다

본문 요한복음 6:56에서 주님이 내 살을 먹고 내 피를 마시는 자는 내 안에 거하고 나도 그 안에 거하리라 하셨다. 몇 년 전에 전남 순천지역 기도원에 부흥회를 인도하러 가서 들은 이야기인데 전도사님이 새벽마다 밤마다 작정기도를 드리는데 통곡하며 간절히 기도하는 중에 주님이 환상 가운데 나타나시어 하시는 말씀이 '사랑하는 딸아! 내가 너에게 들어가고 싶은데 내 피가 없어 들어갈 수가 없단다.' 라고 하셨다는데 그 말의 뜻이 무엇인지 잘 알지 못했으나 필자의 보혈론 강의를 듣고 깨달았다고 감사 인사를 하던 모습이 기억난다.

그렇다. 주님은 우리 속에 들어오고 싶어도 주님의 피가 없으면 들어오실 수가 없다.

주님은 누가복음 11:39에서 너희 잔과 대접의 겉은 깨끗하나 너희 속은 탐욕과 악독이 가득하다고 하셨다. 요한계시록 3:20에 보면 바깥에서 문을 두드린다고 하셨는데 그 이유는 우리 속에 들어오시려고 함이다. 주님은 우리 속에 들어오시려고 하여도 우리 속에 죄 때문에 들어오실 수가 없다. 다만 보혈로 우리 속을 씻어야만 들어오실 수가 있다.

구약에는 항상 가나안이라고 말하고 있고 신약에는 그 가나안을 '예수 안'이라고 하였다. 예수님이 우리 속에 오셔야 한다는 것이다.

요한복음 1:12 영접하는 자 그 이름을 믿는 자는 하나님의 자녀가 되는 권세를 주셨다고 하셨다. 여기서 영접은 말로 영접하는 것이 아니라 주님을 모셔 들여야 한다는 말인데 성경은 그것이 보혈을 먹는 것이라고 하셨다.

찬송가 370장 '주안에 있는 나에게 딴 근심 있으랴'. 주안에 있는 것이 무엇일까? 그것이 보혈이다. 주님의 피를 부르면 주님이 오신다. 우리는 내 마음의 주인을 세상에서 그리고 나의 자아의 견고한 틀에서 예수님으로 바꾸어야 한다. 죄에서 사탄에서.

그런데 왜 피가 있어야 오시는가? 보혈은 죄를 씻는 샘이기 때문이요, 예수 피가 없이는 죄를 씻을 수 없기 때문이며, 죄성으로 가득차 있는 우리 심령의 죄를 씻어 깨끗하게 청소해야 주님이 오실 수 있기 때문이다.

요한복음 11장에 보면 나사로 무덤가에서 주님은 돌문을 옮겨 놓으라고 하셨다. 주님이 얼마든지 돌문을 옮겨놓을 수 있으시지만 우리에게 옮겨놓으라고 말씀하신다. 그렇다. 돌문을 옮기는 것은 우리가 할 일이다. 다시 말해 보혈을 주시는 분은 주님이시지만 보혈을 간구하는 자가 받는다는 사실이다. 돌문은 우리 마음의 문이고 우리는 냄새나는 돌문을 옮길 때 주님이 일하심을 기억해야 한다.

우리의 죄를 주님의 보혈로 씻어야 한다. 그리해야 주님이 거하신다.

보혈로 씻으면

(1) **주님이 오신다.** 찬송가 438장 3절은 '초막이나 궁궐이나 내주 예수 모신 곳이 그 어디나 하늘나라'라고 하였다. '할렐루야 찬양하세 내 모든 죄 사함 받고', 즉 주님이 오심이 죄 사함임을 암시하고 있다.

(2) **주님이 오시면 기도 응답이 이루어진다.** 요한복음 15:7에는 "너희가 내 안에 거하고 내 말이 너희 안에 거하면 무엇이든지 구하라 그리하면 이루리라"고 하셨다. 다시 말해 보혈이 있으면 무슨 기도든지 모두다 응답을 받는다. 에베소서 1장은 주안에 거하는 자가 받을 복을 말하고 7절에서 그 피로 구속

곧 죄 사함을 받았으니 라고 말하고 있다.

⑶ **주 안에 있으면 열매를 맺으며 주를 떠나서는 아무것도 할 수 없다.**

요한복음 15:4~6의 말씀은 주님을 떠나면 살 수 없다는 뜻인 동시에 주님을 떠나지 않으면 영원히 산다는 말씀이다. 주 안에 거하는 것이 보혈이 있는 것이다.

합동찬송가 가사에 이런 내용이 있다. '물을 떠난 고기는 혹시 산다 하여도 예수 떠난 심령은 사는 법이 없어요 예수여 예수여 내 중심에 오셔서 예수 한 분만으로 만족하게 하소서'.

내 살은 참된 양식이요 내 피는 참된 음료다 요한복음 6:55

사람은 밥을 먹어야 산다. 만일 사람이 40일 이상 밥을 먹지 않으면 생명을 잃게 되고 물은 15일 먹지 않으면 죽는다. 삼풍백화점 사건 때 15일 물을 먹지 않는 자가 살았다. 알고 보니 소변을 먹은 것이다. 이와 같이 음식과 물은 사람 생명을 위하여 반드시 필요한 것이다.

바꾸어 말하면 보혈의 말씀은 우리 영혼의 생명을 위하여 반드시 먹어야 하는 것이다. 찬송가 229장 4절은 '이는 주가 지금 나에게 주시는 영생하는 양식이요 마시는 잔'이라고 하였다. 우리는 육신의 양식이 없음은 고민하고 울면서 영적인 보혈이 없음을 통곡해 보았는가?

(1) **보혈은 먹어도 되고 안 먹어도 되는 선택의 문제가 아니라 반드시 먹어야 한다는 것을 명심해야 한다.** 또한 육신의 양식을 먹지 않으면 육이 죽듯이 영의 양식을 먹지 않으면 영이 죽는 것이다.

(2) **오늘도 보혈을 먹었는가.** 또한 전하였는가를 한 번 깊이 묵상 meditation 하고 생각하자.

네 가지 생명 요한복음 6:57

요한복음 6:57에는 네 가지 생명을 말하고 있다.

(1) **살아계신 하나님이라 하셨으니 하나님이 생명이시다.**
마태복음 16:16 주는 그리스도시요 살아계신 하나님의 아들이라 하였다.

(2) **내가 아버지로 말미암아 사는 것같이 하시므로 예수님이 생명이시다.**
요한복음 14:6 내가 곧 길이요 진리요 생명이시라 하셨다.

(3) **나를 먹는 자도 나로 말미암아 사는 것같이 하시므로 누구든지 보혈을 마시면 그 사람도 생명이라고 주님이 말씀하셨다**(요 6:53~54).

(4) **우리가 보혈을 전하면 그도 생명을 얻게 된다. 그 이유는 보혈이 생명이기 때문이다.** 요한복음 6:53~54 우리가 알 것은 예수님, 하나님은 단수의 생명이지만 우리가 보혈을 전하면 진행형의 생명의 전가인 것이다.

놀라운 사실은! 하나님과 예수님이 생명이신데 우리가 보혈을 마시면 주님의 생명이 내게로 온다는 사실이다. 그 이유는 보혈이 곧 생명이기 때문이다.

제자들이 떠났다

그러나 ^{요한복음 6:66} 제자들이 보혈을 알지 못하고 주님 곁을 떠나가고 다시 오지 않듯이 많은 사람들도 떠나게 될 것이다. 누가복음 18:31이하에 주님이 십자가와 보혈 복음을 전하시자 34절, 제자들이 하나도 깨닫지 못하였으니 그 말씀이 감취었으므로 그 이르신 말씀을 알지 못하였다 하였다.

본문 요한복음 6:66과 누가복음 18:34 제자들도 떠났다고 하였다. 그것도 주님 곁을 떠났다는 말이다.

보혈은 감취인 보화이기에 많은 사람은 알지 못한다. 그러므로 떠나게 된다.

복음성가 '예수가 좋다오' 란 곡의 가사에는 '많은 사람들 참된 진리를 모른 채 주님 곁을 떠나갔지만' 이란 내용이 나온다. 그들이 주님을 떠나간 이유는 진리이신 예수를 모르기에 떠났다는 것이다. 그렇다. 많은 사람들이 보혈을 모르기에 떠나가게 되는 것이다. 그 이유는 보혈은 감취인 비밀이기도 하지만 너무 귀하기 때문이다. 그러나 사랑하는 여러분 이글을 읽으시고 제자들처럼 떠나는 여러분이 아니라 더욱 가까이 하시는 여러분이 되시길 바란다.

필자도 보혈 설교를 하면서 많은 성도가 떠나갔다. 처음에는 내가 잘못이라 생각하였으나 성경은 진리기에 떠난다고 말씀하고 있음을 알아야한다.

보혈에 대한 예수님의 증거

시편 34:15 "여호와의 눈은 의인을 향하시고 그 귀는 저희 부르짖음에 기울이시는도다".

17절은 "의인이 외치매 여호와께서 들으시고 저희의 모든 환난에서 건져주시는도다"라고 하셨는데 이 말씀이 무슨 뜻인가? 로마서 3:10 의인은 없나니 한 사람도 없다고 하였다.

그렇다면 시편 34:14, 17에 나오는 의인은 누구인가? 바로 예수 피로 씻은 사람을 의미하는 것이다. 태어나면서부터 의인은 없다. 살아가면서 얻는 행위의 의인도 없다.

로마서 5:9에는 "이제 우리가 그의 피로 말미암아 의롭다 하심을 얻었은즉 더욱 그로 말미암아 진노하심에서 구원을 얻은 것이니"라고 하였다. 이 위대한 말씀을 보라! 누구든지 그 피로 씻어 죄를 씻는 자만이 의인임을 알 수 있다.

야고보서 5:16 의인의 간구는 역사하는 힘이 많으니라. 엘리야의 기도를 설명하고 있고 그는 3년 반 동안 비오지 않기를 기도할 때에 비가 오지 않고 다시 기도할 때에 비가 왔다고 말하고 있다.

시편 1편에도 복 있는 사람과 악인에 대한 교훈을 설명하면서 복 있는 사람은 5절에서 의인임을 말하고 있는데 그 의인은 우리 행실을 예수 피에 씻은 자임을 명심해야 한다.

복음 Gospel이 무엇인가

바울은 고린도전서 15장 부활장에서 1절 복음을 너희에게 말한다고 하고 있다.

(1) 복음은 한 마디로 하면 예수 그리스도이다.

좁은 의미로 말하면 본문 3~4절에 성경대로 그리스도께서 우리 죄를 위해 죽으시고 성경대로 사흘 만에 살아나신 것이 복음이라고 하였다. 다시 말해 복음의 내용은 협의적으로는 십자가와 부활이다. 즉 그리스도의 죽으심과 부활이요 이것을 구체적으로 말하면 십자가에서 흘린 보혈을 믿는 것이 복음이요 구원을 얻을 믿음이다.

우리는 항상 십자가와 주님의 죽으심 구원, 구속이라는 말이 나오면 항상 보혈을 생각해야 한다. 그 이유는 예수님은 우리를 위해 성경대로 오셔서 십자가에 피 흘려 죽으셨고 그 피가 핵심이기 때문이다. 넓은 의미로 복음은 성경 전체이다. 성경은 예수를 말하고 있고, 구원을 말하고 또 나에게 말씀하고 있기 때문이다. 그러므로 복음의 핵심은 예수님은 날 구원하시려 십자가에서 피 흘리시고 죽으셨다. 그 피를 믿고 씻고 다시 사신 부활을 믿는 것이 복음의 핵심이다. 바울은 갈라디아서 1:10에서 "내가 사람을 기쁘게 하는 것이면 그리스도의 종이 아니"라고 하였다.

7절에 "다른 복음이 없나니 어떤 사람들은 복음을 변하게 한다"고 하였고 8절 "혹 하늘에서 온 천사라 하더라도 다른 복음을 전하면 저주를 받을 지니라"고 하였다. 다른 복음이 무엇인가? 그것은 보혈을 부인하는 것이다.

⑵ **본문은 복음을 헛되이 믿지 아니하면 구원 salvation을 얻는다고 말하고 있다.** 참 복음은 반드시 구원을 얻게 된다. 로마서 10:9~10에도 같은 말을 하고 있다. 십자가의 보혈로 죄를 씻지 않으면 천국에 갈 수 없는 것은 상식에 속하는 문제다. 헛되이 믿지 않는다는 것은 입으로만 보혈을 말하는 가짜 신앙인이 아닌 진짜 신앙인을 말한다.

마태복음 7:21에 "나더러 주여, 주여 하는 자가 다 천국에 들어가는 것이 아니"라고 말씀하신 후 22절, "그 날에 많은 사람이 나더러 이르되 주의 이름으로 선지자 노릇하고 주의 이름으로 귀신을 쫓아내고 주의 이름으로 많은 권능을 행치 아니 하였나이까 하리니" 23절, "내가 저희에게 밝히 말하되 나는 너를 도무지 알지 못하니 불법을 행하는 자들아 내게서 떠나가야 하리라"고 하신 주님의 말씀은 보혈을 통하여 죄를 씻고 구원받기로 언약하였는데 언약을 어기고 부인하니 불법을 행함이요 또 하나님의 뜻은 보혈을 통해 죄를 씻고 구원 받는 것인데 그 하나님의 뜻을 어겼기 때문이다. 그러므로 그들은 직분이 누구이든 어떤 능력을 행하는지 구원과는 관계가 없는 것이다.

히브리서 10:29 "하물며 하나님의 아들을 짓밟고 자기를 거룩하게 한 언약의 피를 부정한 것으로 여기고 은혜의 성령을 욕되게 하는 자의 당연히 받을 형벌이 얼마나 중한가 너희는 생각하라" 하였다.

이 말씀은 예수 피를 부인하는 것이 성령의 훼방죄요 불법이다. 그리고 구원을 받지 못한다는 것을 알아야 한다. 주님은 자기를 파는 가룟 유다를 향해 인자는 기록된 대로 가거니와 인자를 파는 자는 화가 있으리라고 하셨다(마 26:24).

⑶ **바울은 성경대로 그리스도께서 죽으시고 부활 Resurrection하셨다고**

했다(고전15:3~4). 이 말씀은 예수님의 죽으심과 부활은 성경이라는 것이다. 다시 말해 구약에서 예언자들로 말씀하신 예언의 성취요 성경의 핵심임을 말하고 있다.

세례 요한의 증거

세례 요한은 예수님의 길잡이요 주님의 길을 예비한 위대한 선지자다. 그는 예수님에 대한 예언을 두 가지 하였다.

(1) **요한복음 1:29에는 예수님이 자기에게 오신 것을 보고 세상 죄를 지고 가신 하나님의 어린양을 보라고 하였다.** 이 말씀은 예수님이 오신 목적을 잘 말씀하고 있다. 구약의 예언자들이 예언한 메시아 그 분이 바로 주님이라는 뜻이요 또한 예수님은 구속의 제물로 오셔서 우리를 위하여 십자가에 피 흘리실 분이심을 말하고 있다. 예수님의 사역은 보혈 흘리시려 오신 메시아라고 말하고 있다.

(2) **요한복음 1:33에 성령의 세례를 주러 오신 분이심을 잘 말씀하고 있다.** 주님은 성령 세례를 주신 분이시다. 요한은 자기는 물로 세례를 줄 것이나 예수님은 우리에게 성령과 불로 세례를 주실 것이라고 하였다(마 3:11).

요한일서 5:6~8에 이 성령은 보혈을 증거할 것이요 보혈과 물과 성령은 하나라고 하였다. 성령세례를 받아야 할 이유는 보혈을 증거하기 위함이라고 하였다(눅 24:49).

예수님의 오신 목적

예수님이 세상에 오신 목적은 선택된 자기 백성의 구속과 구원을 이루기 위함이다. 그러기 위해서는 십자가에 죽으심과 피 흘리심, 그리고 부활이 필요하다.

(1) 주님의 오신 목적

죽기 전날 밤 성찬 예식을 행하시며 잔을 가지사 축사하시고 저희를 주시며 가라사대 너희가 이것을 다 마시라(마 26:27)고 하셨다.

그 당시 사도만 말하는 것이 아니라 주를 믿는 모든 사람을 말한다. 다시 말해서 나에게 하신 말씀이다.

또 하나는 떡과 포도주를 말씀하신 것이 아니라 당신이 흘릴 보혈, 언약의 피를 말한다. 그 다음 구절 28절 이것은 죄 사함을 얻게 하려고 많은 사람을 위하여 흘리는 바 피 곧 언약의 피니라고 하심에서 알 수 있다. 다시 말해 주님은 구속의 피를 흘리시려 이 땅에 오신 것이며 그 피는 창세 전에 예정하신 언약인 것이다.

마태복음 20:28에도 인자가 온 것은 섬김을 받으려 함이 아니요 도리어 섬기려 하고 많은 사람의 대속물로 주려함이라고 하심에서도 볼 수 있다.

빌립보서 2:8에 자기를 낮추시고 죽기까지 복종하셨으매 곧 십자가에 죽으심이라고 하셨다.

(2) 예수님의 희생

복음서는 다 같이 겟세마네 기도와 골고다에서의 피 사건을 말하고 있다. 누가복음 22:39~46을 보면 주님은 사명 완수, 다시 말해 십자가에 피 흘리심과 죽음을 위하여 기도로 자신과 싸우고 계심을 알 수 있다.

"아버지여 이 잔을 내게서 옮기시옵소서" 하시고 나의 원이 아닌 아버지의 원대로 되기를 원한다고 기도하심으로 기도로 승리하신 주님의 모습, 그리고 자신과의 싸움에서 승리하신 인성을 가지신 주님의 모습을 볼 수 있다. 44절, 힘쓰고 애써 간절히 기도하시니 땀이 땅에 떨어지는 핏방울같이 되더라고 말하고 있다. 이와 같이 피가 그냥 나온 것이 아니라 십자가에서 죽으실 때 나왔다는 사실이다.

(3) 그 결과로 예수님은 구원의 완성을 이루셨고 승리의 메시지를 남기신 것이다. 요한복음 19:30에는 다 이루었다고 하신 것이다. 이 말씀은 구약에서 예언한 옛 언약에서 새 언약 복음의 완성이요, 주님의 사명의 완성인 것이다.

다시 말해 이제 짐승 피를 통한 옛 언약이 아니라 예수 피로 우리 죄를 씻고 구원을 얻는다는 새 언약의 시작인 것이다.

바울은 우리 성도의 삶을 데살로니가전서 5:16~18에 "항상 기뻐하라 쉬지 말고 기도하라 범사에 감사하라 이는 그리스도 예수 안에서 너희를 향한 하나님의 뜻"이라고 말하고 있다. 그러므로 우리는 감사하고 또 기뻐하고 이 복음을 위해서 기도해야 할 것이다.

매튜 헨리 Matthew Henry 목사는 그의 주석 누가복음 22장에서 예수님은 골고다에서 죽으신 것이 아니라 겟세마네에서 죽으셨다고 주석하였다. 전날 밤 기도의 승리로 이미 십자가를 지셨고 골고다에서는 처형만이 있었을 뿐이라고 말하였다. 이 말씀은 주님이 이미 전날 밤 우리를 위해 겟세마네에서 기도의 피를 흘리시고 십자가에서 속죄피를 흘리시고 두 번 죽으신 것을 말씀하고 있다.

주님이 말씀하신 것처럼 시험에 들지 않게 깨어서 기도하지 아니하면 보혈의 신앙을 우리의 생각을, 마귀, 사탄에게 빼앗길 수 있음을 알아야 한다. 십자가에서 이룬 피 복음은 당신의 택한 백성인 우리에게 주님이 뿌려주셔서 구원해 주심을 필자는 믿는다. 그러므로 보혈을 주신 것 또한 주님의 은혜이며 주님의 주권이다. 그러나 밥이 앞에 있다고 배가 부른 것이 아니라 밥을 우리가 직접 먹어야 하고 부뚜막의 소금도 집어넣어야 짠 것임을 알아야 할 것이다.

보혈에 대한 사도들의 증거

우리 믿음의 대상이 누구인가? 누구를 보고 예수를 믿는가? 그 답은 사도 Apostle를 보고 믿는다고 말할 수 있다. 어떤 사람들은 예수님을 보고 믿는다고 말하는 사람들이 종종 있는데 그 말은 옳지 않다. 예수님은 믿음의 대상이고 경배의 대상이기 때문에 우리는 사도를 통해 주님을 섬기는 방법을 배울 수 있다. 그 이유는 사도는 예수를 가장 잘 믿은 자이고 믿음의 방법을 가장 잘 가르쳐 준 사람이기 때문이다. 바울도 고린도전서 11:1에 "내가 그리스도를 본받은 것같이 너희는 나를 본받으라"고 하였다.

대구서문교회를 시무하셨던 이성헌 목사는 "우리 모두 예수님을 잘 믿는 길은 나는 예수님 맞출 터이니 여러분은 나에게 맞추세요. 내가 어찌 6,000명이나 되는 여러분을 다 맞출 수 있겠습니까?"라고 한 말을 들었다.

신앙고백 Confession of Faith이 무엇인가? 사도들의 고백이며 사도들은 예수님을 이렇게 믿었다는 신앙고백인 것이다. 만일 누가 필자에게 예수를 어떻게 믿으면 잘 믿느냐고 묻는다면 사도신경처럼 믿으라고 할 것이다.

우리는 사도를 보고 예수 믿는 방법을 배우게 되는 것이다. 구약에는 안식일을 지켰으며 사도들도 처음에는 안식일을 지키다가 차츰차츰 안식일과 주일을 겸하여 지키다 부활절이 되는 주일을 지킴으로 우리는 주일을 지킨다. 모든 선지자와 사도들이 다 보혈에 대하여 말하지는 않았다. 그 이유는 보혈은 숨어 있는 진리요 보화이기 때문이다. 보혈은 반드시 가져야 할 신앙인 것은 분명하고 무엇보다 구약이나 신약이나 보혈의 신학자는 귀하게 쓰임 받았다는 사실이다.

구약의 모세, 이사야, 다윗은 가장 보혈을 많이 알고 가르쳤는데 가장 귀하게 쓰임을 받았고 신약에는 바울, 베드로, 요한인데 이들 또한 귀하게 쓰임 받았음을 알 수 있다. 특히 구약의 모세와 신약의 바울은 가장 귀하게 쓰임 받았음은 두말할 필요가 없다.

우리도 예수 피를 능력으로 사용하여 이 시대에 크고 귀하게 쓰임 받는 자가 되자! 성경 66권은 보혈을 말하고 있으나 그 중에도 구약에는 레위기, 신약에는 히브리서에 가장 많이 보혈의 진리를 말하고 있다. 신약 히브리서는 기자가 누군지 정확하지는 않지만 바울의 것으로 보는 신학자가 많은 것은 사실이다. 사도의 증거를 다 말씀드릴 수는 없으나 우리가 보혈의 신앙을 갖기 위하여 부득불 잠시 말하고자 한다.

히브리서의 보혈

신약은 히브리서에서 보혈에 대하여 가장 많이 증거하고 있는데 히브리서에 증거하고 있는 보혈에 대한 교훈을 말씀드리고자 한다.

그런데 특이한 것은 계시록은 보혈을 어린양의 피라 함으로 제물을 강조하였고 히브리서는 보혈을 언약의 피라 하므로 구원의 약속을 강조하였음을 볼 수 있다. 히브리서 9:12에 오직 자기 피로 영원한 속죄를 이루사 단번에 성소에 들어가게 하셨느니라 하였다.

⑴ **예수 피는 영원한 속죄를 말하며 어떠한 죄든지 다 속한다는 뜻인 동시에 예수 피가 없으면 죄를 사할 수 없음을 말하고 있다.**

히브리서 13:12~13에 "그러므로 예수도 자기 피로써 백성을 거룩하게 하려고 성문 밖에서 고난 받았느니라"고 하였다. 이 말씀은 보혈은 백성들의 죄를 속하기 위하여 그리스도의 죽음과 고난을 통하여 왔다는 것을 암시한다.

⑵ **천국에 들어가게 한다는 것이다.**

죄가 있는 자가 천국에 들어갈 수 없음같이 죄를 씻는 자가 갈 수 있다. 그 죄를 씻는 길은 예수 피밖에 없다. 히브리서 10:19에 예수 피를 힘입어 성소에 들어갈 담력을 얻었다고 하였다. 여기서 성소는 하나님을 만나는 지성소를 의미한다. 하나님을 만나는 길이 보혈이다.

히브리서 9:14 "성령으로 말미암아 흠 없는 자기를 하나님께 드린 그리스도의 피가 어찌 양심에 죽은 행실에서 깨끗하여 하나님을 섬기지 못하겠느냐".

① **피를 드린 것이 성령이다.** 다시 말해 주님의 뜻이라는 말이다.

② 그리스도의 피는 흠이 없으신 피이며 하나님은 예수 피를 받으신다. 그리스도 피가 아닌 것은 제물이 될 수가 없다.

③ 죽은 행실도 어떤 행위도 예수 피는 씻는다.

④ 하나님을 섬기게 한다.

히브리서 12:24에 "새 언약의 중보이신 예수와 및 아벨의 피보다 더 낫게 말하는 뿌린 피니라" 하시므로 예수 피는 말을 한다. 곧 살았다는 뜻이고 우리가 뿌려야 할 피임을 말한다(벧전 1:2).

히브리서 9:18~19에 "예수 피는 영원한 언약이요 그 피는 모든 곳에 뿌려야 한다"고 말하고 있다. 히브리서 13:20에 "예수의 영원한 언약의 피로 죽은 자 가운데 이끌어 내었다"고 말하고 있다. 그렇다. 우리는 영원히 죽었다. 그러나 그의 피가 우리를 죽은 자 가운데서 이끌어 내어 살렸음을 또한 알아야 한다.

히브리서 9:7에는 "대제사장이 일 년에 일차씩 지성소에 들어가되 피 없이는 아니하나니"라고 하였다.

대제사장이 일 년에 한 번씩 지성소에 들어갈 때는 피를 가지고 간다. 그러나 혹은 대제사장이 죽어 나오는 경우가 종종 있었는데 그것은 다른 피를 가져갈 때나 피 없이 갈 때이다. 우리도 마찬가지다. 보혈이 없이는 주님께 갈 수도 없고 살아나올 수 없다. "피 없이는 아니하나니" 이 말은 구약이나 신약이나 하나님께 드리는 예배나 제사나 하나님께 드리는 모든 일이 예수 피를 드려야만 하나님이 받으심을 우리는 알아야 한다. 반드시 흠이 없는 정결한 짐승의 피여야 한다. 이 말은 반드시 예수 피라야 한다는 것이다.

구약 레위기는 제사 방법에 대하여 말하고 있고 신약의 히브리서는 오늘날 예배에서 어떻게 보혈을 드려야 할 것인가를 말씀하고 있음을 우리는 알아야 한다. 우리가 기억할 것은 사도들의 증거라기보다는 사도를 통한 성령의 증거이다. 그 이유는 성경의 기록자는 사도들이지만 성경을 기록하게 한 분은 성령이시기 때문이다. 다시 말해서 사도를 통하여 하나님이 말씀하고 있고 그 말씀을 사도들을 통하여 기록케 하셨다. 그러므로 모든 성경을 하나님의 말씀이라 한다.

히브리서 10:29에 "하물며 하나님 아들을 밟고 자기를 거룩하게 한 언약의 피를 부정하게 여기고 은혜의 성령을 욕되게 하는 자의 형벌이 얼마나 중하겠는가 너희는 생각하라"고 하였다.

이 말씀은

(1) **예수의 피는 거룩한 피라고 하였다는 것이 무엇보다 중요하다.**

(2) **또한 언약의 피라고 하였다.** 이 말씀은 예수 피는 구원의 언약을 맺었다는 말이다. 피는 하나님과 우리와의 구원의 약속이요 언약인 것이다.

(3) **피를 부정케 한 것은 성령을 욕되게 한다는 것이다.** 이 말씀은 보혈을 뿌리면 성령이 역사한다는 것을 암시한다. 다시 말해 보혈이 있는 곳에는 항상 성령이 역사한다는 뜻이다.

(4) **형벌을 받는다.** 본문은 피를 부정케 하고 성령을 욕되게 한 자가 받는 당연히 받을 형벌이 얼마나 중한가 생각해 보라고 말하고 있다. 피를 부정한 사람은 성령의 훼방죄와 같다는 것을 명심해야 한다.

마태복음 5:18에 "진실로 너희에게 이르노니 천지가 없어지기 전에는 율법의 일점일획도 없어지지 않고 다 이루리라"고 하셨다. 성경은 한 획도 빠짐없이 다 이룬다고 하였다. 곧 성령의 증거를 부인하는 것은 용서받지 못할 죄이고 주님이 심판할 죄임을 알고 독자 여러분 가운데는 한 사람도 없기를 바란다. 사도행전 20:28은 바울이 에베소 교회 장로들을 밀레도에 불러놓고 한 고별설교를 기록하고 있다. 거기서 '피로 사신 교회를 치게 하셨느니라'고 하셨다. 이 말은 바울의 유언이다.

교회의 중심이 피이며 그리스도의 피가 교회이다.

로마서 3:24~25에는 "그리스도 예수 안에 있는 구속으로 말미암아 하나님의 은혜로 값없이 의롭다함을 얻었나니"라고 하였다. 이 말씀은 예수님의 피로 값을 지불하여 주신 것이라는 뜻이다.

또한 25절에 예수를 하나님이 그의 피로 인하여 믿음으로 말미암는 보혈은 ① 주님이 주신 최고의 은혜요 ② 의롭다 함이요 ③ 그의 피를 믿는 믿음이요 ④ 화목제물이라고 말씀하고 있다.

에베소서 2:13에 예수 피로 하나님과 가까워졌다고 말하고 있다. 우리는 본래 하나님과는 원수였으나 우리가 보혈을 드리고 보혈의 신앙을 가지면 주님은 우리를 가깝게 하여 주신다.

로마서 5:8에 아직 죄인 되었을 때 그리스도께서 우리를 위해 죽어 주심으로 하나님께서 우리에게 대한 자기의 사랑을 확증하였다고 하였다. 로마서 5:9에는 그의 피로 의롭다 함을 얻는다고 증거하고 있다. 이 말씀은 하나님이 우리를 사랑하는 것이 예수 피를 주신 것인데 그 이유는 예수 피가 우리를 죄인에서 의인으로 되게 한다고 말씀하고 있다.

요한계시록과 보혈

　요한계시록 Book of Revelation은 요한 사도가 주님의 모습을 직접 보고 들은 음성을 그대로 기록한 것이다. 계시록은 말세에 이루어질 종말론적인 사건과 천국에서 행한 모든 일이 기록되어 있으므로 더욱 그 무게가 중하다고 하겠다. 이 시대는 계시록 시대이며 종말의 시대이다. 요한 사도는 예수님의 이종사촌 동생이며 그는 가장 오래 산 사람이기도 하며(100세) 산 순교자였고 제자 중에서 주님이 흘리신 십자가 보혈을 가장 가까운 곳에서 직접 본 사람이고 12제자 중에 성경을 가장 많이 기록한 사람이다. 요한복음, 요한 1서, 요한 2서, 요한 3서, 요한계시록을 기록했고 12제자 가운데 보혈의 진리를 가장 많이 알고 기록한 사람이다. 만일 요한의 증거가 없었다면 보혈을 제대로 말을 할 수 없다고 하겠다.

　놀라운 사실은 요한은 특히 요한계시록에서 예수님을 어린양이라 칭하고 있다. 요한복음 1:29에서 세례 요한과 같은 말을 했으며 구약의 예언자가 예언했던 메시아임을 증언할 뿐 아니라 그의 사역 탄생, 십자가, 부활, 승천, 성령강림, 재림 등 6가지 역사적 사건 중에 가장 귀한 것이 십자가에서 죽으시고 피 흘려 택한 백성의 죄를 구속하실 사건의 중요성을 그가 말한 어린양이란 말에서도 알 수 있다. 이제부터 계시록이 보여주고 있는 보혈의 사건의 중요성을 한 구절 한 구절 살펴보고자 한다.

　요한계시록 5:6에 요한은 24장로들 사이에 어린양이 섰는데 일찍 죽음을 당한 것 같다고 하였다. 구약에도 속죄물 짐승은 흠이 없는 어린 짐승의 수컷으로 드렸다. 실제로 주님은 33세 젊은 나이에 십자가에서 죽으셨다.

요한계시록 5:8~9에 보면 24장로들이 어린양 앞에 엎드려 거문고와 향이 가득한 금 대접을 가졌으니 이 향은 성도들의 기도들이라 하는 구절이 나오고 9절에 새 노래로 노래하며 일찍 죽음을 당하사 사람들을 피로 사서 하나님께 드린다고 하였다.

요한 사도가 환상으로 보니 24장로들이 예수님을 찬송하고 기도하는데 그 찬송의 가사 내용을 보면

(1) 일찍 죽음 당하사

하나님의 계획하신 바 섭리와 사랑으로 창세 전에 우리를 선택하시고 속죄의 짐을 주님이 대신 지시고 하나님이신 당신이 인간이 되시어 내려오셔서 30년을 준비하시고 3년의 공생애 동안에 복음을 전파하시고 당신이 메시아이심을 알리시고 일찍 죽임을 당하셨다. 여기에 기록된 24장로는 주님의 보혈로 씻음을 받은 자를 가리킨다.

(2) 노래를 불렀다.

그렇다. 찬송가 338장은 말하기를 우리의 일생은 늘 찬송하면서 주께로 가기를 원한다고 하였다. 찬송가 258장 5절은 '이후에 천국 올라가 더 좋은 노래로 날 구속하신 은혜를 늘 찬송하겠네 늘 찬송하겠네 날 구속하신 은혜를 늘 찬송하겠네' 하였다. 그렇다. 우리가 만 입이 있어 찬송한들 주님의 은혜를 다 찬송할 수 있겠는가?

(3) 사람들을 피로 사서 하나님께 드리고(계 5:9)

요한은 '사람들을 피로 사서 하나님께 드리고' 라는 말을 분명히 들었다. 이

말씀을 보혈 신학자 앤드루 머레이는 '천국에 들어가려면 예수 피를 가져가야 한다. 그래야만 천국의 문이 열린다.'고 하였다. 그렇다. 예수 피만이 우리 죄인을 의인 되게 하여 하나님께로 또 천국으로 인도할 수 있다.

예수 피에 우리의 행위 죄를 씻지 않고는 하나님께로 갈 수 없다.

누구든지 다 주님 앞에 서게 된다. 주님 앞에 설 때에 주님이 우리에게 피를 보여 달라고 하신다는 것을 알아야 한다(계 3:4~5).

하나님이 나에게 보혈을 보여 달라 할 때에 나는 무엇이라고 할 수 있을까? 오늘 이 시간에 피를 준비하지 않으면 영원히 구원을 얻을 수 없다.

요한계시록 3:5 이기는 자는 이와 같이 흰 옷을 입을 것이요 생명책에서 결코 지우지 않을 것이요 하나님과 천사들 앞에서 시인한다고 하셨다.

요한계시록 3:5 여기서 놀라운 사실은 이기는 자가 보혈을 얻는다는 사실이다. 또한 보혈이 있어야 생명책에 기록한다고 하였다. 요한계시록 21:27은 생명책에 기록된 자만 천국에 들어간다고 하였다. 바꾸어서 말하면 기록되지 못하면 천국에 갈 수 없고 그러면 지옥에 가게 되는 것이다. 그러므로 우리는 보혈을 얻기 위해 이겨야 하고 자아의 벽을 넘어 사단과 죄악에서 승리자가 다 되어야 할 것이다.

찬송가 259장 1절 '예수 십자가에 흘린 피로서 그대는 씻기어 있는가 더러운 죄 희게 하는 능력을 그대는 참 의지하는가 예수의 보혈로 그대는 씻기어 있는가. 마음속의 여러 가지 죄악이 깨끗이 씻기어 있는가' 이 가사 내용을 우리는 부르면서 그냥 뜻도 모르고 부르고 있다.

필자는 보혈의 가사가 나오는 찬송이든 복음성가든 그 뜻을 깊이 생각하고 부르면서 은혜를 받는다. 요한은 요한계시록 7:9에서 천국에는 흰옷을 입은 무리들이 있는데 13절, 장로 중 하나가 이 흰옷을 입은 자들이 누구며 어디에서 나왔느냐고 물었고 그때 요한이 14절에서 내 주여 당신이 알리이다 하니 주님이 이는 큰 환난에서 나왔는데 어린양의 옷을 씻어 희게 한 자라고 하셨다.

본문 14절은

(1) **천국에는 흰 옷을 입어야 갈 수 있다고 말하고 있다.**

어떤 옷으로도 갈 수가 없다. 천국은 의인만이 갈 수 있다. 마태복음 22장을 보면 예복을 입지 않은 사람은 쫓겨났다. 그것은 예수 피로 씻은 자라야 함을 가르쳐 준다.

(2) **흰 옷은 예수 피에 옷을 씻어야 희게 할 수 있다.**

모든 보혈 찬송이 다 같은 말을 하지만 184장 1절은 '나의 죄를 씻기는 예수의 피밖에 없네 다시 성케 하기도 예수의 피밖에 없네 예수의 흘린 피 날 희게 하오니 귀하고 귀하다 예수의 피밖에 없네' 라 하였다.

우리가 알아야 할 것은 어떤 세제로 빨아도 우리 행위의 옷은 희게 할 수 없으나 예수의 피는 모든 죄를 다 희게 할 수 있는 능력이 있다는 것이다. 또 우리 스스로 옷을 희게 할 수도 없고 흰색을 유지할 수도 없다. 이미 태어날 때부터 우리는 검은 옷을 입고 태어난다. 예수님은 십자가의 죽음을 앞두시고 제자의 발을 씻기시며 내가 너의 발을 씻기지 아니하면

너와 나는 상관이 없다고 하셨다(요 13:8 참조).

(3) **큰 환난에서 나온 자라고 하였다.**

흰 옷 입은 자는 환난을 통과해야 보혈의 옷을 입을 수 있음을 말한다. 다 말

쏨드릴 수는 없지만 필자가 여기까지 오기까지 많은 핍박과 고난을 받았다. 앞으로는 더욱 어려운 환난이 우리를 기다린다. 사도행전 14:22에는 우리가 하나님의 나라에 들어가려면 많은 환난을 겪어야 할 것이라고 하였다. 하나님의 나라에 들어가기 위해서는 많은 환난을 통과해야 한다. 요한계시록 7:14 보혈은 큰 환난에서 나오고 _{사도행전 14:22} 많은 고난을 받아야 하나님의 나라에 간다고 하였다. 두 말씀은 같은 말이니 보혈은 큰 환난에서 나오지만 보혈을 통해서 천국에 간다는 말이다.

보혈의 신앙은 그냥 얻어질 수 없다는 것을 명심하고 믿어지지 않고 거부 반응이 일어나도 참고 이겨내어야 한다. 금이나 보화를 아무 곳에서 얻을 수 없음같이 영적 보화를 아무렇게 얻을 수는 더욱 없다. 나의 생각과 마귀의 미혹과 유혹을 이기고 많은 환난과 연단을 거쳐야 얻을 수 있음을 알아야 한다.

요한계시록 12:10에서 요한은 하늘에서 음성이 들었다고 하였다. 그 내용은 이제 우리 하나님의 구원과 능력과 나라와 또 그리스도의 권세가 이루었으니 곧 우리를 참소하던 자 하나님 앞에서 밤낮 참소하던 자들이 쫓겨났고 11절에 또 여러 형제가 어린양의 피와 자기의 증거하는 말을 인하여 저를 이기었으니 그들은 죽기까지 자기 생명을 아끼지 아니하였다고 하였다.

(1) 보혈은 구원과 능력과 권세가 있다.

보혈에는 셀 수 없는 능력들이 숨어있다. 그중에도 보혈은 우리를 죄에서 가난에서 병에서 마귀에서 구원한다. 그 피는 우리에게 큰 능력을 준다. 아울러 하나님의 권세가 임한다. 능력과 권세는 같이 공존해야 한다. 권세가 있어도 능력이 없으면 안 된다. 운전면허 시험에 합격하는 것은 권세에 해당하지만 능력 다시 말해 운전을 잘 해야 한다. 그것이 능력이다. 그러나 아무리 운전을 잘 해도 면허증이 없으면 할 수 없다. 마찬가지로 능력과 권세가 같이 있어야 하는데 보혈 속에는 능력도 권세도 다 함께 있다.

(2) 보혈은 마귀를 쫓아내고 이기는 능력이 있다.

미신주의자들도 귀신을 쫓아낼 때는 칼로 십자가를 땅에 그리고 붉은 팥죽을 땅에 뿌린다. 하물며 우리는 말할 것도 없다. 보혈의 권세를 사용하여야 한다. 필자가 인도에서 선교할 때 힌두교 사원에 잠시 가본 일이 있다. 그때 그들은 피를 뿌리고 온몸과 이마에도 피를 바르고 하는 것을 보고 놀랐다. 이교도들도 피를 뿌리고 사용하는데 참 종교인 기독교에는 피가 없다니 하는 생각이 들었다.

요한은 들었다. 귀신의 모습은 우리를 밤낮 참소한다고 하였다(12절).

마귀와 사탄은 우리를 밤낮 참소한다.

예수님은 누가복음 22:31~32에서 "시몬아 시몬아 보라 사탄이 밀 까부르듯이 너를 청구하였으나 너의 믿음이 떨어지지 않기를 기도했다"고 하셨고 베드로전서 5:8에는 "대적 마귀가 우는 사자처럼 두루 다니며 삼킬 자를 찾나니"라고 하였다. 그렇다. 사탄은 이런 모양으로 우리를 미혹하고 유혹하며 대적한다.

이 사탄을 이길 수 있는 유일한 길은 보혈 기도이다. 필자가 어릴 때 동네 사람들이 마귀가 들려 교회로 와서 마귀를 쫓아낼 때의 모습을 지금도 생생하게 기억한다. 그때 보혈 찬송을 부르고 예수님의 이름으로 보혈로 명령하여 쫓아낸 것을 여러 번 목격하였다.

찬송가 493장 4절 '내가 걱정하는 일이 세상에 많은 중 속에 근심 밖에 걱정 늘 시험하여도 예수 보배로운 피 모든 것을 이기니 예수 공로 의지하여 항상 이기리로다' 라고 노래한다.

예수님의 보혈은 가장 큰 무기요 능력임을 여러분은 명심해야 한다. 보혈은 모든 것을 이긴다고 하였다. 12절, 바꾸어서 말하면 보혈이 없으면 모든 것에 진다는 뜻이므로 보혈로 무장하여 사탄의 권세를 정복하는 자가 되자.

보혈의 가치와 삶

주님의 십자가에서 흘리신 보혈의 가치는 값으로는 도저히 측량할 수 없다. 로마서 8:32에 자기 아들을 아끼지 아니하시고 모든 사람을 위해 내어주신 이가 어찌 그 아들과 함께 모든 것을 은사로 주시지 않겠느냐 하셨다.

이 말씀은 이 세상을 다 준다 해도 보혈과는 바꿀 수 없다는 진리가 이 말씀 속에 포함되어 있음을 알 수가 있다. 다시 말해 보혈의 가치의 고귀성을 내포하고 있다.

(1) **예수님의 피의 가치는 값으로 측량할 수 없다.**

아들을 아낌없이 주셨다는 말은 우리 위해 피 흘려 죽어 생명 주심을 말씀한다. 다시 말하면 아들의 생명보다 더 귀한 것이 없다는 말이다.

(2) **우리 모두라 하심은 예수님의 보혈은 누구에게든지 모두 필요한 것이요**

아담 이후의 모든 사람에게 필요하다는 의미이다.

(3) 아낌없이 은사로 주셨다는 말씀은 보혈은 주님의 은혜요 선물이란 뜻이요 이미 우리 위해 주셨다는 것이다. 그러나 이 선물도 거부하면 받지 못한다. 가인처럼 모르면 또한 받을 수 없다.

필자는 방언 은사를 받은 지 30년이 훨씬 지났다. 그러나 단 한 번도, 하루도 방언 은사를 사용하지 않고 기도한 일은 없다. 그 이유는 방언은 기도의 은사요 성령의 기도이기 때문이다.

이 방언의 은사는 사람을 죽이는 살인죄를 지어도 그 어떤 죄를 지어도 떠나가지 않는다. 그 이유는 죄를 지을수록 회개 기도가 필요하기 때문이다. 그러나 방언을 부인하고 절제하고 거부하면 금방 방언의 은사는 떠나고 소멸하게 된다. 다시 말씀을 드리면 보혈이 아무리 귀해도 귀함을 모르거나 부인하고 거부하면 떠난다는 말이다.

어느 교회에 아주 가난하고 나이가 많으신 할머니 한 분이 사셨다. 너무 가난하여 겨우 조그마한 쪽방에서 겨울에 난방도 하지 못하고 겨우 생명을 유지해 살아가셨는데 더욱이 자식도 없으시고 그나마 병이 드셔서 살아갈 길이 막막했다.

결혼해서 자기는 아기를 낳지 못하였으나 남편의 자식이 하나가 있었는데 그 자식에게 도움도 받지 못하고 도리어 주어야 할 형편이었다. 자기 자식도 아닌 아들 때문에 정부 지원도 받지 못하였는데 본 교회도 너무 가난한 개척 교회여서 도와주기가 쉽지 않아 담임목사님은 걱정만 하고 있었다.

한 번은 목사님이 심방을 가셔서 예배를 드린 후에 커피를 주신다고 바깥으로 할머니가 나가신 후 목사님이 혼자 방안을 살피면서 고민하는데 마침 벽에 1억짜리 수표가 붙어있는 것이 아닌가. 깜짝 놀라 할머님께 물어보았더니 할머님 하시는 말씀이 어떤 병드신 할아버지 병간호를 1년 정도해 주었는데 그 할아버지가 죽기 전에 수표를 자기 손에 꼭 쥐어주며 요긴하게 쓰라고 했다는 것이다. 그러나 그 할머니는 할아버지의 말뜻을 이해하지 못하고 할아버지와 정이 많이 들어 보고 싶을 때 보려고 벽에 붙여 놓았다는 것이다.

그렇다. 그 할머님은 수표를 준 할아버지의 뜻도 이해하지 못했고 또한 문맹이라 1억 원짜리 수표임을 모르고 벽에다 붙여 놓으면서 기념했던 것이다. 다시 말해 그 할머님은 그 수표의 가치를 알지 못했고 다만 기념종이로 생각했던 것이다.

목사님이 말씀하시기를 "할머니! 이 수표를 가지면 조그마한 집도 사고 평생을 잘 먹고도 살 수도 있습니다."라고 하였다는 것이다.

그렇다. 할머니는 바보다. 그러나 우리는 어떤가. 우리는 우주를 다 주고도 살 수 없는 영적 보화인 보혈을 소유하고 있음에도 마치 벽에 붙여놓고 기념한 그 할머니의 수표처럼 보혈을 알지 못하고 보혈을 단지 기념으로만 생각하고 있지는 않았는지 생각해 보아야 한다.

돼지는 금반지, 다이아몬드, 아무리 귀한 보석을 주어도 기뻐하지 않는다. 왜 일까? 그 가치를 알지 못하니 그렇다. 돼지는 등겨와 구정물만 주면 좋아한다. 그러니 내가 그 할머니요 돼지가 아닐까?

오늘 많은 사람들은 오히려 보혈전도자를 잘못된 신비주의자로 생각하는 경향이 있다.

유대인인 지도자들은 그들의 교만과 시기, 질투, 자기 생각의 눈으로 판단하여 주님을 십자가에 못 박았다. 성경은 건축자들의 버린 돌이 모퉁이의 머릿돌이 되었다고 말하고 있다. 주님은 마태복음 23장에서 유대인 지도자를 가리켜 소경된 인도자라고 책망하셨다(마 23:26).

보혈의 가치

베드로전서 1:18~19에 그리스도의 피를 '보배'라고 하였다. 그래서 주님의 피를 우리는 보혈이라고 한다. 그런데 육적인 보배가 아닌 영적인 보배다.

우리 인간은 영적인 동물이다. 육신의 수명을 성경은 70~80이라고 말하나 영적 수명은 영원하기 때문에 피의 가치는 너무 귀하고 무한하다.

성경은 한 마디로 피의 책이라 할 수 있다. 다른 말로 피 복음이다. 그 이유는 예수님의 피를 빼고는 영적인 그 무엇도 얻을 수 없기 때문이다. 사람의 신체 어느 곳을 찌르든지 피가 나오듯이 피는 필요 없는 곳이 없다는 것이다. 다시 말해 육신을 가진 사람에게 피가 필요하듯이 우리 영의 사람에게는 예수님의 피가 필요하다.

히브리서 9:14에 "하물며 영원하신 성령으로 말미암아 흠 없는 자기를 하나님께 드린 그리스도의 피가 어찌 너희 양심과 죽은 행실에서 깨끗하게 하고 살아계신 하나님을 섬기게 하지 못하겠느뇨" 하였다.

이 말씀은

(1) 그리스도의 피는 성령의 뜻으로 드려졌다는 말이요

⑵ **그 피는 양심의 죄, 죽은 행실도 깨끗하게 한다는 것이다.**

그렇다. 아무리 죽은 양심도 우리는 예수피를 부으면 살아난다. 가물어 메말라가는 대지 위에 단비가 모든 식물을 소생시키듯이 보혈의 단비는 죽은 행실을 깨끗하게 한다.

⑶ **하나님을 섬기는 역할을 한다.**

과다 출혈했을 때 피를 수혈해야 하는 것처럼 보혈은 생명이기 때문에 우리는 보혈을 우리 심령에 수혈해야 한다. 나의 더러운 피를 예수님의 보혈로 교체해야 한다. 성령으로 보혈을 주셨고 죽은 모든 행실에서 깨끗하게 하고 하나님을 섬기게 하여 성소에 들어가게 하신다고 하였다(히 10:19~20).

특히 지성소는 대제사장 High Priest이 일 년에 일차씩 짐승의 피를 들고 자기와 백성의 죄를 사함받기 위해 들어간다. 지성소는 인간과 하나님과의 만남의 장소이다. 교회는 주님과 우리의 만남의 장소이다. 예배는 또한 하나님과 우리와의 만남이라 말할 수 있다.

구약에서는 대제사장이 일 년에 한 차례만 피를 가지고 하나님을 만났지만 지금은 우리 모두가 제사장이다. 그러므로 날마다 만나야 하고 만날 수 있다. 다만 보혈을 꼭 가지고 가야만 만날 수 있다. 기도를 하든지 교회에서나 예배를 드릴 때에도 항상 주님을 만나야 한다. 그런데 피를 가지고 들어가지 않으면 제사장이 오히려 죽어서 나온다. 마찬가지로 우리는 보혈을 가지고 날마다 주님께로 가야만 한다.

보혈받기 전의 모습

에베소서 2:1에 허물과 죄로 죽었다고 말하고 있다. 바꾸어 말하면 우리 힘으로는 사는 것이 불가능하다. 그럼 무엇으로 살아야 하느냐. 예수님이 생명이요, 또한 보혈이 생명이니 보혈로 살 수가 있다.

에베소서 2:2은 우리는 공중 권세 잡은 자를 따랐던 자였다고 말씀하고 있다. 다시 말해 불순종의 자녀였다고 말하였고 3절은 진노의 자녀였다고 말한다. 그런데 4절은 긍휼이 풍성하신 하나님이 허물로 죽은 우리를 살렸고 은혜로 구원을 받았다고 말씀하고 있다.

그리스도가 왜 우리를 살렸는가.

(1) **사랑하기 때문에 살린 것이다.**

로마서 5:8에 우리가 아직 죄인 되었을 때에 그리스도께서 우리를 위하여 죽으심으로 하나님께서 우리에게 대한 사랑을 확증하셨다고 하셨다. 우리를 위하여 친히 죽으셔서 피를 주셨다. 그것은 우리를 사랑하셨기 때문이라고 하셨다. 에베소서 1:7 우리가 그리스도 안에서 그의 피로 말미암아 구속 곧 죄 사함을 받았다고 말씀하고 있다.

(2) **값을 지불하고 사신 것이다.**

우리는 구원을 단순하게 생각할 때도 있지만 구원 뒤에는 그리스도의 죽음과 피 흘림 고통이 있음을 알아야 한다. 고린도전서 7:23에 너희는 값으로 산 것이 되었으니 사람의 종이 되지 말라고 하였다.

고린도전서 6:20도 같은 말을 하고 있다. "값으로 산 것이 되었으니 그런즉 너희 몸으로 하나님께 영광을 돌리라".

여기서 중요한 것은 무엇으로 샀느냐는 것이다.

사도행전 20:28에 답이 있다. "피로 사신 교회를 치게 하였다"고 말씀하며 우리를 위해 피 흘려 마귀의 것에서 하나님의 것으로 만들어 주셨다.

(3) 마귀의 종이며 죽은 자이고 불순종의 자녀인 우리를 살리기 위해서는 다른 것으로는 안 되고 보혈만이 된다는 뜻이다.

(4) 이제는 우리 것이 아니요 주님의 것이라는 것이다.

로마서 14:8에 "우리가 살아도 주를 위해 살고 죽어도 주를 위해 죽나니 그러므로 사나 죽으나 주님의 것이로다" 하였다.

우리가 해야 할 일

고린도전서 7:23 "값을 주고 사신 것이므로 사람의 종이 되지 말라".

피를 받기 전의 모습을 베드로전서 2:10에는 이렇게 기록하고 있다. "전에는 백성이 아니더니 이제는 백성이요 전에는 긍휼을 받지 못하였더니 이제는 긍휼을 얻은 자니라".

보혈의 능력이 하나님의 백성의 자격인 긍휼을 얻게 되었다. 세상을 살아가면서 아무리 어려워도 내 피가 있는 자식이 가장 귀한 것처럼 하나님도 자기 피가 있는 자식을 귀하게 보신다.

언젠가 TV에서 살인자가 현장 검증하는 것을 뉴스에서 잠깐 보았다. 그 자리에서 유족들의 통곡을 보았다. 심지어 실신하며 울부짖는 모습이 애처로웠다. 그런데 나는 눈물이 나지 않았다.

왜 일까? 사랑이 부족했기 때문이다.

그러나 더 큰 이유는 나의 가족이 아니기 때문이다. 여기에서 하나님의 마음을 알 수 있었다. 슬피 우는 사람들은 피가 같은 가족인 것처럼 우리도 예수 피가 있어야 주님의 사랑을 받을 수 있음을 알아야 하며 보혈이 있어야 우리가 하나님의 가족의 일원임을 알아야 할 것이다.

로마서 14:8 우리가 사나 죽으나 주님의 것으로 살아야 한다. 고린도전서 6:20 하나님의 영광을 드러내어야 한다고 말씀하고 있다. 영광을 드러낸다는 것은 나를 위해 사는 것이 아니라 그 분 때문에 살고 기뻐하고 감격하여 그 분을 기쁘시게 하고 나의 모두를 드리는 삶을 말한다. 필자는 기도하면서 '하나님, 예수님, 성령님 사랑합니다. 영광을 받으시옵소서. 하나님, 예수님, 성령님 감사합니다. 영광을 받으시옵소서' 란 기도를 하루에 100회 정도 반복한다. 그 이유는 이 기도가 주님이 기뻐하시는 기도이기 때문이다.『십자가』라는 책을 저술한 김응국 목사는 그의 저서에서 "지금도 십자가의 보혈은 우리 앞에 강같이 흐르고 있다. 그리고 그 생명의 보혈을 우리는 날마다 마셔야 한다."고 하였다.

4장

보혈과 능력
Jesus blood & Power

보혈을 사용할 때 나타나는 능력 Ⅰ
보혈을 사용할 때 나타나는 능력 Ⅱ
보혈을 사용할 때 나타나는 능력 Ⅲ
보혈을 사용할 때 나타나는 능력 Ⅳ

보혈을 사용할 때 나타나는 능력 Ⅰ

　보혈은 살아있어 절대로 죽지 않는다. 다만 부정적인 보혈에 대한 우리들의 생각이 죽은 것같이 생각될 뿐이다. 히브리서 4:12에 하나님의 말씀은 살았고 운동력이 있다고 하였다. 바울은 데살로니가전서 2:13에서 "내가 전한 말씀을 하나님의 말씀으로 받으니 진실로 그러하다 너희 믿는 자 속에 역사하느니라"고 말하였다. 다시 말해 하나님의 말씀이 살아있음을 믿어야 심령 속에 역사한다는 것이다.

　어느 문헌에서 본 이야기다. 약 천 년 전의 씨앗을 발견했는데 그 씨앗을 땅에 심었더니 싹이 났다고 한다. 그 말은 연약한 씨앗 속에 생명이 있다는 증거이다. 보잘 것 없는 작고 연약한 씨앗인 밀알이 영하 30도 강추위와 그 오랜 세월 속에 죽지 않고 자라는 것을 우리는 본다. 그 속에는 생명이 있기 때문이다. 그렇게 연약하고 보잘 것 없는 씨앗이지만 강력한 생명력이 있다는 것이다. 하지만 아무리 강한 생명력을 가진 씨앗이라도 우리의 관리가 소홀해지면 금방 죽게 된다. 껍질을 벗겨 버렸거나 콘크리트 같은 단단한 곳에 심었거나 끓는 물속에 1초라도 넣었다가 건져 냈다면 금방 죽어 버렸을 것이다. 죽었다기보다는 관리 부족과 무지함 때문에 살지 못한다고 할 수 있다.

　우리 카페 운영자인 박경희 집사님은 미대 출신이요, 미술 선생님이다. 그래서 여러분들이 아는 것처럼 우리 카페를 아름답게 살아있는 영상과 사진으로 가득 장식해 놓았다.

　살아있는 영상은 컴퓨터 안에서는 살아 움직이지만 이것을 일반 종이에 옮기는 순간 그 영상은 멈춰 버리고 살아 움직이는 형상은 정지된 화면으로만 보이고 그 기능은 멈춰 버린다.

이와 같이 보혈의 능력은 분명히 살아 움직여 역사한다. 하지만 보혈이 아무리 능력이 있어도 내 죽은 심령 속에서는 역사하지 않는다. 다시 말하면 내 생각과 믿음에 따라 살아서 능력으로 역사하기도 하지만 그것 때문에 사탄의 도구가 될 수도 있다. 불과 물은 너무 귀하지만 불 때문에 혹은 물 때문에 내 생명을 잃을 수도 있다는 말이다.

보혈 신학자인 강문호 목사는 그의 저서 『대속죄일』에서 사람들은 하나님의 계명을 어겨 죄를 지었기에 영혼의 계곡이 생겼는데 그 계곡을 메우기 위해 누가 죽어야만 되는데 그 분이 예수님이라고 말했고 피 뿌림이 없이는 사함이 없는 것이 성경의 진리인데 아담부터 예수님 올 때까지 그 피 뿌림은 계속되어야 한다고 말하였다. 성경은 아담의 피 묻은 옷에서부터 시작하여 계시록의 세마포 옷까지 계속 된다.

보혈에는 어떤 능력이 있을까?

그리스도 안에 거하게 한다

구약에는 우리가 '가나안에' 라는 말이 많이 기록된 것을 볼 수 있는데 신약은 '그리스도 안' 이라고 하였다.

⑴ **바울은 그리스도 안에 거하는 자의 능력을 에베소서 1:1~14을 통해 말씀하고 있다.** 3절에 '그리스도 안'에 거하는 자에게 신령한 모든 복을 주신다고 하였다. 특히 이 본문에서 9번이나 '그리스도 안'이란 말이 나온다.

에베소서 2:13에는 전에는 멀리 있던 너희가 그리스도 예수 안에 그리스도의 피로 가까워졌다고 말하고 있다. 12절에는 우리를 일컬어 '멀리 있던 너희'라고 하였다.

다시 말씀드려서 그리스도의 피가 없을 때에는

① **그리스도 밖에 있었고 ② 언약에는 외인이고 ③ 세상에 소망이 없고 ④ 하나님이 없는 자**라고 하였다.

그런데 요한복음 6:55에 주님은 내 살을 먹고 내 피를 마시는 자는 내 안에 거한다고 하였다. 보혈이 있어야 주께서 우리 안에 거하신다고 하신 것이다. 그리고 그리스도의 피가 없으면 구원을 얻지 못한다는 뜻이다.

그런데 보혈이 하나님 안에 거하면 약속의 백성이요 구원을 받았다는 말이다. 우리를 그리스도 안에 거하게 하는 것이 보혈의 능력이다.

⑵ **그리스도의 피는 하나님과 가깝게 한다**(엡2:13).

다윗은 ^{시편 73:28} 하나님을 가까이하는 것이 복이라 하였다. 시편 23:1에 "여호와는 나의 목자이시니 내가 부족함이 없으리라" 하였다. 시편 16:2에 "주밖에는 복이 없다"고 하였다. 하나님을 가까이 하는 것이 복이란 말씀은 성경의 전체의 가르침이다.

야고보서 4:8에는 "하나님을 가까이 하라 그리하면 너희를 가까이 하시리라"고 하였다. 하나님을 가까이 해야 하나님과 가까워진다고 하였는데 그것이 보혈만 가까이 하면 또한 하나님과 가까워지는 것이라고 본문은 말하고 있음을 알아야 한다.

(3) **예수 피는 언약을 이루신다.**

에베소서 2:12에 피가 없으면 언약에 대하여 외인이라고 하였다. 바꾸어서 말하면 그리스도의 피가 없으면 언약을 이루지 못한다는 뜻이다. 즉 피가 있는 자에게는 구원의 약속을 지키시고 피가 없는 자에게는 언약을 지키지 않는다는 뜻이다.

찬송가 455장 4절에도 내 주와 맺은 언약은 영 불변하시니 그 나라 가기까지는 늘 보호하신다고 말씀하고 계시다. 출애굽기 2:24에 하나님은 "아브라함과 이삭과 야곱과 한 언약을 기억하사 이스라엘 백성을 구원하셨다"고 말씀하셨다.

그리스도의 보혈은 이러한 큰 능력이 있다.

히브리서 13:20에 양의 큰 목자이신 우리 주 예수를 영원한 언약의 피로써 죽은 자 가운데 이끌어 내신 평강의 하나님이라고 말하고 있다. 보혈과 맺은 언약은 영원하다. 그리고 우리를 죽음에서 이끌어 내어 살리셨다.

속죄의 능력

예수 그리스도의 피는 하나님과 우리 사이에 맺은 새 언약의 피로써 영원한 언약의 피이다. 보혈의 능력에는 엄청난 능력이 있다. 이루 다 말할 수 없이 많다. 그러나 그 중에도 가장 큰 능력이 속죄의 능력이다.

히브리서 9:22 "거의 모든 물건이 피로써 정결케 되나니 피 흘림이 없이는 사함이 없느니라"고 하였다. 한 마디로 말하면 보혈은 우리의 모든 죄를 사하는 능력이 있다.

찬송가 258장 2절 '저 도적 회개하고서 이 샘에 씻었네 저 도적 같은 이 몸도 죄 씻기 원하네' 하였다. 그렇다. 저 도적 같은 죄인도 예수 피가 희게 하는 능력이 있다. 히브리서 9:12에 "자기 피로 영원한 속죄를 이루시고 단번에 성소에 들어가게 하셨느니라"고 했다.

우리가 꼭 알아야 할 3가지가 있다.
⑴ 이 세상에 거하는 모든 사람은, 아담 이후에 지구에 찾아온 모든 사람은 다 죄인이라는 사실이요.
⑵ 죄인이므로 예수 피는 모든 사람에게 필요하다는 사실이다.
⑶ 지금도 그리스도의 보혈은 강 같이 흘러가고 있다는 사실이다.

에베소서 1:7 "예수 피로 구속 곧 죄 사함 받았으니".
죄는 우리에게 무엇을 주는가? 로마서 6:23에 죄의 삯은 사망이라고 하였다. 죄는 영원한 죽음을 가져오게 한다.
이사야 59:1~2에 "여호와의 손이 짧아 구원하지 못함이 아니요 귀가 둔하여 듣지 못함이 아니라 오직 너희 죄가 너희와 하나님 사이를 내었고 그 얼굴을 가리워서 너희를 듣지 아니하시게 함이라" 하였다. 시편 66:18 에는 "네 마음에 죄악을 품으면 주께서 듣지 아니 하신다"고 하셨다.

구속의 능력

베드로전서 1:18~19 구속된 것은 그리스도 보혈이라고 하였다.

구속이란

(1) **우리 죄를 덮어씌운다는 말과 죄가 없는 상태로 회복된다는 뜻이다.**

다시 말해 보혈이 우리의 죄를 없이 하고 그리스도의 피로 덮어주신다는 뜻이다. 찬송가 423장은 '먹보다도 더 검은 죄로 물든 이 마음 흰 눈보다 더 희게 깨끗하게 씻었네 주의 보혈 흐르는 데 믿고 뛰어 나아가 주의 은혜 내가 입어 깨끗하게 되었네'라고 하였다. 우리의 죄는 더럽고 먹보다 더 검어 무엇으로도 씻을 수 없다. 그런데 예수 피로 우리의 죄를 덮어 씻어 주신다. 이것이 구속이다.

이사야 1:18에 오라 우리와 변론하자 너희 죄가 주홍 같을지라도 눈과 같이 희어질 것이요 너희 죄가 진홍 같을지라도 눈과 같이 희어질 것이라고 하였다.

주홍과 진홍은 "검고 붉게 염색한"이란 뜻이므로 지울 수 없다는 뜻이다. 염색체를 다시 원상회복하는 것은 불가능하다. 하지만 한 가지 방법이 있다. 덮어씌우든지 아니면 원색으로 칠하는 것이다. 그 원색으로 희게 하는 것이 보혈이라고 말하고 있다.

로마서 5:9 "이제 우리가 그 피를 인하여 의롭다 하심을 얻었은즉"이라고 하였다.

구속이란

(2) **해방이란 뜻이다.**

우리는 노예였다고 성경은 말한다. 에베소서 2:2에는 공중 권세 잡은 자를 따랐으며 불순종한 아들 가운데 역사하는 영이라고 하면서 우리의 과거는 마귀의 종이었음을 말한다.

베드로전서 2:9에 "너희를 어두운데 불러내어" 10절 "너희가 전에는 백성이 아니더니" 하였다. 과거 신약 사도시대에는 노예제도가 있었는데 주인이 원하면 은 30냥이면 노예를 사고팔았다. 그래서 바울은 자신을 그리스도의 종이라 했으므로 노예란 뜻이다.

다시 말해 우리 모두는 과거에는 죄의 종이요 악한 영의 종이었는데 그리스도 피로 산 것이다. 이것을 구속이라 한다. 그런데 육의 노예는 돈을 주고 사지만 영적인 노예인 우리는 그리스도의 피로 산 것이다.

① 대가를 지불하고 산 것이다(벧전:18~19, 행 20:28, 계 5:9 참조).
② 영원히 산 것이다(롬 14:8). 그러므로 우리의 주인이 바뀐 것이다.
③ 율법의 저주에서 완전히 해방되었다. 행위가 있어야 구원 받는 게 아니라 믿음으로 은혜의 구원인 것이다. 로마서 8:1~2에 "이제 그리스도 예수 안에 있는 자에게는 결코 정죄함이 없나니 이는 그리스도 예수 안에 있는 생명의 성령의 법이 죄와 사망에 법에서 해방하였느니라"고 하였다.

예수의 피가 우리를 이와 같이 죄에서 마귀에게서 율법의 저주에서 완전히 해방한 것이다.

찬송가 258장 3절 '속함을 받는 백성은 영생을 얻겠네 샘 솟듯 하는 피 권세 한 없이 있도다'.

찬송 202장 2절 '구속의 은혜를 저버리고 어긋난 딴 길로 가다가도 예수의 사랑만 생각하면 곧 다시 예수께 돌아오리'.

필자는 보혈의 진리를 잘 알지 못할 때도 이 찬송이 은혜가 되었다. 주님으로부터 받은 은혜는 측량할 수 없이 크고 많지만 그중에도 구속의 은혜가 가장 귀하며 그 구속의 은혜가 곧 주님의 사랑이요 보혈의 은혜다. 그러므로 보혈의 능력을 알고 보혈의 신앙을 가져 귀하게 쓰임 받는 자들이 다 되자.

보혈을 사용할 때 나타나는 능력 II

칭의 Justification의 능력

우리가 스스로 의롭게 되거나 태어날 때부터 의인은 세상에 존재하지 않는다. 예수님 외에는 모두 다 죄인이다. 그런데 여기에는 큰 문제가 있다. 죄인은 하나님 나라에 갈 수 없다. 다시 말하면 천국에 들어갈 수 없다는 말이다. 그렇다면 죄를 없이하여 의인의 옷을 갈아입어야 한다.

그 방법을 앞에서 말씀드린 것처럼 아무리 우리가 죄를 회개하여도 하나님께 인정받아야 하고 의롭다는 칭호를 받아야 한다. 그렇지 않으면 안 된다. 그런데 놀랍게도 성경은 그 의롭게 되는 것을 보혈이라고 말하고 있다. 다시 말씀드려서 보혈은 칭의 Justification의 능력이 있다.

"그런즉 이제 우리가 그 피로 인하여 의롭다 하심을 얻었은즉 더욱 그 피로 인하여 진노에서 구원을 얻은 것이라"(롬 5:9)고 선언하였다.

본문에서 세 가지로 보혈의 능력을 설명하고 있다.

(1) **의롭다 함을 얻게 한다고 말하고 있다.**
인간이 아니라 하나님이 직접 의롭다 하신다고 선언하시는 것이다.

(2) **하나님은 죄 앞에서는 진노하신다는 것이 성경이 가르치는 진리이다.**
노아 시대에도 주님은 진노하셨다. 바꿔 말씀드리면 예수님의 피는 진노를 멈추게 하고 오히려 하나님이 기뻐하신다는 뜻이다.

(3) **구원을 얻게 한다고 하였다.**
다시 말씀드려서 보혈은 죄를 없이 할 뿐 아니라 진노에서 구원을 베푸신다. 의롭다는 말은 신학적인 용어로는 칭의이고 법률적인 용어로는 사면의 선언이다.

호크마 주석에 보면 이런 예화의 글이 있다.

"어떤 사람이 죽어서 천국에 갔더니 천국 문 앞에 천사가 서서 누구든지 천국에 들어가려면 1000점의 점수가 있어야 들어갈 수 있으니 1000점을 보여 달라고 하였는데 그분은 처음에는 너무 쉽다고 생각하고 자신 있게 자기의 행위를 한참 설명했더니 천사가 하는 말이 이제 1점이라고 하더란다. 다시 생각하며 한참을 설명했더니 또 1점이란다. 그래서 또 땀을 뻘뻘 흘리면서 지금까지 50년 신앙 생활한 모두를 설명했더니 또 1점이라고 하는데 이제는 아무리 생각해도 더 이상 자랑할 행위가 없었다. 모든 점수를 합산하니 3점밖에 되지 않아 너무 원통하여 통곡하면서 엉엉 울었는데 그러면서 하는 말이 '주님, 저는 죄인입니다. 나는 아무 것도 할 수 없습니다. 주님만 믿습니다.' 고 했더니 천사가 '이제 됐다. 1000점이다. 이제 합격이다.' 하여 천국에 들어갔다."

그 말을 듣고 생각해 보았다. 필자도 목사가 된 것을 1점이라도 준다면 2점은 될 수 있을지 몰라도 그것이 점수에 포함되지 않는다면 1점밖에는 안 될 것 같다. 그렇다. 우리 힘으로 의롭게 되는 것은 불가능하다.

구원은 주님의 은혜와 믿음으로 가는 것이고 주님은 예수님의 피가 있는 자를 의롭다 하신다는 것이다. 중요한 것은 하나님이 의롭다고 선언하신다는 것이다. 이 말씀은 사람이 볼 때에는 보혈을 가진 우리가 죄인일 수 있으나 주님 보실 때는 의롭다 하신다는 것이다.

어떤 사람이 누굴 죽였다고 생각해보자. 죽임을 당한 사람이 피의자를 용서할 수 없을 것이나 대통령이 법적으로 사면하면 구속의 죄에서 사면된다.

바울은 본인을 가리켜 죄인 중의 괴수라고 하였다(딤전 1:15). 주님은 우리의 행위를 보는 것이 아니라 우리를 덮고 있는 의로운 그리스도의 피를 보는 것이다.

로마서 3:20에 하나님 앞에서 "율법의 행위로는 그 앞에 의롭다 할 육체가 없나니 율법으로는 죄를 깨달음"이라고 하였다. 이어 21절에 "율법 외에 한 의가 나타났으니", 23절 "모든 사람이 죄를 범하였으매 하나님의 영광에 이르지 못하였더니", 24절 "그리스도 예수 안에 있는 구속으로 말미암아 하나님의 은혜로 값없이 의롭다 하심을 얻은 자 되었느니라" 하였다.

20절, 구원을 얻을 만한 의인은 세상에 한 사람도 없이 모두 죄인이라고 말하고 있다. 21절, 율법을 못 지켜도 하나님 보시기에 의인이 되는 길이 있다.

그 길이 무엇인가? 23절, 죄인이나 죄를 범한 자는 하나님의 영광의 나라 천국에 갈 수 없는데 24절, 예수 안에 있는 구속으로 말미암아 은혜로 구원을 얻었다고 말하고 있다.

구속과 '예수 안'이란 말이 무엇인가? 앞장에서 말씀드린 것처럼 보혈 안에 거하는 신앙이다. 요한복음 6:55, 에베소서 2:13을 다시 읽어 보시면 쉽게 그 답을 알 수 있을 것이다.

로마서 3:20~24까지는 피란 말이 없다. 그러나 우리가 알 수 있는 것은 쉽게 죄 사함, 구속이 무엇으로 되는가 보혈로만 가능하다는 것은 알 수 있다.

그런데 24절은 하나님의 은혜로 값없이 의롭다 하심을 얻는다고 하였고 25절에서는 답을 가르쳐 주고 있다. 로마서 6:25 "이 예수를 하나님이 그의 피로 인하여 믿음으로 말미암는 화목 제물로 세우셨으니 죄를 간과하심으로 자기의 의로움을 나타내려 하심이라".

3:26 "곧 이때에 자기의 의로우심을 나타내사 자기도 의로우시며 또한 예수 믿는 자를 의롭다 하려 하심이니라". 이 말씀은 예수님의 보혈이 우리를 법적으로 의롭다 하심을 얻는 것이라는 하나님의 선언이요 또한 성경의 선언이다. 그러므로 보혈로 씻음 받고 그 피를 믿는 믿음이 구원 받는 믿음인 것을 알아야 한다.

요한일서 3:12 "가인같이 하지 말라 저는 악한 자에게 속하여 그 아우를 죽였으니 어떤 연고요 자기 행위는 악하고 아우의 행위는 의로움"이라 하였다. 여기서 알아야 하는 것은 가인이 아우를 죽인 것이 악하다는 것이 아니라 왜 죽였는가 죽인 이유인데 그 이유가 자기는 악하고 아우는 의롭다는 것이다.

아우 아벨이 한 행적과 행위에 대해 성경은 침묵하고 있다. 다시 말해 아벨의 행위는 보혈을 드린 것 외에는 성경에서 찾아볼 수 없다.

다시 말해 보혈을 드리는 행위가 의로운 것이 아니라 그 행위는 주님의 은혜이지만 보혈 자체가 의로운 것이다. 보혈로 하나님께 드린 행위는 하나님의 인정을 받는다는 말이다.

이처럼 그리스도인은 오직 보혈로 인하여 의롭다 함을 받는다. 그리스도 피만이 죄인에서 의인으로 신분을 상승시킨다. 로마서 8:1에는 그리스도 안에 있는 자는 결코 정죄함이 없다고 하였다.

한 번은 루터가 종교개혁을 하면서 지친 모습으로 앉아 있는데 마음속에서 사탄의 음성이 들려왔다. '너는 죄인이다. 너 같은 죄인이 어떻게 종교개혁을 할 수 있느냐.' 과거에 지은 죄를 낱낱이 열거하여 말하더라는 것이다. 생각해 보니 그 말이 사실이었다. 그래서 자기는 죄인이기 때문에 종교개혁을 할 수 없을 거라고 생각하고 낙심하여 그만둘 생각을 하는데 주님의 음성이 들리기를 '사랑하는 내 아들아, 일어나 용기를 내라. 내가 너의 죄를 사하였느니라.' 하셨다. 눈을 떠보니 예수님이 피 묻은 손으로 자기를 일으켜 세우는 모습을 보게 되었고 그때 루터는 깨닫기를 '아하, 사탄이 방해하는구나.' 라고 생각하고 용기를 내어 자기 마음에 역사하는 사탄을 향해 '사탄아! 보혈의 능력으로 너에게 명하노니 물러가라. 내 죄는 십자가의 보혈로 다 씻고 나는 의인이 되었으니 썩 물러가라!' 고 선언했더니 사탄이 물러갔다고 하였다.

사탄은 우리에게 말한다. 보혈이 어떻게 구원을 하느냐고. 그러나 사탄의 음성에 미혹되지 말고 주님의 음성을 여기서 들어야 한다. 사탄은 말한다. 보혈을 이미 주님이 우리에게 부어 주셨다고, 우리가 다시 보혈을 부을 필요 없다고 그것은 구약시대이지 지금은 아니라고 말한다.

한 번은 충북지역에서 보혈세미나를 하는데 마귀 들린 자에게 축사하다가 마귀와 대화를 하게 되었다. 그때 필자가 물어보았다. '너는 무엇이 제일 무서우냐?' 했더니 사탄이 하는 말이 '보혈이지 뭐기는 뭐야. 제발 다른 소리하고 보혈, 예수 피, 소리 좀 그만해라. 내가 죽겠다.' 하는 말을 듣고 주님께 감사하였다. 보혈 신학자 마헤시 차브다 Mahesh Chavda 목사는 마귀는 말씀보다 보혈을 무서워한다고 하였다.

우리가 꼭 명심할 것은 사탄은 보혈을 가장 무서워 한다는 것과 사탄의 소리는 크게 들리고 주님의 음성은 희미하고 작게 들린다는 것이다. 곡식은 힘써 땀을 흘리며 가꾸어도 잘 자라기가 힘들지만 잡초는 가만 두어도 잘 자란다. 좋은 말은 많이 가르쳐도 잘 교육이 되지 않지만 나쁜 행실과 나쁜 말은 가르치지 않아도 잘하는 것처럼 순종과 겸손은 날마다 힘을 써도 잘되지 않지만 불순종과 교만은 저절로 된다. 기도를 계속하기는 힘들지만 기도를 쉬는 것은 너무 쉽다는 것을 명심하여야 할 것이다.

마찬가지로 보혈의 신앙을 가지는 것도 이와 같이 너무도 힘이 든다.

어느 교회에 여전도사님과 장로님이 불륜관계를 맺게 되었는데 6개월 정도 계속된 후에 본 교회 부흥회에서 큰 은혜를 받은 여전도사님은 그때 회개하고 관계를 청산하였는데도 날마다 죄책감에 시달려 회개하여도 마음에 평안함이 없고 오히려 교회에 가서 기도할 때마다 '내가 장로님을, 그것도 유부남인데…' 라는 생각이 들어 할 수 없이 교회를 사임하게 되었고 다른 교회를 섬겼는데도 벌써 3년이 지났는데 아무리 회개하여도 마음속에는 '너는 죄인이다'

라는 죄책감에 시달리다 그때부터 심한 마음의 병이 되어 시름시름 앓다가 병원에 가서 검사하니 암이라고 하였다. 그때부터 죽을 날만 기다리며 투병생활을 하는데 방송에서 우연히 베니 힌 목사 설교를 듣게 되었는데 설교 내용 중에 "마귀는 우리의 생각 속에 역사하여 우리의 죄를 들추어내어 죄 사함을 받지 못하게 한다고 우리를 정죄하니 여러분! 속지 마시고 보혈로 씻고 의로움을 선포하고 악령에서 해방되십시오!"라는 설교를 듣게 되었는데 그 말씀을 듣는 순간 '아하, 마귀에게 속았구나!' 하는 생각이 들어 그날 밤 죽을힘을 내어 교회에 가서 예수님의 보혈로 선포 기도를 하고 마귀를 저주하고 쫓아내었더니 그날 밤 주님이 '사랑하는 딸아, 네가 회개하는 그날 나는 너의 죄를 내 피로 씻었느니라.' 하시는 음성을 들었다고 한다. 보혈 기도를 한 그날 밤에 비로소 마음의 참 평안이 찾아오고 차츰차츰 회복되어 병이 다 나았다는 말을 들은 일이 있다.

베니 힌 Benny Hinn 목사의 보혈 설교 한 마디가 죽은 육신과 영을 살렸지 않은가. 그렇다. 아무리 큰 죄라도 보혈은 씻을 수 있으며 보혈은 죄인에게서 의인으로 인정받게 하는 능력이 있다.

생명의 능력

요한복음 6:53~54에서 주님은 예수 피를 먹지 아니하면 생명이 없다 하시고 또한 내 피를 마시는 자는 생명을 얻었나니 마지막 날에는 다시 살리라 하셨다.

이보다 더 위대하고 더 귀한 말씀이 어디 있는가.

영혼과 육신은 같다. 모두 다 피는 생명이다. 육신은 살과 피로 되어 있다. 육신의 생명이 되는 피를 모두 빼내버리면 그 육신은 죽게 된다. 피가 건강하면 건강하게 되고 피가 병들고 활발하게 활동하지 않으면 병이 들거나 죽게 된다. 영도 마찬가지이다. 예수 피가 우리 심령에 넘치고 건강하면 영생은 물론이고 영혼이 건강해진다. 반대로 아무리 신앙생활을 잘해도 예수 피가 없으면 죽은 신앙이 된다.

레위기 17:14에 "모든 생물은 그 피가 생명과 일체라… 모든 육체의 생명은 그 피인즉" 하였고 17:11에는 "육체의 생명은 피에 있느니라 내가 이 피를 너희에게 주어 단에 뿌려 너희의 생명을 위하여 속하게 하였나니 생명이 피에 있으므로 피가 죄를 속하느니라"고 하였다. 레위기 17:14, 11의 두 절에도 피는 생명이란 말이 5번이나 기록되어 있다. 구약이나 신약이나 방법은 조금씩 다르지만 같은 뜻과 같은 말을 하고 있는 것을 발견할 수 있다.

바울은 에베소서 2:1에서 "죄와 허물로 죽었던 우리"라는 표현을 했고 2절에서는 공중 권세 잡은 자를 따랐다고 하였고 3절에서는 진노의 자식이었다고 하였으며 골로새서 1:3에서 '흑암의 권세'에 눌려 있었으나 놀랍게도 "십자가의 피로 화목을 이루었다"고 하였다(골 1:20). 이 말씀은 진노와 죽음에서 그 피가 우리를 살려 의롭게 되었다는 뜻이다.

사람들은 육이 살아있으면 살았다고 생각한다. 하지만 우리의 영혼에 예수의 피가 없으면 죽은 것이다. 주님은 요한계시록 3:1에서 사데교회를 향하여 책망하시기를 "너희가 살았다 하는 이름을 가졌으나 죽은 자로다"라고 하셨고 요한복음 6:63에서 "살리는 것은 영이니 육은 무익하니"라고 하셨다. 이 말씀이 무슨 뜻일까? 육은 살았다고 살아있는 게 아니라 영이 살아야 사는 것이란 뜻이다.

주님은 ^{마가복음 8:36} "온 천하를 얻고도 자기 생명을 잃으면 무엇이 유익하리요" 하셨다. 이 말씀은 우리가 세상의 모든 것을 얻어도 영의 생명인 구원을 얻지 못하면 아무 소용이 없다는 말씀이다. 그 영의 생명을 얻는 길이 보혈이라고 성경은 말씀하고 있다.

사도행전 20:28에 "우리를 보배 피로 산 것"이라 하였다. 다시 말씀드리면 보혈로 우리를 마귀의 것에서 주님의 것으로, 죽음에서 참 생명을 주어 천국으로 인도하였다는 것이다.

요한복음 6장을 천천히 정독해보라.

6:13~68까지 영생, 생명이란 말이 무려 19번이나 기록되어 있고 그 내용을 자세히 읽어보면 내용 전체가 보혈과 생명에 대하여 말씀하고 있다.

주님은 요한복음 6:48 에서 자신이 곧 "생명의 떡"이라고 하셨다.

찬송가 258장 3절은 '속함을 얻은 백성은 영생을 얻겠네 샘솟듯 하는 피 권세 한없이 있도다' 라고 노래하였다.

그렇다. 이 얼마나 위대한 복음인가! 예수 핏속에는 영생이 있다.

다시 말해서 보혈이 아닌 어느 곳에도 영생은 없고 예수님이 영생이라고 성경은 말하고 그리스도를 믿는 자는 영생을 얻었다고 말씀하고 있다.

그런데 그 믿음은 보혈의 피를 믿는 믿음이 전제되어야 한다.

히브리서 11:5은 "믿음이 있어야 주님을 기쁘시게 한다"고 하였는데 11:4에 "믿음으로 아벨은"이라고 말씀하면서 아벨의 피의 제사가 주님이 기뻐하시는 제사이며 아벨의 제사가 곧 믿음의 제사라고 말하고 있는 것이다.

보혈을 사용할 때 나타나는 능력 Ⅲ

치유 Healing의 능력

모든 사람들이 보혈의 능력으로 우리의 죄 사함은 믿지만 이렇게 다양한 여러 가지 능력이 나타나는 것은 잘 알지 못한다. 특히 주님의 은혜로 성령의 능력과 은사로서 병 고침은 받는 것은 잘 알면서도 보혈의 능력으로 치유의 능력이 나타나는 것은 잘 알지 못한다.

우리가 알아야 하는 것은 예수님이 하셨던 사역을 마태복음 4:23을 통해 대체로 세 가지로 말씀하고 있다.

⑴ 말씀을 가르치신 선생으로서 예수님
⑵ 복음을 전파하신 전도자로서 예수님
⑶ 병자를 고치신 영육의 치유자로서 예수님

이것이 목회요 또한 우리가 해야 할 일이다. 그런데 위에서 말씀한 것처럼 예수님의 사역은 크게 세 가지인데 병자를 고치신 일이 약 70% 이다. 물론 말씀을 가르치시고 복음을 전하는 것이 더 중요하고 말씀이 복음의 목적인 것은 사실이지만 병을 고치는 치유의 역사가 일어나야 그들의 강퍅한 심령이 열려 복음을 받아들이게 된다는 의미에서 복음 전파와 말씀 못지않게 육적인 치유도 중요하다.

물론 영적인 치유가 육적인 치유보다는 더 중요한 것은 사실이지만 육적인 치유도 중요한 것은 보이는 복이기 때문에 사람들이 믿음을 갖는 데 동력이 될 수 있다. 육이 건강치 못하면 영도 함께 병들게 되므로 육적인 치유도 중요하다. 다시 말해 육이 죽으면 영도 함께 떠나가게 된다.

주님은 우리의 영혼이 잘됨 같이 범사가 잘 되고 강건하기를 원하고 계심을 알아야 한다. 주님은 우리가 건강하게 이 땅에서 장수하고 복 받기를 원하고 계시지만 우리가 잘 알지 못하여 건강치 못하다는 사실 또한 알아야 한다.

우리가 또 하나 알아야 할 것은 예수님의 보혈로 인해 우리에게 치유의 능력이 있음을 알 수 있다. 이사야 53:5에 "그가 채찍에 맞음으로 나음을 입었느니라"고 하였다. 다시 말해 예수님께서 피를 흘리심으로 우리 죄를 구속하시고 구원만 이룬 것이 아니라 우리의 병도 치유하고 건강도 얻게 함을 알 수 있다.

여기서 채찍이란 주님이 십자가에서 맞으실 때 흘린 피의 능력을 말한다. 채찍은 날카로운 쇠붙이를 가죽에 붙여서 만든 것으로 주님을 때려 그 채찍으로 인해 피를 흘리게 된 것이다.

한번 상상해보자. 이렇게 고통을 참으시면서 피를 쏟으신 것은 우리의 병을 치유하기 위해서 임을 알 수 있다. 이 얼마나 위대한 복음이며 주님의 사랑인가! 너무 감사한 일이다. 이 사건은 주전 700년(B.C 700)에 있었던 이사야 예언의 성취이고 여기에 신비한 비밀이 숨어 있다. 채찍에 맞음으로 나음을 입었다는 것이다.

조용기 목사님의 설교에서 들은 내용인데 순복음교회 권사님 중에 암이 걸린 권사님이 계셨는데 기도하기 위해 기도원에 가게 되어 목사님께 인사를 하는 중에 목사님이 말씀하시기를 "권사님, 기도원에 가시거든 베드로전서 2:24을 공책에다 1,000번을 써 오세요." 라는 말을 하셨다고 한다.

권사님은 속으로 암에 걸려 기도하러 가는 사람에게 무슨 숙제냐며 섭섭해 했지만 감히 그렇게 말씀을 드릴 수 없어 기도원에 가서 40일 동안 있으면서 1,000번이나 베드로전서 2:24을 기록하느라고 죽을 고생을 다하며 기록하게 되었는데 그러다가 보니 기도도 하지 못하고 약속했던 40일이 지나게 되었다. 그런데 놀라운 사실은 교회에 와서 성경 구절을 목사님에게 드리고 나서 보니 병이 온데간데없이 다 치료가 되었다는 것이다.

그 성경 구절 베드로전서 2:24은 "친히 나무에 달려 그 몸으로 우리의 죄를 담당하셨으니 이는 우리로 죄에 대하여 죽고 의에 대하여 살게 하려 하심이라 저가 채찍에 맞음으로 나음을 얻었나니"라는 구절이었다.

할렐루야! 이 구절을 기록하는 횟수가 반복됨으로 믿어지게 되고 그 결과로 치유로 연결된 것이다. 다시 말해 보혈의 능력으로 치유가 된 것이다.

어떤 목사님이 필리핀에서 선교사로 계시다가 간암 4기의 선고를 받고 고국에 오셨는데 죽음의 준비로 성경을 읽는데 마태복음 8:16~17을 읽으시다가 예수님께서 많은 귀신들린 사람과 병자를 다 고쳐주셨다는 말씀과 특히 17절에 "이는 선지자 이사야로 하신 말씀에 우리 연약함을 친히 담당하시고 병을 짊어지셨도다 함을 이루려 하심이라"고 한 구절을 읽게 되었다. 이 성경 구절을 읽으면서 은혜가 되고 믿어지는데 병이 다 나았다는 확신이 들게 되었고 결국 선교지 필리핀으로 다시 가서서 열심히 맡은 사역 일을 하게 되었는데 처음에는 조금도 낫지 않고 고통이 심했으나 계속 믿음으로 다 나았다고 선포하고 믿고 보혈의 기도를 하였는데 언제부터인가 고통이 없어져서 병원에 가서 보았더니 다 나았음을 알게 되었다는 말을 들었다. 그렇다. 보혈에는 이런 신비한 치유의 능력이 있다.

주님이 십자가에서 채찍에 맞아 피를 흘리는 순간 이미 우리의 병은 낫게 되어 있다. 그런데 많은 사람들은 그 사실을 잘 알지 못하고 있다.

주님은 우리에게 온 천하에 다니면서 복음을 전파하라 하시고 마가복음 16:17에 귀신을 쫓아내며 18절, 병든 사람에게 손을 얹은 즉 나으리라.

마태복음 10:1에 더러운 귀신을 쫓아내며 모든 병과 모든 약한 것을 고치는 권능을 주셨다고 하셨고 8절에는 병든 자를 고치고 죽은 자를 살리며 문둥이를 깨끗하게 하며 귀신을 쫓아내었다고 하셨다. 여기서 기억해야 될 것은 우리가 이런 일을 할 수 있다고 하셨다는 사실이다.

오늘날 많은 사람들이 암의 공포와 병마의 사슬에서 불안하게 살아가고 있는 것이 엄연한 현실이다. 그러나 염려할 것이 없다. 보혈을 의지하고 보혈을 뿌리고 기도하면 성령이 역사하여 치유의 능력을 입게 된다는 것이다.

마가복음 2:1 이하에서 예수님이 병 고침에서 우리에게 교훈을 주시는 것은 5절, "저희 믿음을 보시고 중풍병자에게 이르시되 소자야 네가 죄 사함 받았느니라" 하셨다는 것이다.

주님은 특이하게도 "네 죄 사함 받았느니라" 하시며 병을 고치셨다. 여기서 우리가 알아야 할 것은 왜 주님은 병을 고치시며 죄 사함이란 말을 하셨느냐는 것이다. 죄 사함은 보혈의 능력으로만 가능하니 주님은 보혈로 병을 고치심을 암시하신 것이다.

11절, "그 후에 자리를 들고 일어나 걸어가라"고 하셨다. 즉 죄 사함 이후에 너는 건강해졌으니 자리를 들고 걸어가라 하는 쉬운 말을 해주셨다는 것이다.

보혈의 신학자 심관섭 목사의 저서에 이런 이야기가 있다.

"중국에서 부흥회를 인도하는데 예배를 마치고 치유기도를 하는데 긴 줄을 서서 기도 받으려는 사람들 중에 벽에 손을 짚고 서 있는 중풍병자를 발견하게 되었는데 그 사람을 보는 순간 불쌍한 마음이 들어서 그 사람 머리 위에 손을 얹고 '예수님의 보혈의 능력으로 명하노니 중풍병에서 치유함을 받을지어다. 병마에서 자유함을 받으라!' 고 기도하였는데 현장에서 다 고침을 받았다."

이렇게 보혈에는 치유의 능력이 있다. 예수님의 피는 어떤 병에 걸렸든지 다 고침을 받을 수 있다.

민수기 21:4~9에는 놋뱀을 이용한 치유사건이 나온다. 이스라엘 백성들이 하나님을 원망하고 모세를 원망하다가 불 뱀에 물려 죽게 된 사건이 나온다. 8절에 "모세의 간구를 들으시고 불뱀을 구리로 만들어 기둥에 달아 놓으라 누구든지 그것을 쳐다보면 살리라"고 하였다.

이 사건을 요한복음 3:14에 "예수님은 모세가 광야에서 뱀을 든 것같이 인자도 들려야 하리니" 하시며 불 뱀을 든 사건이 예수님의 십자가 사건이라는 것을 말씀하고 있다.

다시 말씀드리면 예수님의 십자가가 보혈 흘리심을 의미한다는 것이다. 왜냐하면 십자가에서 주님이 보혈을 흘려주셨기 때문이다. 놀라운 것은 쳐다보는 사람은 모두가 치유 받았다는 사실이다. 반대로 그걸 본다고 낫겠느냐고 자기 생각대로 보지 않은 사람은 다 죽었다는 사실이다. 복음성가 가사 중에도 이런 가사가 기억난다. '내 맘대로 고집하며 온갖 죄를 저 질렀네 예수여 이 죄인도 용서 받을 수 있나요 벌레만도 못한 내가 용서 받을 수 있나요'. 유대인

지도자 같은 나의 교만과 고집을 꺾어 버리고 십자가 보혈로 씻어야 한다.

심관섭 목사님이 쓴 글 중에 이런 내용도 있다.

영국에서 유학하는 대학생 중에 심 목사님 교회에 출석하여 보혈에 대하여 교육을 받은 여학생이 있었는데 고국에서 아버님이 위독하다는 연락을 받게 되어 급하게 귀국하게 되었고 아버님이 입원한 병원에 가게 되었는데 가서 보니 몹시 위독하여 죽게 되었다는 것이다.

그러나 예수를 믿은 지도 얼마 되지 않은 딸인데도 불구하고 아버님 병이 치유될 것이라는 확신이 들게 되었고 아버지를 보는 순간 불쌍한 마음이 들게 되어 마침내 딸은 침대에 누워있는 아버지에게 가서 손을 얹고 기도하기를 '악한 사탄아! 내가 예수 그리스도의 이름과 보혈의 능력으로 명하노니 병에서 해방되어 나을지어다! 사탄아 물러가라!' 이렇게 반복해서 보혈 기도를 했는데 그 병에서 차츰차츰 회복되어 마침내 완전히 치유가 되었다고 한다.

그렇다. 예수를 믿은 지 얼마 되지 않는 어린 딸이지만 보혈의 능력과 예수 그리스도의 이름으로 선포하였더니 놀라운 치유의 역사로 고침을 받았다는 것이다.

우리가 기억할 것은 중직자라도 그 직분이 중병을 고칠 수 없다는 사실을 알아야 하고 누구든지 보혈의 능력을 힘입으면 쉽게 치유의 이적이 나타난다는 사실이다.

조슈아 Joshua Mills 목사는 보혈신학자요 신유의 종이다. 그는 보혈이 우리 심령에 가득차면 어떤 병에 걸렸든지 누구나 치유될 수 있다고 했다.

보혈! 보혈! 보혈!

그 속에는 치유의 놀라운 능력이 숨어 있음을 알아야 할 것이다.

화평의 능력

전 장에서 보혈에는 칭의에 능력이 있다는 사실을 공부하였다. 바울은 로마서 5장에서 칭의를 통하여 누리는 여러 가지 열매를 설명하고 있다. 그리스도인은 믿음으로 의롭다 하심을 얻었으니 화평을 누리도록 권면한다. 십자가의 피가 하나님과 화목을 이루며 죄와 저주에서 해방을 이룬다는 것이다.

로마서 5:1에 "그러므로 우리가 믿음으로 의롭다 하심을 얻었은즉 우리 주 예수 그리스도로 말미암아 화평을 누리자"고 하였음에서도 볼 수 있다.

예수 피로 화평을 이루기 전의 우리의 모습을 보면
- 롬 8:7 육신에 생각은 하나님과 원수
- 엡 2:1 허물과 죄로 죽었던 우리
- 엡 2:3 진노의 자녀
- 롬 5:10 하나님과 원수 되었다고 하였다.

그런데 그 피가 로마서 5:9의 말씀대로 "그 피로 인하여 의롭다 함을 얻고 진노에서 구원을 얻게 되었고"

10절, "하나님과 화목하게 되어 구원을 얻었다"는 것이다.

11절, "화목을 얻게 하신 하나님 안에 즐거워한다"고 하였다.

에베소서 2:13에 그 결과 하나님과 가깝게 되었다.

예수 피가 없을 때에는 우리가 하나님과 원수 간이며 진노의 대상이었다가 그 보혈로 말미암아 마귀의 자녀에서 하나님의 자녀로, 하나님의 진노에서 축복으로 바뀌게 된다.

야고보서 2:23에 보면 우리와의 관계를 벗이라고 하였고 베드로전서 2:9의 표현처럼 '왕 같은 제사장'이 된 것이다.

다시 말씀을 드리면 하나님과는 만날 수도 없는 원수였는데(롬 5:10)

(1) 그리스도의 보혈로 의롭다 함을 얻게 되었고(롬 5:9)

(2) 구원을 얻게 되었고(롬 5:10)

(3) 하나님과 화목케 되었으며(롬 5:11) 하나님의 자녀가 되었다(요 1:12).

성화의 능력

보혈 속에는 헤아릴 수 없는 능력이 내포되어 있다. 이 시간은 성화의 능력에 대하여 생각해보자. 성화란 신학적인 용어이고 거룩한 삶 예수를 닮아가는 삶을 의미한다.

구원은 3단계로 말할 수 있다.

① 약속의(중생) 구원 ② 성화의 구원 ③ 영화의 구원이다.

약속의 구원이란 믿음으로 구원을 약속 받은 것을 의미한다. 이 땅은 천국이 아니지만 중생의 은혜로 구원의 약속을 받은 상태를 의미한다. 아울러 중생의 은혜로 구원의 약속을 얻은 자가 또한 구원을 받게 될 것이다. 또한 영화의 구원은 우리가 천국에서 누릴 현실적이며 완전한 구원이다.

바울은 로마서 8:17에서 "자녀이면 또한 후사요 하나님과 함께할 후사니 우리가 그와 함께 영광을 받기위하여 고난도 함께 받아야 할지니"라고 하였다.

지금 우리는 '성화의 구원' 단계라 볼 수 있다.

중생의 구원이 주님의 불가항력적인 은혜라면 다시 말해 성령의 단독적인 사역이라면 성화는 성령과 우리와의 협력적인 사역이라고 말할 수 있다.

신·인 협력으로 이루어져 가는 것을 말한다. 그런데 성화 역시도 하나님의 은혜로 이루어지는 것이며 보혈의 능력으로 역사한다는 사실이다.

성화는 그리스도를 닮아가는 점진적인 변화의 삶을 말한다. 바울은 "내가 그리스도를 본받는 것같이 너희도 나를 본받으라"고 하였다(고전 11:1).

히브리서 13:2에 "그러므로 예수는 자기 피로써 백성을 거룩하게 하려고 성문 밖에서 고난을 받으셨느니라"고 하였다. 여기서 볼 수 있는 것은 그리스도의 피는 거룩한 피 다시 말해서 우리를 성화 시킨다는 것을 볼 수 있다.

우리가 기억할 것은 예수 피로 날마다 씻어야 한다는 것이다. 물이 우리를 깨끗하게 하지만 우리 손으로 씻어야 희게 할 수 있음과 같다.

요한복음 13장에 주님은 "내가 너희 발을 씻기지 아니 하면 너와 나는 상관이 없다"고 하셨다.

로마서 12:1에는 "그러므로 형제들아 내가 하나님의 모든 자비하심으로 너희를 권하노니 너희 몸을 하나님이 기뻐하시는 거룩한 산제사로 드리라 이는 너희의 드릴 영적 예배니라"고 하였다.

우리가 거룩하여지지 않으면 절대로 하나님의 나라에 들어갈 수 없다는 사실을 알아야 한다. 거룩하게 되는 길은 보혈로만 된다는 사실이며 또 한 가지는 주님은 이 땅에 재림하실 때에 당신의 피가 있는 자를 찾으시고 피가 있는 자가 구원을 받는다는 사실이다. 날마다 보혈을 의지하고 주님의 보혈로 씻고 성령으로 날마다 성화의 모습 그리스도의 모습으로 닮아가야 하겠다.

보혈을 사용할 때 나타나는 능력 IV

자유 Freedom의 능력

우리나라는 36년 동안이나 일본의 식민지로 있다가 1945년 8월 15일 해방을 맞이하게 되었다. 그 당시 온 국민이 너무 기뻐했고 그 기쁨은 말과 글로써는 다 표현할 수 없었을 것이다. 광복절 노래 가사 중에 '흙 다시 만져보자 바닷물도 춤을 춘다'고 하는 구절이 있다. 나라의 주권을 모두 잃었다가 다시 찾아 해방되었으니 얼마나 감격스러웠겠는가! 36년의 세월 동안 나라의 자유를 잃어버렸다 찾은 것이니 얼마나 기뻤으면 바닷물도 춤을 춘다고 했겠는가.

이와 같이 육적인 나라의 주권을 찾은 것도 그렇게 기쁜 일인데 영적인 죄에서 마귀의 사슬과 속박에서 벗어난 자유란 얼마나 귀하고 값진 것이겠는가. 영적인 죄에서 해방되는 진정한 자유가 보혈이 주는 능력이라고 성경은 가르쳐 주고 있다.

요한복음 8:32 진리를 알지니 진리가 너희를 자유케 하리라고 하셨다.

다시 말해 보혈의 진리로 우리의 죄와 사탄의 권세에서 해방된다고 주님이 말씀하신 것이다.

찬송가 268장 1절에서는 '죄에서 자유를 얻게 함은 보혈의 능력 주의 보혈 시험을 이기는 승리되니 참 놀라운 능력이로다 주의 보혈 능력 있도다 주의 피 믿으오 주의 보혈 그 어린양의 매우 귀중한 피로다' 라고 하였다. 찬송가 268장은 자유를 얻는 것이 보혈이라고 하였다. 다시 말해 진리가 우리를 자유케 한다고 했으니 보혈이 진리라는 말이다.

스가랴 9:11에서도 "또 너로 말할진대 네 언약의 피를 인하여 내가 너의 갇힌 자들을 물 없는 구덩이에서 놓았나니"라고 하였다. 스가랴 선지자는 장차 메시아에 대하여 예언하면서 언약의 피가 죄와 사탄에 갇힌 자를 해방할 것에 대해 말하였는데 이 말은 보혈의 피를 통한 자유의 능력을 예언하고 있다.

출애굽기 24:8에 "모세가 그 피를 취하여 백성에게 뿌려 가로되 이는 여호와께서 이 모든 말씀에 대하여 너희와 세운 언약의 피"라고 하였다. 다시 말해 이 피는 이스라엘과의 한 약속이지만 장차 오실 예수님과 우리와의 언약인데 우리가 알아야 할 것이다.

예수 피는 마귀에게 눌린 자를 자유케 하는 능력이 있다.

이사야 61:1~2에는 "여호와께서 네게 기름 부으사 가난한 자에게 아름다운 소식을 전하게 하려 하심이라 나를 보내사 마음이 상한 자를 고치며 포로된 자에게 자유를 갇힌 자에게 놓임을 전파하며 모든 슬픈 자를 위로하며"라고 하였다. 이 말씀은 이사야 선지자의 예언으로 장차 메시아가 하실 일을 예언하는 중에 주님이 오신 목적이 죄와 사망과 마귀의 권세에 묶여있는 당신의 백성들에게 죄와 사망에서 자유를 주시기 위해 보혈로 우리 죄를 구속하심을 말씀하고 있다.

갈라디아서 5:1에도 "그리스도께서 우리를 자유케 하려고 자유를 주셨으니 다시는 종의 멍에를 매지 말라"고 선언하고 있다. 요한복음 8:36에 기록되기를 "아들이 너희를 자유케 하면 자유하리라"고 하심으로 주님이 이 땅에 오셔서 행하실 구속 사건에 대한 보혈의 능력을 말씀하고 있다. 놀라운 것은 그리스도 예수 안에서만 참된 자유를 누릴 수 있다는 것이다.

예수님은 보혈을 흘리시고 "다 이루었다"(요 19:30)고 하시고 죽으셨다. 부활하신 후 첫 말씀이 "너희에게 평강이 있을지어다"(요 20:22)였고 이어서 성령을 받으라고 하셨다. 이 말씀은 보혈은 자유의 능력이 있음을 말씀하시고 성령에 힘입어 피 복음을 전하라고 하신 말씀임을 알아야 한다.

또 "너희가 뉘 죄든지 사하면 사하여 질 것이요 뉘 죄든지 그대로 두면 그대로 있으리라"(요 20:2, 3)라고 말씀하시며 보혈의 죄 사함을 암시하고 계시다.

봉사자는 보혈로 씻어야 한다

봉사란 영어로 서비스 service라고 한다. 공짜, 즉 대가를 바라지 않고 봉사함이란 뜻이다. 그렇다. 예수님은 우리를 위한 서비스의 삶을 사신 것이다. 마태복음 20:28에 "인자가 온 것은 섬김을 받으려 함이 아니요 도리어 섬기려 하고 자기 목숨을 많은 사람의 대속물로 주려 함이라"고 하셨다. 이 말씀은 주님이 오신 목적과 그의 삶을 잘 말씀하고 있다.

주님은 목숨을 주시면서까지 우리를 사랑하셨고 도리어 우리를 섬기셨다.

빌립보서 2:8에도 "죽기까지 복종하셨으니 십자가에 죽으심"이라고 하였다. 이 말씀도 봉사자로서 주님의 일생을 잘 말씀하고 있다.

　세상에서 가장 귀한 것은 목숨이고 그것도 예수님의 목숨은 세상 어떤 사람의 목숨보다 더 귀할 것인데 자기 목숨을 버리시며 우리에게 주신 보혈은 가장 귀한 보배임에 틀림이 없다. 요한복음 12:24에 "한 알의 밀알이 땅에 떨어져 죽지 아니하면 그대로 있고 죽으면 많은 열매를 맺느니라"고 하셨고 주님은 한 알의 밀알이 되시어 죽어 보혈을 주시고 부활의 열매를 맺게 하셨다.

　민수기 8:5~15에도 봉사자의 자세를 잘 말씀하고 있다. 본문은 모세에게 준 율법으로 레위인이 행하여야 할 일을 말하고 있는데 레위인의 신약에서의 뜻은 하나님의 교회의 봉사자를 의미한다.

　참된 봉사자의 모습은 다음 구절들에서 알 수 있다.
　(1) **레위인은 죄에서 자신을 정결케 하라**(6절).
　(2) **구별한 자여야 한다**(14절).
　(3) **속죄물; 피를 뿌리고 속죄물로 송아지를 드리라**(7~8절).
　레위인이 봉사할 때에는 민수기 8:7의 외적인 면에도 순결해야 한다.
　레위기 14:8에 하나님의 봉사자는 피로 마음과 몸을 정결케 하여야 한다고 기록되어 있다.
　거지 소경 바디매오는 주님이 부르시자 더러운 옷을 벗어 던지고 예수님께 달려갔다.
　^{레위기 14:7~8} 우리에게 주님의 봉사자는 속전으로 씻어 정결케 되어야 함을 가르쳐 준다. ^{히브리서 13:12} "자기 피로 백성을 거룩케 하려고".

누가복음 10:30 이하에 선한 사마리아 사람에 대한 예수님의 교훈이 기록되어 있다. 예루살렘에서 여리고로 내려가다가 강도 만난 사람의 사건이 나온다. 여기 예루살렘에서 여리고로 내려갔다는 말은 신앙을 떠나서 세상으로 향해 가는 것을 말하고 가다가 강도를 만났다는 말은 신앙을 떠나면 마귀의 공격을 받게 됨을 의미한다. 그런데 그 강도 만난 자 곁에 제사장도 지나가고 레위인도 지나갔으나 선한 사마리아 사람이 자비를 베풀었다고 말씀하고 있다.

누가복음 10:34에 그는 가까이 가서 기름과 포도주를 상처에 부어주고 주막에 데려 갔다고 하였다. 강도를 만나 다 죽어가는 사람에게 왜 포도주와 기름으로 상처를 치료해 주었는가. 여기서 강도 만난 사람은 주님 곁은 떠난 사람이고 강도는 마귀를 말하는데 마귀에게서 죽어가는 자에게 무엇을 주었는가. 포도주와 기름이다. 포도주는 보혈을 말하고 기름은 성령을 말한다.

즉, 죽어가는 영혼에게 무엇이 필요한가? 보혈과 성령이 필요한 것이다.

죽어가는 영적인 상처를 받은 자에게는 보혈과 성령이 가장 필요하기 때문이다. 무엇보다 36절에서 주님은 누가 강도 만난자의 이웃이냐 물으시고 37절에 "예수께서 이르시되 가서 너도 이와 같이 하라"고 하셨다. 이 말씀이 무슨 뜻인가. 우리들도 우리 이웃에게 보혈로 치료해 주라는 말씀을 하신 것이다.

우리 주위에 보혈의 신앙에 문외한인 성도, 즉 강도 만난 사람이 참으로 많다. 이들에게 보혈의 진리를 전하여 주라는 주님의 말씀을 지키는 우리가 되어야 한다. 보혈과 성령으로만 죽은 영혼을 살리는 것임을 알아야 할 것이다.

보호의 능력

출애굽기에 나오는 유월절 피 뿌림의 사건을 통해서 하나님께서는 피로 맺은 당신의 백성을 얼마나 보호하시는가를 잘 알 수 있다. 하나님은 약속의 하나님이시다.

창세기 15:17에는 하나님은 아브라함과 맺은 언약을 기억하신다고 하셨고 출애굽기 2:24에 당신의 백성과 언약을 지키시고 보호하신다고 하셨다.

출애굽기 7:16에 하나님은 모세를 통하여 내 백성을 돌려보내라고 말씀하셨으나 바로가 거절하여 하나님은 모세를 통하여 열 가지 재앙을 내리신 것이다.

출애굽기 11:4~5에 애굽에 거하는 처음 난 사람이나 생축은 다 죽으리라고 하셨다. 그러나 이스라엘 백성은 한 사람도 심지어 짐승까지도 보호하셨다. 그런데 무조건 보호해 주시는 것이 아니라 양의 피를 문설주에 바르고 뿌리라고 말씀하였는데 그 언약을 지키는 가정과 개인은 보호를 받았다는 사실이다.

_{출애굽기 12:7} "그 피로 양을 먹을 집 문 좌우 설주와 인방에 바르고". 그리하면 12절에 "그 밤에 애굽 모든 땅을 두루 다니며 사람과 짐승을 칠 때에 나는 여호와 니라". 13절, "내가 애굽 땅을 칠 때에 그 피가 너희의 거하는 집에 있어 너희를 위하여 표적이 될지라 내가 피를 볼 때에 너희를 넘어가리니 재앙이 너희에게는 내려 멸하지 아니하리니" 하셨다.

⑴ **하나님은 피만 보신다는 것이다.**

행위나 윤리나 도덕이 아니라 피를 보시는 것이다.

⑵ **피는 보호의 능력이 있음을 볼 수 있다.**

⑶ 하나님은 직접 피를 발라 주시지 않으시고 양을 잡아 피를 바르라고 명령하셨다는 것이다. 많은 사람들은 피는 이미 부어주셔서 우리가 바를 필요는 없다고 말하고 있다. 그러나 성경은 그렇게 말씀하지 않고 우리가 바르고 뿌려야 한다고 말씀하고 있다.

⑷ 그들이 다 피를 바른 것과 보호함을 입은 것은 물론 주님의 은혜이지만 또한 복음을 듣고 순종했기 때문이다.

이 말씀은 유월절 출애굽 사건만 말하고 있는 것이 아니라 장차 오실 그리스도의 보혈의 능력에 대해서도 잘 말씀해 주고 있다. 이 언약은 오늘도 우리의 현실에 적용됨을 명심해야 한다.

승리의 능력

사도 요한은 하늘에서 나는 큰 음성을 들었다고 했다.

요한계시록 12:10~12까지의 말씀인데 죽기까지 자신의 생명을 아끼지 아니했던 여러 형제들이 어린양의 피와 증거하는 말을 인하여 참소하던 자를 이겼다는 것이다.

보혈의 능력으로 모든 것에서 승리한다는 것을 말씀하고 있다. 모든 것에서의 승리는 주님으로 통하여 보혈의 능력으로 말미암아 이루어진다.

골로새서 2:15에 "정사와 권세를 벗어버려 밝히 드러내시고 십자가로 승리하셨느니라"고 하셨는데 예수님의 오신 목적도 요한일서 3:8에서 보듯이 마귀의 일을 멸하려는 것이다.

찬송가 493장 2절에는 '예수 보배로운 피 모든 것을 이기니'라 하였다.

예수님의 피가 우리에게 참다운 승리를 가져오게 한다. 예수님의 십자가의 승리로 이 세상에 임금이 심판을 받은 것이라고 하였는데(요 16:11) 이 세상 임금은 사탄을 말하고 이제 세상의 심판이 이르렀으니 이 세상에 임금이 쫓겨나리라고 하였다(요 12:31).

바울은 고린도전서 15:57에서 "우리 주 예수 그리스도로 말미암아 이김을 주시는 하나님께 감사하노라"고 하였다. 예수 피가 우리에게 승리를 안겨줌으로 사탄은 패배자요 자기의 백성들이 하나님의 백성으로 바뀐다는 것을 잘 안다. 그리하여 어떠하든지 보혈의 피를 전하지 못하게 하기 위해 혈안이 되어 있음을 알아야 한다. 지금도 사탄은 우리의 생각 속에 역사하여 보혈의 말씀이 전해지지 못하게 방해한다는 것을 기억하자.

그러므로 야고보서 4:7에 "마귀를 대적하라 그리하면 너희를 피하리라"고 하였다. 우리는 마귀를 이길 수 없지만 주님이 마귀를 멸하셨고 그 피가 마귀를 이기는 것이다.

우리가 마귀를 이길 수 있는 능력은 주님께서 십자가에서 승리하셨기 때문이고 모든 곳에서 우리에게 승리를 안겨주시기 위하여 십자가에서 친히 모진 고난을 받으셨으며 주님의 승리는 곧 우리의 승리임을 우리 마음 판에 새겨야 할 것이다. 사탄은 어떻게 하든지 보혈의 복음을 전하지 못하게 역사한다는 사실을 알아야 한다. 한 가지 더 알아야 할 것은 사탄이 보혈을 전하지 못하게 역사하는 것도 있지만 성령께서는 우리에게 보혈을 전하는 것을 도우시고 또한 기뻐하신다는 것도 반드시 알아야한다.

5장

보혈의 기도
Prayer of Jesus blood

보혈 기도 하는 방법
보혈의 기도
천사기도
보혈로 기도하는 방법
갈멜산의 엘리야와 보혈
예언사역의 실제와 방법

보혈 기도 하는 방법

때론 기도 Prayer가 힘이 든다. 왜 그럴까? 이유는 마귀가 우리에게 기도하지 못하게 방해하기 때문이다. 하지만 기도는 주님이 우리에게 주시는 가장 귀한 선물임을 명심해야 한다. 기도라는 행위를 통하여 모든 것을 주시는 주님의 약속이다. 예수님이 기도하는 것이나 사도가 기도하는 것이나 예수님의 이름으로 우리가 기도하는 것은 같은 것이다.

기도는 주님 것을 우리가 받는 수단(마 7:7~9 참조)이요 약속이다. 그런데 많은 사람들이 응답받는 기도를 잘 알지 못한다는 사실이다. 특히 필자도 30년의 목회를 하였으나 잘 알지 못했다. 그 한 예가 보혈의 기도이다.

우리는 기도할 때마다 잊지 말아야 할 것은 보혈의 기도를 해야 하고 또한 예수님의 이름으로 명령기도를 해야 하고 또한 천사 동원기도를 해야 한다. 마틴 루터 Martin Luther는 '하루에 3시간씩 기도하지 않으면 그날의 승리는 마귀에게 돌아간다.'고 하였다.

다음의 기도는 필자의 교회에서 주일예배 시에 드리는 보혈 기도이다.

보혈의 기도

하나님 아버지, 예수님을 이 땅에 보내주셔서
우리를 위하여 대신 고난 받으시고
우리 죄를 위하여 십자가에서 흘리신 보혈로
우리 죄를 사하시고 구원하여 주심을 감사드립니다.
주님! 우리를 사랑하사 흘리신 보혈을 기억하게 하소서.
이 한 주간도 지은 허물과 죄를 예수님의 보혈로 정결케 하옵시고
예수님의 보혈을 우리 머리에 부어 주사 주님만 생각하게 하시고
보혈을 우리의 심령에 부어 주사 주님을 뜨겁게 사랑하게 하시고
발과 손에 부어 주사 복음 전파에 쓰임 받게 하소서.
주님의 보혈 흘려주심은 사랑의 증거이며
주님의 보혈은 오늘도 우리의 현실에서 살아 역사하심을 믿습니다.
오늘도 보혈의 은사로 충만케 하시고 성령으로 충만케 하사
이 시대 사명자로서 또한 하나님의 자녀로 행복한 우리 교회와
저희들 되게 하시며 우리들의 예배를 받아주시고 은혜 내려 주시옵소서.
예수님의 이름으로 기도드립니다. 아멘.

천사기도

필자는 천사동원기도에 대하여는 잘 알지 못하였다. 그런데 보혈을 알고부터 주님이 가르쳐주셨고 지금은 천사기도를 통해서 많은 능력과 응답을 받고 있고 특히 보혈 다음으로 가장 많이 사용하고 있는 기도이다. 본문의 내용은 평소 필자가 알고 있고 기도하던 내용들을 그대로 옮겼으나 우리 카페 회원이신 최인숙전도사님을 통해 많은 것을 알게 되었다.

우리는 주님께 우리를 돕기 위하여 부리는 영 천사들을 보내 달라고 기도하여야 한다(히1:14). 주님의 말씀에 의지하여 하늘에 있는 거룩한 천군 천사들의 파송을 주님께 요청할 때 주님이 응답하시사 우리를 돕게 하신다.

(1) 천사 동원기도 예문

요한계시록 4:1

지금 이곳에 하늘 문을 열어 주사
종이 주님의 큰일을 할 수 있게 도와주소서.
주님,
종이 하늘과 땅의 모든 권세를 주신 예수 그리스도의 이름으로 명령할 때 거룩한 천사들을 보내서 일하여 주옵소서.
예수 그리스도 이름으로 명령한다. 지금 이곳에 하늘 문이 열릴지어다.
주님!
지금 종의 기도를 들으시고 하늘 문을 열어 주심을 믿고 감사드립니다.
성령님!

찬양과 경배를 받으시옵소서.

내가 예수님 이름으로 명하노니 열린 하늘 문으로 하늘에 있는 천군 천사들은 지금 내려와서 우리 가정과 (교회)안으로 들어올 것을 예수 그리스도의 이름으로 명령한다.

지금 하늘에서 구름기둥 불기둥의 천사, 불 말과 불 병거의 천사, 각종 축사와 신유를 돕는 치유 천사, 보혈 천사, 전쟁 천사들과 철장 권세를 가진 천사들과 전투와 전쟁의 천사들은 이곳으로 내려올지어다.

우리 교회 재정을 돕는 천사, 교회를 부흥시키는 전도의 천사, 파수하는 천사, 영혼들을 추수하는 추수 천사들은 이곳 우리 교회 안으로 내려올지어다.

지금 하늘에서 내려와서 너희에게 부과된 사명을 다할 것을 예수의 이름으로 명령한다.

하늘에서 지혜와 계시의 천사, 성령의 불 천사들도 내려올지어다.

그리고 계속해서 일할지니라!

예수님의 이름으로 기도합니다. 아멘.

(2) 천사 동원 예배와 찬양 기도

하나님 아버지, 감사합니다.

종의 기도를 들으시고 응답하소서.

주 예수 그리스도의 이름으로 명령한다. 지금 하늘에서 찬양과 경배하는 천사, 천국의 악기를 들고 나팔 불며 찬양하는 천사, 주님을 찬양하고 경배할지어다. 하나님은 찬송 가운데 거하시오니 찬양하는 천사들은 쉬지 말고 주의 이름을 높이며 송축할지어다. 성소에서 하나님을 찬양하며 그의 권능의

궁창에서 주님을 찬양하라. 하나님의 지극히 위대하심을 찬양하라. 모든 천상의 악기를 동원하여 주님을 경배하고 찬양할지어다.

예배 천사가 내려와서 주님의 교회 예배를 도울지어다.

예배를 통해 주님께 영광을 돌릴지어다.

말씀을 전하는 천사를 파송하여 종의 입술에 파수꾼을 세우시고 말씀을 전할 때에 성령의 감동과 감화로 전할지어다.

성령의 불 천사, 보혈의 천사가 내려올지어다. 말씀을 대언할 천사를 파송하시어 천사를 통해 말씀을 전할지어다.

말씀을 통해 진리가 증거되고 예수가 증거되고 보혈이 증거되게 하시사 우리가 이 세상 떠날 때에 천국 가게 하소서.

찬송의 천사가 내려올지어다. 찬양대의 찬송이 주님 영광 드러내며 성령의 감동감화로 찬양할지어다. 천사를 파송하시어 우리 입을 주관하사 천사로 찬양하게 하소서.

재정 천사를 파송하시어 교회와 가정에 재정의 축복이 임할지어다. 축복의 천사가 내려올지어다. 축복이 임할지어다.

예배를 통하여 주님은 영광을 받으시고 우리 교회와 가정과 종이 복을 받게 하소서. 지금 우리와 천사들이 함께 드리는 찬양과 경배를 받으시옵소서.

예수님의 이름으로 기도합니다. 아~멘.

보혈로 기도하는 방법

(1) 보혈기도 예문 – 예수님의 보혈과 전신갑주의 무장 기도

하나님 아버지, 감사합니다.
영광을 받으소서. 내 기도를 받으시고 응답하소서.
말씀을 의지하여 내 머리에는 구원의 투구를 내 가슴에는 의의 흉배를 붙입니다. 허리에는 진리의 허리띠를 띠웁니다. 발에는 평안의 복음의 예비한 복음의 신을 신습니다. 왼손에는 믿음의 방패를 잡습니다. 오른 손에는 성령의 검, 곧 말씀의 검을 잡습니다.
말씀에 의지하여 지금 완전하게 무장했습니다. 그 위에 내 머리부터 발끝까지 예수님의 보혈을 뿌리고 바르고 덮습니다.
예수님의 보혈의 생명을 믿음으로 먹고 마십니다.
나의 모든 죄악과 어둠의 영을 예수님의 보혈로 깨끗이 씻습니다. 나의 오장육부와 뼈와 관절과 골수, 치아와 머리의 피부 세포와 각 신경 세포와 말초신경세포와 각 핏줄 하나하나, 내 혀와 입술과 전두엽, 고막에 이르기까지 예수님의 피를 뿌리고 바르고 덮습니다.
예수님의 보혈로 나의 모든 더러움을 씻습니다. 나의 마음과 생각과 잠재의식, 무의식까지 예수님의 피로 씻어 주시고 거룩한 성령의 불로 태우시고 성령의 기름을 부어주소서.
예수님의 이름으로 기도합니다. 아멘.

(2) 사탄, 마귀, 귀신을 쫓는 기도

우리 모두는 하나님 앞에 있음을 믿습니다.

성령 하나님, 이 자리에 오시옵소서. 환영합니다. 영접합니다.

성령님은 우리를 사랑하시어 영으로 우리 속에 있는 악한 영을 축사해 주심을 믿습니다.

하나님 아버지,

악한 사탄, 마귀, 귀신의 권세에서 이 아들(딸)을 구원해주소서.

악한 영아, 내가 예수님의 보혈의 능력으로 네게 명령한다. 떠나가라!

예수 피로 뿌리고 덮고 바르고 명령하노니 이 ○○○에게서 나가고 다시는 들어가지 말지어다!

하늘의 유황불이다. 예수 피다.

성령의 불로 너를 저주하니 영원히 떠나갈지어다!

성령의 검이다. 성령의 불이다. 성령의 핵폭탄이다.

저주받고 떠나가고 성령의 불로 태워 빛으로 연기로 날아갈지어다.

주님, 하늘의 천군천사를 파송하소서. 치유천사, 성령의 불 천사, 보혈의 천사, 전쟁 천사, 약병 천사를 보내주소서. 천사를 통해 모든 악령이 떠나가고 치료될지어다. 건강할지어다.

다시는 발병하지 않게 불 보호막, 보혈의 보호막이 쳐질지어다.

예수의 이름으로 악령이 떠난 자리에 말씀과 보혈과 성령과 빛으로 채워질지어다.

예수님의 이름으로 기도드립니다. 아멘.

(3) 자신과 가정 보호와 축복기도

우리 모두는 하나님 앞에 있음을 믿습니다.

성령 하나님, 이 자리에 오시옵소서. 환영합니다. 영접합니다.

하나님 아버지!

악한 사탄, 마귀, 귀신의 권세에서 우리의 가정을 지켜 주소서.

악한 영아, 내가 예수님의 보혈의 능력으로 네게 명령한다. 떠나가라!

예수 피로 뿌리고 덮고 바르고 명령하노니 이 ○○○와 가정에서 떠나갈지어다. 예수 피로 너를 저주하니 영원히 떠나갈지어다!

가난의 영이 떠나가고 축복의 영이 임할지어다. 영혼과 육신이 복을 받게 하시고 재물의 복과 건강의 복, 말의 권세가 임할지어다.

주님! 하늘의 천군천사를 파송하소서. 치유 천사, 성령의 불 천사, 보혈의 천사, 수호천사를 파송하시어 우리 가정과 나를 지켜주시고 불 보호막, 보혈의 보호막이 쳐질지어다.

예수의 이름으로 악령이 떠난 자리에 말씀과 보혈과 성령과 빛으로 채워질지어다.

예수님의 이름으로 기도드립니다. 아멘.

(4) 치유 기도

우리 모두는 하나님 앞에 있음을 믿습니다.

성령 하나님, 이 자리에 오시옵소서. 환영합니다. 영접합니다.

성령님은 우리를 사랑하시어 영으로 우리 속에 있는 악한 질병의 세력을 축사해 주심을 믿습니다.

하나님 아버지!

악한 사탄, 마귀, 귀신의 권세에서 이 아들(딸)을 구원해 주세요.

악한 영아, 내가 예수님의 보혈의 능력으로 네게 명령한다. 떠나가라!

이 아들(딸)의 ○○○병이 치료될지어다. 건강할지어다.

사방에서 생기가 들어갈지어다. 건강의 영이 임할지어다.

예수 피로 뿌리고 덮고 바르고 명령하노니 이 ○○○에게서 나가고 다시는 들어가지 말지어다! 예수 피로 너를 저주하니 영원히 떠나갈지어다!

보혈의 피다. 성령의 불이다. 저주받고 떠나가고 성령의 불로 태워질지어다.

주님, 하늘의 천군천사를 파송하소서. 치유 천사, 성령의 불 천사, 보혈의 천사, 전쟁 천사, 약병 천사를 보내주소서. 천사를 통해 모든 악령이 떠나가고 치료될지어다.

건강할지어다.

다시는 발병하지 않게 불 보호막, 보혈의 보호막이 쳐질지어다.

예수의 이름으로 악령이 떠난 자리에 말씀과 보혈과 성령과 빛으로 채워질지어다.

예수님의 이름으로 기도드립니다. 아멘.

(5) 복을 비는 기도

주님!
감사합니다. 부족과 허물 많은 우리를 위하여
십자가에서 물과 피를 아낌없이 쏟아 부어주시고
구속하여 주신 은혜 감사드립니다.
주님, 우리나라와 가정과 나를 축복하소서.
십자가의 보혈로 우리와 우리 가정을 덮어주옵소서!
이스라엘 백성을 주님의 보혈로 덮어 보호하심 같이
나에게 영권, 인권, 물권이 임하게 하소서.
우리 사업, 직장, 자녀에게도 예수 피를 부어 주시옵소서.
하늘의 천국 천사를 파송하시여 우리를 환난에서 보호하소서.
오늘도 이 한 주간도 사탄의 권세에서 악에서 우리의 재산과 생명을 보호해 주실 것을 믿습니다.
예수님의 이름으로 기도드립니다. 아멘.

※ 위의 기도 예문은 필자가 보혈의 은혜를 깨닫고 보혈 관련 서적을 200여 권을 읽고 기도한 체험에서 나온 기도임을 밝힌다. 기도 예문을 휴대하여 날마다 기도하면 역사가 일어나게 될 것이다. 무엇보다 가장 귀한 능력은 의심 없는 믿음의 기도임을 알아야 한다(약 1:5 참조).

갈멜산의 엘리야와 보혈 Elijah and Holy blood

열왕기상 18:19~46 엘리야는 문헌을 남긴 대선지자는 아니지만 우리는 구약에 대선지자 중 한사람으로 엘리야를 기억하고 있고 무엇보다 엘리야는 능력의 종으로 기억하고 있다.

그는 가장 악한 왕 중의 한 사람인 아합 왕 시대 선지자로서 그의 업적은 높이 평가되어야 할 것이다. 무엇보다 그는 3년 반 동안 비오지 않기를 기도할 때 이스라엘에 비가 오지 아니하였고 다시 비를 달라고 기도할 때 비를 주셨다는 것은 얼마나 주님이 그를 귀하게 쓰셨는가를 알 수 있는 중요한 잣대가 된다(약 5:16~17).

열왕기상 18장은 엘리야 선지자와 바알과 아세라를 섬기는 이방 선지자가 제단에 불을 내리는 갈멜산에서의 숨막히는 대결을 다루고 있다. 그 당시 상황을 잠시 소개하면 타락한 왕 아합의 왕비 이세벨이 바알 신을 가져와서 이방 신당을 지어 섬기고 왕도 섬기므로 온 나라 백성들에게 혼란이 일어나게 되었다.

다시 말해 엘리야가 섬기는 여호와가 하나님인지, 바알과 아세라가 하나님인지 이스라엘 백성들에게 혼란이 일어나게 된 것이다. 지도자인 왕의 신앙이 흔들리니 백성들이 혼란스러운 것은 어찌 보면 지극히 당연한 결과이다. 그리하여 엘리야의 제의로 온 백성과 이방신을 섬기는 선지자 850명이 함께 갈멜산에 모인 것이다.

열왕기상 18:23~24에 보면 엘리야가 말하기를 누구든지 송아지를 잡아서 각을 떠 나무 위에 올려놓고 "너희는 너희 신의 이름을 부르라 나는 여호와의 이름을 부르르니 이에 불로 응답하는 신 _그_가 하나님이니라"라고 당당히 제안한다. 이방 선지자와 백성들은 엘리야의 제안을 받아들였다. 먼저 이방 선지자들이 아침부터 저녁까지 바알을 부르며 '바알이여 응답하소서. 바알이여 응답하소서' 심지어 미친 듯이 아침부터 저녁까지 불렀으나 아무런 응답이 없었다(왕상 18:25~29).

드디어 엘리야의 차례가 되었다. 엘리야는 백성들을 가까이 오게 한 후 기도하였다.

그 내용은 3가지로 나눌 수 있다.

(1) 열왕기상 18:30~31 여호와의 단을 12돌을 취하여 수축했다.

(2) 열왕기상 18:32 곡식 종자 두 세아가 들어갈 도랑을 만들고

(3) 열왕기상 18:33~35 나무를 벌리고 송아지의 각을 떠서 나무 위에 올려놓고 통 넷에 물을 떠서 가득 부어 물이 제단에 흐르고 도랑에 물이 차게 하였다.

물은 불과는 반대이다. 불이 붙을 수 없는 지경으로 환경을 만든 것이다. 엘리야는 그렇게 물을 제물과 제단 주위에 부었다. 이는 불이 내릴 것을 확신한 결과라고 할 수 있다. 그런데 여기서 기억할 것은 30~36절까지 제단이란 말과 소제란 말이 6번이나 나온다.

이는 번제를 드린 것이다. 다시 말해서 솔로몬처럼 보혈의 피를 주님께 드린 것이다. 번제 제물을 자세히 살펴보면 보혈과 제물을 드린 것이라 할 수 있다. 그 이유는 송아지를 드렸다고 하였고 본래 번제단에는 피를 붓고 난 다음에 제물을 드리는 것이 순서이다.

엘리야는 보혈의 제사를 드린 후에 성령의 불을 기다린 것이다. 하나님을 알

지 못하는 백성에게 하늘에서 성령의 불이 내려오게 하여 하나님을 알게 하고자 한 것이 엘리야가 갈멜산 에 백성을 모은 이유인 것이다.

불이 내리지 않고는 백성들이 여호와를 하나님으로 믿게 할 수 없음을 엘리야는 잘 알았다. 성령으로 아니하고는 누구든지 하나님을 주시라고 할 수 없다 (고전 12:3)고 하였다.

엘리야의 기도

열왕기상 18:36 "아브라함과 이삭과 이스라엘의 하나님 여호와여 주께서 이스라엘 중에 하나님이신 것과 내가 주의 종인 것을 내가 또한 주의 말씀대로 이 모든 것을 행하는 것을 알게 하옵소서".

"여호와여 응답하옵소서 응답하옵소서 이 백성에게 주 여호와는 하나님이신 것과 주는 그들의 마음을 돌이키는 것을 알게 하옵소서"(왕상18:37) 하매 이에 "여호와의 불이 내려 번제물과 나무와 돌과 흙을 태우고 또 도랑의 물을 핥은지라"(왕상18:38) 하였다.

우리는 여기서 엘리야의 기도와 주님의 응답을 주목해 볼 필요가 있다. 이방 선지자 850명이 종일 기도해도 내리지 않던 불이 초라하게 혼자 피를 드린 엘리야의 기도에 즉시 응답하였다는 것이다.

먼저는 주님의 방법인 번제를 드렸으니 보혈을 드린 것이고 이스라엘에 여호와가 홀로 하나님이시라 하였다. 다시 말해 유일신은 하나님이시고 바알과 아세라는 악신일 뿐이라는 말이다. 하나님만이 유일한 신이므로 결국 엘리야 자신만이 하나님의 종이라 하였는데 그것을 증명한 것이다. 그리고 주의 말씀대로 모든 일을 행한 것, 즉 보혈을 드린 것을 모든 사람들에게 알게 헤달라고 한 것으로 피를 드려 제사하는 것이 주님의 방법, 다시 말해 성경적이라는 것임을 알 수 있다(왕상 18:36).

그 결과 성령이 하늘에서 불로 응답하여 내렸다. 보혈의 기도가 성령의 불을 내리게 한 것이다. 성령과 보혈은 함께 역사한다. 구약시대에 직분자를 세울 때에도 먼저 번제단에 피를 뿌리고 양각에 감람유를 넣어 직분을 받는 자에게 붓는 절차를 밟았다. 다시 말해 보혈과 성령을 부은 것이다.

어떤 목사님과 대화 중 보혈을 알게 된 계기를 들었다. 그는 처음에는 보혈을 잘 알지 못했고 그냥 예수의 피라는 정도만 알고 있었는데 성령 충만 받기를 하루에 10시간 이상 기도했는데 자기 입에서 보혈이란 말이 나오고 보혈 찬송을 반복적으로 부르게 되더니 계속해서 회개 기도와 함께 눈물이 며칠을 계속되고 드디어 성령의 충만을 받게 되었고 지금은 필자처럼 보혈에 미친 사람이 되었다고 했다.

그때 필자는 다시 깨달았다. '성령과 보혈은 하나이구나. 보혈과 성령은 떼어서 생각할 수 없는 것이구나. 하고 다시 깨닫게 되었다.

보혈이 곧 성령이요, 성령이 보혈이다. 성령은 말씀을 기록했고 그 말씀이 곧 보혈이며 성령이 말씀을 증거하는데 그 말씀이 곧 보혈인 것이다.

어떤 목사님이 은사를 천국 복음이라고 가르치며 말하는 것을 들었다. 그때 필자가 말했다. "천국 복음은 십자가, 다시 말해서 천국에 들어가는 복음이니 십자가 보혈과 부활의 복음을 천국 복음이라고 합니다. 물론 은사도 넓은 의미에 복음이지만 구원 받은 자의 삶이며 일반 복음이요, 조사의 복음은 될 수 있으나 복음의 핵심은 보혈과 부활입니다."라고 하였다(고전15:1~3 참조).

엘리야가 보혈을 드리고 기도할 때 하늘에서 여호와의 불이 내린 것이다.

하늘에서 불이 내리니 전에는 알지 못하던 여호와를 누가 시킨 것도 아닌데도 "모든 백성이 보고 엎드려 말하되 여호와 그는 하나님이시로다 여호와 그는 하나님이시로다"(왕상 18:39)라고 고백했다. 모든 백성이 한 목소리로 합창한 것이다.

여기에 두 가지 놀라운 일이 있다.

39절, 하나는 백성들이 보았다는 것이다. 무엇을 보았는가. 보혈을 드렸더니 하늘에서 불이 내리는 것을 눈으로 직접 보았다는 것이다. 이 말씀은 볼 수 있도록 역사했다는 것이다. 우리도 성경적으로 보혈을 드리면 보지 못하는 자들이 볼 수 있게 성령은 기적으로 응답하신다.

또 하나는 누가 시켜서가 아니라 그들 모두 한 목소리로 여호와는 하나님이라고 외친 것이다. 그들 모두 하나님을 알게 되고 부를 수 있는 체험적인 신앙인이 되었다는 것이다. 다시 말해 이제는 이론적인 신앙인이 아니라 체험적인 신앙인이 되었다는 것이다. 필자는 보혈의 기도를 드리다가 여러 번 성령 충만을 받는 체험을 하였다. 이것이 곧 보혈의 비밀인 것이다.

엘리야는 그들 바알의 선지자를 잡되 그들 중 하나도 도망가지 못하게 하라고 하였다(왕상18:40). 그리고 그들을 기손 시내에 가서 모두 죽이는 큰 승리를 가져오게 되었다. 이처럼 사탄을 축사하는 길은 보혈과 성령을 예수님의 이름으로 명령하면 떠나게 된다.

여기서 놀라운 사실은 보혈과 성령이 가는 곳에는 승리만 있다는 사실이다. 또 하나 눈여겨 볼 말씀은 "의인의 간구는 역사하는 힘이 많으니라"(약5:16)고

한 구절이다. 엘리야는 3년 반 동안 비가 오지 않기를 간절히 기도할 때 비가 오지 않았고 다시 기도할 때 비가 왔다(약 5:17~18).

　기억해야 할 것은 엘리야는 의인이라고 한 것이다. 본문 열왕기상 18:40에는 엘리야가 그들을 기손 시내로 데려다가 죽이니라고 하였다. 분명히 엘리야는 살인자였다. 그것도 850명이나. 그럼에도 성경은 그를 의인이라고 하였다. 이 말씀은 엘리야도 죄인인 것이 성경이 가르치는 진리이지만 엘리야는 보혈로 그 죄를 씻은 은혜의 의인이라는 것이다.

　시편 34:15 "여호와의 눈은 의인을 향하시고 그의 귀는 부르짖음에 귀를 기울이는도다"라고 하였다. 우리는 주님의 눈이 나를 향하고 주님의 귀는 내 기도를 듣게 하는 자가 되어야 하겠다. 그것은 보혈의 피로 우리의 죄를 씻고 기도하는 것임을 알아야 할 것이다.

　아울러 우리 모두도 의인이 되자. 물론 죄를 짓지 않도록 노력해야 하겠지만 그 피로 죄를 씻는 엘리야 같은 의인이 되어야 하겠다.

예언사역의 실제와 방법

　성경 Bible은 지금부터 약 3,500년 전인 기원전 1,500년경부터 기원후 100년까지 약 1,600년이나 되는 긴 기간에 걸쳐 기록되었고 하나님의 말씀은 성령의 감동으로 기록되었고 말씀은 주님의 뜻이요 주님의 음성이다.
　^{디모데후서 3:17} 그러므로 주님의 뜻을 알기위해서는 성경도 알아야하고 예언의 은사를 받아야 한다. 성경 기록자들은 오직 하나님이 하시는 말씀을 받아 기록하였다. 하나님은 창세기로부터 계시록까지 당신의 백성들에게 주님의 음성 듣기를 말씀하셨고 우리는 하나님의 자녀이므로 하나님 아버지의 음성을 들을 권리와 자격이 있고 또한 들어야한다.
　^{시편 81:8} 내백성이여 들으라 이스라엘이여 내게 듣기를 원하노라 하셨다.
　^{시81:11} 내 백성이이 내 소리를 듣지 아니하여 이스라엘이 나를 원하지 아니하였도다. ¹³ 내 백성아 내말을 들으라 이스라엘아 내도를 따르라 하였다.
　성경을 기록한 자를 우리는 예언자, 선견자 선지자, 사도라고 부른다. 물론 주님의 음성을 직접 듣고 기록한 자들도 있고 간접적으로 들은 자도 있다.
　성경기록자들은 주님의 은혜로 전에 된일과 미래에 되어질 일들을 성령의 감동으로 받아기록하였다. 모세는 창조사건을 주님의 은혜로 전에 알고 기록하였고 이사야는 700년 후에 사건을 기록하였다. 그러므로 성경이 주님의 음성이요. 예언의 글이요. 성경의 기록자들이 진정한 예언자이다.

예언이란

^{베드로후서 1:21} 예언은 언제든지 사람의 뜻으로 낸 것이 아니요 오직 성령의 감동하심을 입은 사람들에게 받아 말하는 것임이라 하였다

바울은 ^{고린도전서 14:3} 예언하는 자는 사람에게 말하여 덕을 세우며 권면하며 안위하는 것이요 예언을 주시는 것은 성령께서 우리에게 필요에 따라 주님의 음성을 듣게 하시는데 이는 성도를 권면하고 덕을 세우는 일에만 쓰여야 한다고 하였다.

(1) 예언을 하려면 예언의 은사를 받아야 한다.

^{고전 14:1} 사랑을 따라 구하라 신령한 것을 사모하되 특별히 예언을 하려고 하라고 하였다. 방언을 원하되 특별히 예언을 원하노라하였다(고전14:5).

^{고전 12:10} 어떤 이에게는 능력을 행함을 어떤 이에게는 예언함을 어떤 이에게는 영들 분별함을 이라고 했다.

(2) 하나님의 음성을 들으려면

하나님을 향한 영적인 감각이 열려 있어야 하고 무엇보다 주님의 음성을 사모하고 사랑해야한다. 사랑하고 원하고 구하는 자가 받게 되고 얻게 된다.

(3) 예언은 생각으로 역사한다.

성령님도 우리 생각 속에 역사하고 마귀도 우리의 생각 속에 역사하며 또한 우리의 생각도 있을 수 있다. 많은 사람들은 주의 음성을 듣지 못한다. 그 이유 중에 하나는 사탄에게 우리의 생각을 빼앗겼기 때문이다.

그 결과 분별하지 못하므로 잘못된 예언을 하는 경우가 많다는 것을 알아야 할 것이다.

(4) **주님의 음성이 어떻게 들리나.**

필자 같은 경우는 나의 입으로 주님의 음성을 듣는 경우가 많다. 주님의 음성으로도 ^{사무엘상 2:30} 사무엘을 통하여 엘리의 가정에 비밀을 말씀하셨다.

꿈으로 환상으로 역사함을 볼 수 있다. 새벽 기도 후 잠에서 영몽 예언의 꿈을 꾸게 된다.

음성을 듣는 실제 기도

우리는 주님의 영음을 들어야 한다. 그러기위해서는 기도해야하고 기도하면 응답해주신다. 짐승들도 소리를 듣고 자기 새끼인지 또한 부모인지 금방 알 수 있다. 우리는 주님의 자녀이기 때문에 주님의 음성은 꼭 들어야 한다.

특별히 주의 종들은 주의 음성을 분별해야 하고 또한 들어야 한다. 그 하나는 우리가 목자임으로 분별하여 주님의 뜻을 따르기 위함이요 또 하나는 주님의 양 떼를 맡았기 때문에 그들을 주님의 뜻대로 목양하기 위해서는 반드시 들어야 한다.

^{시편 100:3} "여호와가 우리 하나님이신 줄 너희는 알지어다 그는 우리를 지으신 자시요 우리는 그의 것이니 그의 백성이요 기르시는 양이로다".

나의 생각을 잡아 달라 기도해야 한다

"구하라 주실 것이요 찾으라 찾을 것이요 문을 두드리라 그리하면 열릴 것이라"고 약속하셨다(마7:7~9).

(1) 하나님의 생각이 나를 지배하여 내 생각을 잡아 달라 기도해야 한다. 영분별의 은사를 간구해야한다.

(2) 사단의 생각에 잡혀 예언하는 자가 많다.

(3) 자기의 생각이다 욕심 때문에 많은 사람들은 사탄의 생각 자신의 생각을 하나님의 생각으로 착각하고 있다.

분별없이 무조건 예언을 찾아 나서는 것은 바람직하지 못하다.

빌립보서 4:6~7에는 "아무것도 염려하지 말고 모든 일에 기도와 간구로 너희 구할 것을 감사함으로 하나님께 아뢰라 그리하면 모든 지각에 뛰어나신 하나님의 평강이 우리 마음과 생각을 지키시리라"고 말씀하고 있다. 주님의 우리의 생각을 지켜 주시길 기도해야한다.

보혈로 내 죄를 씻어달라 기도해야 한다

마태복음 5:8 마음이 청결한 자는 복이 있나니 그들이 하나님을 볼 것이라고 하셨다. 성령의 불과 예수의 피로 내 죄를 씻어주소서 예수 피로 나를 덮어주시고 나의 모든 생각도 지켜주옵소서 나의 모든 세포혈관도 보혈로 씻어주시고 성령이 역사하여 주소서.

보여 주옵소서

분명하게 보이는 것은 아주작고 희미하게 보이는 것이 대부분이다. 내용이 무엇인지 분명하지 않을 수 있다.

보여 주옵소서 말만 하지 말고 보려고 노력해야 한다.

분명하지 않을 때는 잡념을 제거하는 기도를 다시 해야 한다. 나의 미래를 주님께 알려 달라고 해야 한다. 확실치 않으면 자꾸 하나님께 반복적으로 물어 보아야 한다.

들려주옵소서

분명하게 귀로 들리는 것은 5%, 마음으로 내적 음성으로 들리는 것은 5%, 대부분 마음에 떠오르며 주님의 음성이 들리게 된다. 무엇보다 주님은 우리가 주님의 음성듣기를 원하신다.

나보다 주님이 더욱 원하시는 것을 알아야한다.

필자의 경험으로는 한 번은 기도원에서 찬양 인도를 부탁받고 봉사하고 강사를 대접했다. 그 강사가 한 주간 예언에 대한 강의를 했지만 큰 은혜가 되지 않았다. 그런데 그 집회 후 교회에서 철야 기도를 하는데 혼자말로 '나는 예언도 못하고 주님, 주님의 음성 듣기를 원합니다. 보혈의 능력으로 종을 치료하시고 죄를 용서하시고 내 속에 정한 마음을 창조하사 주님의 음성을 듣기를 원합니다.' 하면서 방언기도를 하는데 갑자기 진동이 오더니 내 입이 돌아가고 머리가 심하게 흔들리고 내 입에서 막 말이 나왔다. 나중에 알았는데 주님의 말을 내가 대신한 것이었다.

그날 밤에 처음으로 약 5시간 정도 예언기도가 계속되었다. 그 후부터는 계속해서 나타났으며 심지어 부흥집회에 가서는 원하고 준비된 사람에게 안수하며 현장에서 예언의 은사가 임할지어다 명령하면 기도 받는 사람에게도 예언의 은사와 각종 능력이 임하는 장면을 볼 수 있었다.

예언의 세 가지 특징

(1) **예언은 완전하지 못하다**(고전 13:9). 우리가 부분적으로 알고 부분적으로 예언하니(고전13:9). 우리의 계시는 이 땅에 사는 동안에 부분적이다. 주님 앞에 설 때 얼굴과 얼굴을 대하여보는 것처럼 온전히 볼 것이고 이 땅에서는 모든 계시가 부분적이다. 물론 그 사람의 신앙의 행위에 따라 각각 다를 수 있다.

(2) **예언은 진행 중이거나 발전적이다.** 예언은 그 사람의 미래 발전 가능성이다. 하나님께서 우리에게 주신 약속(예언)들은 그 사람의 순종에 따라 달라진다. 절대 보증이 아니다. 응답에 따르는 자에게만 이루어진다. 예언은 조건적이며 순종에 달려 있다

사무엘상 2:30 그러므로 이스라엘의 하나님 나 여호와가 말하노라 내가 전에 네 집과 네 조상의 집이 내 앞에 영영히 행하리라 하였으나 이제 나 여호와가 말하노니 결단코 그렇게 아니하리라 나를 존중히 여기는 자를 내가 존중히 여기고 나를 멸시하는 자를 내가 경멸히 여기리라

(3) **주님의 음성(예언) 종류**

① 주님의 음성은 성경말씀을 통하여 주시는 말씀의 예언과

② 성경을 통해 성령의 감동으로 오는 레마 rhema와

③ 예언의 은사 주로 내 생각을 통하여, 상대를 통하여, 꿈과 환상을 통하여 온다.

> 곧 하나님 아버지의 미리 아심을 따라
> 성령이 거룩하게 하심으로 순종함과
> 예수 그리스도의 피 뿌림을 얻기 위하여 택하심을 받은 자들에게
> 편지하노니 은혜와 평강이 너희에게 더욱 많을지어다
>
> **베드로전서 1:2**

6장

보혈과 체험
Jesus blood & Experience

보혈의 능력 체험 Ⅰ
보혈의 능력 체험 Ⅱ
보혈의 능력 체험 Ⅲ
보혈의 능력 체험 Ⅳ

보혈의 능력 체험 Ⅰ

먼저 말씀드리고 싶은 것은 필자가 하는 기도만이 옳다거나 꼭 이렇게 해야 된다는 것은 아니다. 이 책에 기술된 내용은 어디까지나 필자의 주관임을 밝혀둔다. 그러나 나의 체험과 성경을 토대로 하였기에 참고가 되었으면 하는 바람이며 아울러 보혈의 기도는 주님이 기뻐하시는 기도임에는 틀림이 없다는 점을 아시기를 바랄 뿐이다.

어떤 기도 많이 한 목사님이 기도 중에 주님을 만났는데 주님이 '종아, 세상에서 제일 귀한 말이 무엇인지 아느냐?'고 주님이 물으셨다고 한다. 그래서 목사님이 한참 생각한 후에 '성경이지요. 주님!' 하였더니 주님이 말씀하시기를 '아니다. 보혈이다. 종아, 보혈이 왜 가장 귀한 줄 아느냐?' 물으신 후 '보혈은 지금도 살아있고 영원히 살아 역사하는 주 예수 그리스도요 또한 나의 사랑이니라' 하셨다며 그 말씀을 필자가 보혈목사라고 찾아오셔서 나에게 해주셨다. 그 말씀을 듣고 너무 감사하고 기뻤다.

여기서는 보혈 기도의 체험적인 것을 말하려고 한다. 이 글을 읽는 중에 모든 분들이 성령께 붙잡힌 도구가 되었으면 하는 바람을 가진다. 목회자들이 보혈에 대하여 지식적으로 전혀 무지한 분들은 없겠지만 많은 사람들이 보혈을 지식적으로는 알지만 정말로 체험적으로는 잘 알지 못하는 것 같다.

무엇보다 안타까운 것은 보혈을 지식적으로 본인의 잣대로만 판단한다는 것이다. '그런 게 어디 있어' 하고 말이다. 필자 역시 주님이 우리를 위하여 흘려주신 보혈의 은혜로 우리가 구속을 받았다고 반복적인 말로, 지식적으로, 과거완료형으로만 가르쳐 왔으며 보혈이 현재진행형인 것을 몰랐다. 많은 사람들은 지식적인 보혈을 많이 아는 것으로 착각하는 것 같다. 보혈의 체험을 한 후부터는 날마다 보혈을 귀하게 생각하며 보혈을 간구하면서 살고 있다.

한 번은 어떤 교회의 사모님과 목사님이 우리 집에 오셨다. 그 사모님이 저의 아내에게 말하기를 "장향희 목사님 집회가 있는데 같이 집회를 가지 않을래요?" 하며 아내에게 권유하는데 저희 아내가 "장향희 목사님이 어떤 분인데요?"라고 궁금해 하면서 물었고 필자도 귀를 쫑긋하며 그 말에 관심을 가지고 자세히 들었다. 평소부터 장향희 목사님의 보혈 기도로 많은 신유가 나타난다는 말을 여러 번 들었기에 아마도 그것이 믿음이 된 듯하다.

로마서 10:17에 "믿음은 들음에서 나고 들음은 그리스도의 말씀"이라 하지 않는가. 그런데 사모님은 "보혈로 기도하는데 참으로 신기해요. 많은 병자가 나았어요." 하는 것이 아닌가. 그 말을 저는 어깨너머로 들었지만 건성으로 듣지 않고 마음으로 들었고 그 집회를 사모했다.

비록 그 집회는 참석하지 못하였으나 항상 사모하던 중 어느 날 대구에서 장향희 목사의 부흥회를 한다는 전단지가 내 차에 꽂혀 있었다. 그래서 우리 교회 성도들과 함께 그 집회는 물론이고 그 다음 집회까지 참석하여 은혜를 받고 보혈의 역사하심과 신유에 대하여 자세히 살펴보았다. 그런데 기대와 달리 보혈에 대한 설교는 단 한 번도 하지 않아서 몹시 아쉬웠지만 설교를 마친 후에 모두 일어서라고 하시더니 "예수 피로 죄 사함 받았다. 예수 피로 죄 사함 받았다."란 기도만 반복시키시고 성령이 역사하여 병이 낫거든 강대상 앞으로 나와서 간증을 하라는 것이 아닌가. 그리고는 한 사람에게도 안수기도를 하지 않는데도 불과 몇 분도 안 되어 정확하게 말하면 1분도 채 안 되어서 술 취하듯이 비틀거리는 성도들의 모습들이 곳곳에 보이기 시작했고 불치병에서 고침을 받은 성도들이 어느덧 강대상을 가득 채우는 것이 아닌가.

이 글을 읽은 성도님들 중에도 체험이나 그 집회에 참석하신 분들이 있을 것으로 믿으며 필자의 진실한 증거를 동의하리라 믿는다. 놀라운 일이었다. 이미 많은 사람들이 알고 있는 상식에 속한다.

생각해보자. 왜 예수 피로 죄 사함 받았다는 그 기도에 성령이 즉시로 역사하여 수많은 불치의 병에서 해방되는가? 앉은뱅이, 소경, 중풍 병자, 각종 암환자 등.

놀라운 것은 보혈로 기도하는 즉시로 불치의 병에서 치유 받는 분이 있는가 하면 한 주간 내내 계속 보혈 기도를 하여도 감기에서조차 해방되지 못한 사람도 있다는 사실이다. 장 목사님이 하신 것이 아니라 보혈의 능력과 성령이 하신 것이며 진실하게 보혈을 부르는 그들 속에 역사하신다는 사실이며 장 목사님은 주님의 도구에 불과하며 결국 주님이 하신 것이요 십자가의 보혈이 고친 것이다.

필자는 보혈을 체험적으로 알게 된 5년 동안 기도할 때마다 보혈 기도를 하는데 보혈을 3번만 부르면 즉시 응답하여 진동이 강하게 역사함을 날마다 체험한다. 이 글을 읽고 그대로 진실하게 보혈을 부르며 기도해보면 알 수 있을 것이고 필자와 같은 체험을 하게 될 것이다.

필자는 생각해 보았다. 왜 보혈로 죄 사함 받았다는 기도에 성령이 즉시로 응답을 하는가에 대해 말이다. 답은 간단하다. 우리가 기도를 할 때 죄란 놈이 우리 앞을 막고 있어서 기도가 응답되지 않는다.

성경에도 "내가 마음으로 죄악을 품으면 주께서 듣지 아니 하시리라"(시 66:18) 하셨다. 그래서 죄를 고백하는 기도를 해야 한다. 야고보서 5:16에 "이러므로 너희 죄를 서로 고하여 병 낫기를 위하여 기도하라 의인의 간구는 역사하는 힘이 많으니라"고 하셨다.

지금부터 1년 전 일이다. 필자가 집회 시에 보혈을 힘입어 치유 기도를 하는데 많은 병자가 치유되는 것을 보았다. 1년 전에 전남지역 어느 기도원에서 부흥회를 인도하였는데 기도로 많은 준비가 있어서 그런지 첫날부터 회개의 역사와 함께 많은 은사가 나타나고 병자가 나았다. 자신감이 생기고 교만한 마음이 들기 시작하여 광고하기를 "내일 마지막 날 밤에는 많은 역사가 일어날 것이니 전도 많이 해오세요!"라고 거듭 광고를 했다.

오늘 밤에는 이적이 일어날 것 같은 예감이 들었고 필자도 믿어졌다. 그도 그럴 것이 시간 시간마다 참석하는 성도의 숫자가 점점 많아졌기 때문이다. 그런데 이게 웬일인가. 마지막 날에는 생각 외로 숫자가 반으로 줄어든 것이 아닌가. 실망이 이만저만이 아니었다. 설교시간에 광고를 했다.

"여러분, 심상태 목사는 아무런 능력이 없습니다. 내 자신도 감기가 들었는데도 고치지 못합니다. 저는 부족하고 허물이 많은 종입니다. 그러나 저를 통하여 보혈의 능력으로 오늘 밤에 역사가 일어날 것입니다."라고 말했다.

예배가 끝날 때까지 한 사람도 더 오지 않았고 설교가 끝난 후 모두 무릎을 꿇게 하고 보혈 기도를 하게 하였는데 놀라운 것은 그날 밤에 90%가 입신을 하게 되었다는 것이다. 3시간 정도 입신은 계속되었고 자정을 넘기고야 일어났다. 필자는 이불을 덮어 주는 일만 하였던 것이다. 깨어 일어난 그들은 천국에 갔던 이야기, 지옥에 갔던 이야기 등 밤새 간증을 나누었다. 병이 치유 받은 것은 말할 것도 없다.

　필자도 입신의 경험을 한 번도 하지 못했을 뿐 아니라 그 전 주간은 경기도 지역에서 부흥회를 인도하였는데 어느 사모님이 저에게 입신의 경험을 하고 싶다고 그렇게 부탁해서 여러 번 안수기도를 했는데도 안 되었는데 말이다.

　필자 스스로 능력이 있다는 것을 자랑하는 것도 입신을 찬양하는 것도 결코 아니다. 다만 보혈의 능력의 귀중성과 응답의 체험을 말하는 것이다.

　작년 12월은 전북 김제 지역에서 집회 때에 보혈의 기도를 드렸는데 70%는 성령의 역사와 치유를 경험했다.

　한 번은 포항신학교 강의를 위하여 급히 가야 했는데 새벽기도를 마치고 잠시 잠을 잤기 때문에 일어나보니 이미 출발시간이 지난 것이 아닌가. 급하게 준비하여 일어나 차를 타고 가게 되었는데 차에 기름이 떨어진 것을 알지 못한 것이다. 주머니를 뒤졌으나 지갑도 가지고 오지 않았을 뿐 아니라 수중에는 돈이 한 푼도 없고 그렇다고 집으로 다시 갔다 오기는 이미 시간과 거리가 너무 멀었다. 기도하는 중 스치는 생각이 '보혈의 기도를 하자'였다. 그래서 즉시 기도했다. '예수님의 보혈의 능력으로 자동차에게 명령하노니 기름아 주유될지어다. 눈금아 정지될지어다. 더 이상 줄지 말지어다.' 필자의 기도는 한참을 그렇게 계속되었다. 그런데 이게 어찌된 일인가. 기름이 더 이상 줄지 않는 것이 아닌가. 그렇게는 포항에 갈 수도 없을 뿐 아니라 그 기름으로는 20km도 갈 수가 없었는데 정확하게는 모르지만 그 후에도 7시간을 더 탄 것 같다.

　이 체험 후에도 여러 번 그런 기도를 드렸으나 더 이상을 들어주시지는 않으셨다. 이런 체험을 주시기 위하여 그날 아침 늦게 일어나게 하시고 지갑도 가져가지 못하게 한 것은 아닐까.

　이것 또한 보혈의 능력을 필자에게 보여 주심으로 기름값보다 훨씬 귀한 보혈의 기도를 기뻐하시는 주님의 마음을 깨달은 것이 큰 소득이었다.

　목회를 처음으로 한 30년 전부터 신유는 조금씩 나타났다. 하지만 아무리 기도해도 효과 없는 기도가 있었으니 그것은 필자의 치유를 위한 기도와 아내를 위한 기도였다. 그런데 보혈의 기도를 하면서 필자의 병이 완전하게 고침 받았다.

　필자는 폐결핵 3기로 각혈을 했으며 이미 70년대에 2차 약과 함께 매일 주사와 약을 30개 이상씩 먹어야만 했다. 그래서 군대도 못 갔을 뿐 아니라 지팡이를 짚고 다녔으며 필자의 가족들은 이미 죽을 것으로 믿었었다. 그런데 기도원에 올라가서 서원기도를 하였는데 목사가 되겠으니 살려달라는 기도를 하게 되었다. 누가 시킨 것도, 바란 것도 아닌데 그런 기도를 하게 되었고 치유를 받은 것이다.

　지금 생각하면 주님의 섭리 가운데 주님이 시킨 것이다. 서원기도 후 오늘까지 목회를 해왔으나 폐가 한쪽 기능을 재대로 못하므로 심한 기침과 피로함 때문에 많은 고생을 하였는데 보혈 기도를 한 후 1년 동안이나 기도하면서 가래와 각혈을 하더니 지금은 깨끗이 치유 받았다. 할렐루야!

　그뿐 아니라 300일 산기도를 하면서 너무 추워서 손을 얼굴에 대는 순간 스스로 놀랐다. 내 손에서 불이 나오는 것이 아닌가. 그런 경험을 했는데 지금도 계속되고 있다.

조슈아 Joshua Mills 목사는 각종 불치병, 암, 에이즈 AIDS도 그가 기도하면 많이 고침을 받았다고 하였다. 목사님 어떻게 에이즈도 낫습니까? 물으니 조슈아 목사는 "여러분들도 할 수 있습니다. 다만 보혈이 가득 차고 보혈의 기도를 하면 여러분들도 저와 같은 능력을 행할 수 있고 더 큰 능력도 행할 수 있습니다."라 하였다. 그렇다. 그 분이 하신 것이 아니라 주님이 하신 것이다.

필자의 기도가 응답이 없는 것 중 하나는 아내를 위한 기도인데 그도 그럴 것이 영성운동, 보혈 기도 하면서 몇 년이나 했으나 교회는 부흥 안 되고 오히려 줄었으니 양떼의 굶주림과 가난이 계속되어 충분히 이해할 수 있다. 사람들은 보이는 것을 더욱 중요시 하니 말이다.

그런데 1년 전부터 아내가 오십견이 생겨 고생하면서 한 주에 두 번씩 물리치료를 받으며 10개월 동안이나 병원에 다녔는데도 차도가 조금도 없었다. 손을 올려 보라 하였더니 겨우 들 정도였는데 놀라운 것은 1개월 정도 기도했는데 지금은 90%정도 치유를 받았다는 사실이다. 얼마 전에는 예수를 믿지 않는 부부가 기도를 부탁하러 왔는데 부인은 오십견, 남편은 허리가 몹시 아프다는 것이다. 그런데 그날 하루 동안 반은 치료가 되었다. 그러면서 하는 말이 "목사님, 이상하네요. 제 머리가 뜨거워요. 목사님 손에서 불이 나네요."

그렇다. 예수를 믿지 않는 자도 상대가 믿지 않아도 보혈의 기도는 다 응답 되는 것이다.

필자는 요즘은 안수기도하면 사탄도 귀신도 물러가고 어떤 병에 걸렸든지 그분의 믿음에 따라 차이는 있으나 거의 다 낫게 주님이 역사하신다. 암병도 첫날에 낫게 하셨고 30년을 귀신들린 자도 그날에 낫게 하셨다.

작년에도 25차례나 부흥회를 인도하였는데 집회 때마다 체험하게 하셨고 체험들은 다 말하면 한 권의 책을 써도 부족하다. 그러나 체험을 말하지 않는 것은 필자가 한 것이 아니라 주님이 하셨기 때문이요 또한 체험보다는 말씀이 더 중요하기 때문이다. 그러나 최근에 일어났던 작은 체험들은 『보혈은 기적이다 Ⅱ』와 가을에 출간 예정인 『보혈은 기적이다 Ⅲ』에서 많이 만날 수 있을 것이다.

여러분도 모두가 할 수 있다. 이렇게 기도해 보라. "보혈의 능력으로 명령하노니 ○○○ 병아! 물러갈지어다. 치료될지어다."

이 글을 읽는 순간 이미 치료가 되고 있음을 믿으라.

필자도 매일 기도하기를 "보혈의 능력으로 명하노니 심상태 목사가 세계 최고의 신유의 종이 될지어다. 악한 사탄 마귀 귀신이 벌벌 떨며 도망갈지어다." 이렇게 기도한다.

믿음으로 기도해야 한다. 마가복음 9:23에 주님은 "할 수 있거든이 무슨 말이냐 믿는 자에게는 능치 못할 일이 없느니라" 하지 않았는가!

사랑하는 여러분, 이 글을 한 번만 읽지 마시고 반복해서 읽어야 한다. 여러분 것이 되도록 기도하고 읽어야 한다.

보혈의 능력 체험 Ⅱ

많은 사람들의 기도하는 방법에는 참으로 문제점이 많다. 살아 움직이는 말씀으로 기도를 해야 한다. 그 살아있는 말씀과 기도는 보혈의 말씀이요, 보혈의 기도다.

필자가 기억하기는 보혈이라는 말씀 안에는 항상 생명과 죄 사함 그리고 주님의 불꽃같은 눈이 있음을 우리는 명심해야 한다. 시편 34:15 여호와의 눈은 의인을 향하시고 그의 귀는 그들의 부르짖음에 귀 기울이시는도다 하셨다. 성경은 의인이 없다고 하였다. 그렇다면 주님의 눈과 귀는 은혜의 의인인 보혈로 씻음 받은 자에게 향하신다는 말씀이다.

이 얼마나 위대한 복음인가!

기도란 말은 히브리어로 '아탈'이라 하는데 이 말은 희생을 위해 살육한다는 뜻이며 요한계시록 5:8에는 성도의 기도를 향으로 비유했다.

기도하기는 너무 힘이 든다. 성막에는 향단이 있는데 향단은 기도를 의미하며 놀라운 것은 이 향단에는 향을 피우기 전에 짐승의 피를 뿌린다는 것이다. 이 말은 항상 기도할 때 보혈 기도를 해야 함을 암시한다.

마귀는 우리가 보혈 기도를 하지 못하도록 방해한다. 다른 열쇠를 가지고 자물쇠를 아무리 열려고 해도 열수가 없지만 자기 열쇠를 가지고 열면 즉시 열 수 있는 것과 마찬가지다. 이와 같이 모든 기도를 드릴 때에는

① 보혈 기도를 해야 하고 ② 또한 명령으로 기도해야 하고 ③ 성령으로 기도해야 한다.

빌리 그래함은 기도는 아침을 여는 열쇠요, 저녁을 잠그는 자물쇠라고 하였

다. 이는 아침저녁으로 기도해야 한다는 뜻이며 기도는 하나님 속에 숨어 있는 보화 창고이고 다른 것으로는 열 수 없으나 기도로 열 수 있기에 기도를 열쇠라 한 것으로 생각이 된다.

기도란 무엇인가?

(1) 기도는 하나님과의 대화이다.

주님은 마태복음 6:9에 "하늘에 계신 우리 아버지여"라고 기도하여야 할 것을 가르쳐주고 있다. 기도의 대상은 하나님 아버지이시다. 아들인 우리와 아버지이신 하나님과 성도와의 대화이며 부자간의 대화이며 또한 예수님과 성령님과 대화할 수 있는 유일한 방법이 기도다. 그러므로 격식도 없이 진솔하고 솔직하게 숨김없이 대화하여야 한다.

한번은 깊은 기도를 하는데 주님이 "사랑하는 종아, 내가 참으로 외롭단다. 많은 사람들이 자기들 할 말만 하고 가는구나. 너는 나와 대화 좀 하자." 하셨다. 그 말씀에 깜짝 놀랐다. 그렇다. 우리 속담에 떡 줄 사람 생각지도 않는데 김칫국부터 먼저 마신다고 하지 않던가! 주님의 마음을 읽을 줄 알아야 한다. 기도는 비밀을 주고받는 부자간의 대화이다.

(2) 기도란 고통을 당하거나 어려움을 당할 때 도움의 호소이다.

세상을 살아가다 보면 원하지는 않지만 환란과 어려움을 당할 때가 많다. 그때 도움을 받는 유일한 길이 기도라 할 수 있는데 무엇보다 주님은 공급자이시다. 그러므로 공급자이신 주님께 구하여야 얻을 수 있다고 성경은 가르치고 있지만 많은 사람들은 이 사실을 잘 알지 못한다.

(3) **기도는 영혼의 호흡이다.**

생명과 호흡은 밀접한 관계가 있다. 호흡이 끊어진 사람을 죽은 사람이라 한다면 기도가 없는 사람을 영이 죽은 사람이라고 할 수 있지 않을까. 그러므로 기도는 수단이 아니라 필수이다. 그런데 성경은 보혈이 생명이라 했으니 보혈 기도를 드려야 한다.

(4) **기도는 죄를 용서받는 창구이다.**

인간은 누구든지 다 죄를 짓는다. 그러므로 죄를 용서받아야 하고 보혈의 기도를 드림으로 우리 죄를 씻어야 한다. 죄를 씻음 받지 않고는 주님을 만날 수도, 기도의 응답을 받을 수도 없으므로 보혈 기도를 통해 우리의 죄를 용서받아야 한다.

(5) **기도는 하나님에게만 있는 능력을 받는 도구이다.**

빌립보서 4:13에 바울은 "내게 능력주시는 자 안에서 내가 모든 것을 할 수 있느니라"고 하였다. 하나님의 능력을 받지 않고는 주님의 일을 할 수 없다. 그 이유는 사탄이 우는 사자처럼 역사하기 때문이요 이 세상은 마귀의 세상이기 때문이다.

보혈의 기도는 성령의 기도이고 능력을 받는 기도이다. 인간은 연약하여 주님의 도움이 없이는 마귀도 이길 수 없고 더욱이 성령의 능력을 받을 수는 더 없다. 그러나 기도하면 마귀도 이기고 능력도 받을 수 있다. 사탄은 보혈을 무서워한다. 그러므로 더욱 보혈 기도를 해야 세상을 이길 수가 있다.

(6) **기도는 은혜 받는 창구다.**

기도하지 않고는 은혜를 받을 수 없다. 찰스 하돈 스펄전 Charles Haddon

Spurgeon 목사는 유명한 설교자이다. 한번은 어느 목사님이 당신의 설교가 어찌하여 그렇게 은혜스럽냐고 물었다. 그때 스펄전은 그를 데리고 지하실로 안내했는데 거기에는 스펄전의 설교를 위해 기도하는 성도가 300명이나 있었고 스펄전 목사는 기도하는 그 곳을 가리키며 내 설교는 여기에서 만들어진다고 한 일화가 있다.

그럼 어떻게 기도해야 하느냐 하는 문제가 남는다.

보혈 기도를 해야 한다

다시 말해 보혈을 부르면서 기도해야 한다. 그 이유는 보혈은 살았기 때문이다. 구약성경에 보면 재물을 드릴 때 재물에 피를 뿌렸다(레 9:12 참조).

우리 카페 '보혈자료실'에서 '예수 피 발견'이라는 동영상을 참고하시면 지금부터 2,500년 전 주님의 탄생 전에 법궤를 잃어버렸는데 그 법궤를 최근에 찾았고 법궤를 발견한 곳은 동굴이었는데 그 장소가 놀랍게도 예수님이 십자가를 지시고 죽으셨던 바로 그 자리, 즉 골고다였으며 주님이 우리 위해 죽음 당하신 십자가를 지셨던 그 아래에서 잃어버린 법궤를 발견했다고 한다.

그 작은 바위틈 사이로 주님의 피가 스며들었고 그 법궤 위에 피가 고여 있었는데 그 피를 학자들이 채취하여 과학적인 방법으로 연구 분석한 결과 그 피는 남자의 염색체에서 나오는 DNA는 하나도 없고 여자의 유전자의 염색체만 나왔다는 것이다.

놀라운 것은 예수님은 성령으로 잉태하셔서 남자 것과 같은 유전자가 없는 것이 증명된 것이다. 더 놀라운 것은 그 피는 2천 년이 넘게 지난 마른 피인데도 본래 마른 피는 100% 다 죽는다는데 그 피는 지금도 살아있다는 것이다. 여기서 알 수 있는 것은 인간의 피로는 안 되고 오직 예수님의 보혈만이 살았다는 것이다.

법궤는 무엇을 말하며 법궤가 주는 교훈이 무엇인지 간단히 살펴보기로 하자. 언약의 법궤 위에 피가 있다는 것은 법궤는 언약인 하나님의 말씀을 뜻한다는 것을 알아야 한다. 놀라운 것은 왜 그 법궤 위에 피가 있었느냐 하는 것이다. 성경말씀은 한 마디로 예수 피가 중심이며 말씀임을 암시한다. 다시 말해 구약의 선지자를 통하여 예언했던 모든 말씀은 한 마디로 보혈을 통한 언약을 말하고 있을 뿐 아니라 그 언약의 핵심이 피라는 것이다.

그 피는 메시아이며 예수의 피임을 가리키고 있다. 남자의 유전자가 없음을 말해 주고 있고 더욱이 그 장소가 주님이 십자가 지셨던 골고다라는 장소임이 밝혀짐에 따라 그 사실을 더욱 확신하여 말해 주고 있다.

무엇보다 2천년이 넘는 세월 동안 비록 그 피는 희미하게 말라 있었지만 지금도 살아있다는 사실이다. 2천년이 아니라 2만년, 아니 영원히 보혈은 죽지 않고 살아있다는 것을 증명해준다.

주님은 가인에게 창세기 4:10에 "네 아우의 핏소리가 땅에서부터 내게 호소하느니라"고 하셨다.

그렇다. 피는 살았다. 절대로 죽지 않는다. 하물며 연약한 인간의 피도 살았거늘 우리는 지금도 살아 있어 역사하시는 예수 피를 항상 바르고 부르고 뿌리면서 기도해야 한다.

보혈은 지금도 살아 역사하시는 예수님 자신이요 또한 말씀 자체요 주님의 영원한 사랑인 것이다.

또 한 가지 기억할 것은 법궤가 숨겨진 그곳에 피가 발견된 것이나 그 바위를 뚫고 법궤 위에 피가 있었던 것도 모두가 주님이 하신 것이요 주님의 섭리임을 믿는다. 이 글을 읽는 것도 이 글을 쓰는 것도 주님의 섭리임을 명심하자.

보혈을 뿌려야 한다

모세는 이스라엘 백성에게 짐승의 피를 뿌리고 재물을 드렸다. 그 피는 오늘날에는 보혈을 말하고 있고 그 당시 모세는 재물뿐만 아니라 율법책을 비롯하여 백성에게도 뿌렸다고 성경에 기록되어 있다(히9:10 참조). 이 말씀은 보혈은 모든 것에 필요하다는 뜻이다.

구약에서 제사를 지낼 때 특히 재물은 양이나 소나 비둘기 같은 가축이며 흠이 없는 수놈이었으며 짐승을 잡아 피를 뽑고 짐승을 드리는 제단 사면에 뿌렸다.

레위기 17:11에는 피를 뿌리는 이유를 설명하고 있는데 "육체의 생명은 피에 있느니라 내가 이 피를 너희에게 주어"라고 했는데 이 말씀은 이 피는 보혈을 말하며 보혈은 하나님이 우리에게 주심을 알아야 한다.

예수님은 주신 생명 우리는 받는 생명, 주님은 잃은 생명 우리는 취하는 생명이니 보혈은 생명이다.

애굽 사람들에게는 모두가 죽음이 임했고 이스라엘 백성에게는 생명이 주어진 날이 바로 유월절이다. 유월절을 히브루로 파사크 Pasakh라 하고 영어로

패스 오버 Pass Over 라고 하는데 그 뜻은 다같이 '지나간다, 넘어간다' 는 뜻이니 유월절의 생사를 결정하는 데 양의 피가 중심임을 알 수 있다.

양의 피를 문설주와 인방에 뿌리고 바르는 것은 하나님은 다른 것을 보시지 않으시고 피만 보시겠다는 것이므로 우리는 기도할 때마다 보혈 기도를 해야 한다.

보혈의 기도는 성령이 강권적으로 역사하지만 또한 악한 영이 역사하여 보혈 기도만은 못하게 방해하므로 사탄의 도구가 될 수 있다. 그러므로 성령의 도구가 되어 달라고 기도해야 하고 사탄의 도구가 되지 않도록 기도해야 한다.

예문 응답받는 기도 예문을 참조하라. 우리는 사탄의 도구가 되지 않기를 기도하여야 할 것이다.

보혈의 능력 체험 Ⅲ

주님께 이 시간도 너무 감사드리는 것은 성경 속의 영적인 비밀 spiritual secret로 날마다 나에게 새롭게 깨닫게 해주신다는 사실과 이 영적인 비밀을 글로써 많은 사람들과 함께 공유할 수 있음이다. 그리고 이 글을 읽는 모든 분께 감사드린다.

허물 많은 종에게 그동안 준비한 글과 자료들을 주님이 강권적으로 역사하시사 천사를 파송하시여 주님께서 직접 쓰게 하셨다.

필자의 생각을 잡으시고 주님이 직접 쓰신다는 것이다. 성경의 기록자가 성령이시기 때문에 성령의 감동이 없이는 한 자도 우리는 해석할 수 없다. 성경은 영적 비밀을 숨겨놓은 보화 창고이다. 예레미야33:3 "너는 내게 부르짖으라 내가 네게 응답하겠고 네가 알지 못하는 크고 비밀한 것을 네게 보이리라" 하셨다.

여기 말씀하신 크고 비밀한 것이 무엇일까? 물론 많이 있다. 그러나 보혈임을 우리는 알아야 한다. 또한 비밀의 말씀은 부르짖고 기도하는 자에게 주시는 영적인 비밀인 것이다.

마태복음 13:44에 천국에 대한 비유로 농부가 밭에 감취인 보화를 발견하고 기뻐한다는 말씀이 있다. 여기 밭은 성경을, 농부는 주님의 종을, 감취인 보화는 보혈이라고 말할 수 있다. 그 이유는 보혈이 없이는 죄 사함도 구원도 없기 때문이다.

그럼 어떻게 기도할것인가?

알고 기도하여야 한다

무엇을 알아야 하는가? 우리의 정체성 Identity 즉, 신분을 아는 것이 중요하다.

(1) **로마서 8:9에는 누구든지 그리스도의 영이 없으면 그리스도의 사람이 아니라고 말하고 있다.** 바꾸어 말하면 우리 속에 성령이 계시고 또한 우리는 그리스도의 사람이라는 의미이다.

고린도전서 3:16에는 "너희가 하나님의 성전인 것과 하나님의 성령이 너희 안에 거하는 것을 알지 못하느냐"라고 하셨다. 이 말씀을 통해 우리가 누구인가 하는 것을 알 수 있다. 바로 성령께서 계시는 성령의 사람이다.

성령 Holy Spirit은 당연히 하나님이시며 지금 이 시대는 성령의 시대이다. 나는 할 수 없으나 성령은 모든 것을 다 하실 수 있다.

주님은 승천하시기 직전에 요한복음 14:12을 통해 "내가 진실로 진실로 너희에게 이르노니 나를 믿는 자는 나의 하는 일을 저도 할 것이요 또한 이보다 더 큰일도 할 것이라"고 하셨다.

(2) **우리는 하나님의 자녀 Children of God라는 사실을 기억해야 한다.**

요한복음 1:12에 우리의 신분을 말하기를 "영접하는 자 그 이름을 믿는 자에게는 하나님의 자녀가 되는 권세를 주셨다"고 말하고 있다. 여기에서 기억할 것은

① **주셨다는 것이다.** 사람이 아니라 하나님이 그것도 한 번이 아니라 영원히 주셨음을 기억하자.

② **무엇을 주셨느냐면 하나님의 자녀가 되게 해 주셨다는 것이다.** 얼마나 감

사한 일인가.

　2년 전 서울에 헌신예배를 초청받아 갔었는데 차표를 예매하지 않아 대구에 도착하면 12시가 넘는 시간이 될 것 같아 택시를 타고 갈까? 생각하다가 집에 있는 막내아들에게 동대구역에 12시20분 도착하니 마중을 나와 달라고 하고 늦은 시간이니까 용돈을 주겠다는 문자를 보냈다. 그전 같으면 늦은 시간이라 짜증을 냈을 것인데 즉시 알았다고 답이 왔다. 도착하니 이미 동대구역에서 기다리고 있었고 집에 도착하자마자 막내아들은 손을 내밀며 용돈을 달라는 것이다.

　엄밀히 따지면 내 차에 내 아들이 타고 온 것이고 대학 공부까지 시켰는데 더 무엇을 준단 말인가. 하지만 약속을 했기에 10만원을 줬는데 휘파람을 불면서 오~~예! 하며 기뻐하는 아들 녀석의 모습이 아버지로서 너무 보기가 좋아 가슴이 뭉클하기까지 했다.

　받는 아들보다 주는 필자의 마음이 더 기뻤고 마냥 좋아하는 아들의 모습이 너무 보기가 좋아서 다음 헌신예배를 다녀오면 그때는 다 줘야지 하는 생각이 들었다. 그것이 부모의 마음이 아니겠는가. 그도 그럴 것이 임대 개척교회 목사인 애비가 자식에게 줄 수 있는 것이 생각만큼 많지 않다는 게 현실이기도 했지만 그때 두 가지를 깨닫게 하셨다.

　주님이 내 마음에서 '너도 자식에게 주는 것이 기쁘냐? 사랑하는 종아, 너를 위하여 생명과 피를 주고도 기뻐하는 내 마음을 너는 아느냐?' 하는 주님의 영음이 들려왔다. 나는 즉시 대답했다. '주여, 압니다. 감사합니다.' 그날 밤 나는 눈물의 기도를 드렸다.

　부모로서 자식에게 줄 수 있는 게 너무 작아서 울었고 주님의 마음을 잠시나마 알게 된 것이 나를 울게 했던 것이다.

주는 것이 받는 것보다 더 복이 있다는 사실을 아들 녀석을 통해 다시 한 번 깨닫게 해주셨고 무엇보다 주님은 나를 사랑하셔서 가장 귀한 것을 주셨는데도 내가 주님 위해 한 것이 너무 적어서 부끄럽고 죄송한 마음으로 그리고 주님께서 나를 향하신 사랑하는 그 마음을 깨닫게 해주셔서 감사의 기도를 드렸다.

로마서 8:32에 "아들을 아낌없이 주신 이가 우리에게 아들과 함께 우리에게 모든 것을 주시지 않겠느냐" 하신 말씀이 생각이 났다. 주님은 우리를 사랑하셔서 생명도 아낌없이 우리 위해 주셨고 피도 주셨다. 성경은 보이는 세상은 잠깐이요 보이지 않는 세상은 영원하다고 하였다(고후 4:18 참조). 누가 천국에 갈 것인가? 자녀의 권세를 받은 자다.

(3) 권세 Authority를 부여받았다는 사실이다.

그 권세는 이루 말할 수 없이 많다. 마태복음 10:1에 예수님은 우리에게 귀신 쫓아내는 은사와 모든 병과 약한 것을 고치시는 권능을 주셨다고 말씀하심을 기억해야 한다.

마태복음 10:8에 병든 자를 고치며 죽은 자를 살리며 한센 병을 깨끗하게 할 것이요, 귀신을 쫓아내는 은사도 주셨다고 말씀하셨다.

마가복음 16:18에는 뱀을 집으며 무슨 독을 마실지라도 해를 받지 않을 것이며 병든 자에게 손을 얹은즉 나으리라고 하셨다.

여기서 기억할 것은 주님의 자녀 된 자에게는 주님과 같은 큰 능력도 주신다고 말씀하고 있다는 것이다.

예수님의 이름으로 명령 기도해야 한다

(1) **예수님의 이름으로 해야 한다.** 요한복음 14:13에 "너희가 내 이름으로 무엇을 구하든지 내가 시행하리니"라고 하였다. 그러니 내 속에 계신 그분이 하신다.

우리가 기억할 것은 주님의 이름으로 보혈의 기도를 하면 사도들과 선지자가 기도하는 것이나 같다는 사실이다. 은행에서 돈을 찾기 위해서 본인이 가는 것이나 심지어 강도라도 카드와 비밀번호를 가져가면 같은 것이다. 은행 기계는 비밀번호와 통장만을 인식하기 때문이다.

어느 글에서 읽은 것 같다.

캐나다에서 어느 사람이 나이아가라 폭포 Niagara Falls가 자기 아버지의 것이라고 하였다는 것이다. 이 말이 미국과 캐나다 전역에 대대적으로 보도되었는데 기자가 나이아가라 폭포가 어떻게 당신의 것이냐고 물으니 그가 하는 말이 하나님이 주인이신데 나는 하나님의 자녀이니 내 것이 아니냐고 말했다는 것이다.

물론 황당한 이야기 같지만 그 말속에도 엄청난 비밀이 숨어있다. 그렇다. 이 우주는 모두 다 주님의 것이요 또한 나의 것이다.

주님의 사역을 자세히 살펴보면 세 가지였는데 마태복음 4:23에 보면 가르치시고, 복음을 전하시고, 병자를 고치셨다.

심지어 죽은 자를 살리는 일도 주님은 모두 말씀으로 명령했다는 사실이다. 하나님이, 성령님이, 예수님이 보혈로 나를 통해 하시기 때문에 명령으로 기도

하는 것은 지극히 당연하다. 심지어 주님이 죽은 송장 나사로의 무덤에 오셔서 요한복음 11:42에서 처럼 "아버지여 항상 내 말을 들으심을 감사하나이다". 43절, "큰소리로 나사로야 나오라 부르시니 죽은 자가 수족을 베로 동인 채로 나오는데"라고 하였다.

내가 하는 것이 아니라 주님이 나를 통하여 하시므로 명령으로 기도해야 한다. 그런데 두 가지 중요한 것은 예수 피로 기도해야 한다는 것과 나를 통해서 주님이 직접 하신다는 사실이다.

사도행전 3:6에서 베드로는 앉은뱅이를 향하여 은과 금은 내게 없거니와 내게 있는 것으로 네게 주노니 나사렛 예수 이름으로 일어나라 명령했더니 즉시 일어났음을 볼 수 있다.

사도행전 14:9에서도 바울이 앉은뱅이에게 구원 얻을 만한 믿음이 있는 것을 보고 "네 발로 일어나라 하니 그 사람이 뛰어 걷느니"라고 하였다.

베드로는 사도행전 5장에서 아나니아와 삽비라를 명령으로 저주했더니 현장에서 두 부부가 죽었다는 기록을 우리는 잘 알고 있다. 손기철 장로는 이 시대에 신유의 종이다. 그는 기도할 때마다 명령 기도를 한다고 하였다. 그냥 기도할 때는 능력이 나타나지 않고 명령 기도 한 이후로부터 능력이 나타난다고 하였다. 우리는 보혈의 기도를 하고 또한 명령기도 해야 한다. 명령의 기도는 이렇게 능력을 수반한다. 그리고 최소한 하루에 2시간 이상씩 기도해야 한다.

또한 믿고 기도해야 한다. 마가복음 11:23에 "내가 진실로 너희에게 이르노니 누구든지 이 산 더러 들리어 바다에 던지우라 하며 그 말하는 것이 이룰 줄 믿고 마음에 의심치 아니하면 그대로 되리라" 하셨다.

또한 우리를 돕는 천사 파송을 요청하여 천사 기도를 해야 한다. 그때 상황마다 불 천사, 보혈의 천사, 치유 천사, 건강 천사, 말씀 천사, 재정 천사, 건강 천사, 능력 천사, 수호 천사 등 그때 상황마다 주님께 부탁하고 명령하여 사용하여야 한다.

나는 이렇게 기도한다

필자가 평소 드리는 기도를 원리만 요약하여 소개하였다.

모든 기도 내용에 성령, 보혈, 능력, 기적, 천사란 단어를 즐겨 사용한다. 여기에 소개한 모든 기도를 하루에 약 2시간 정도 드린다. 또한 여기 소개한 모든 기도는 성령님이 가르쳐 주신 것이다.

먼저 보혈의 찬송을 불러 성령을 부르고 마음으로 기도준비를 한다.

(1) **하나님, 사랑합니다. 예수님, 사랑합니다. 성령님, 사랑합니다. 영광을 받으시옵소서.**

하나님, 감사합니다. 예수님, 감사합니다. 성령님, 감사합니다. 영광을 받으시옵소서라고 하루에 100회 정도 반복 기도한다. 주님이 가장 기뻐하는 기도는 사랑한다는 말과 감사한다는 말과 영광 받으소서란 말인 것이다.

(2) **사탄의 역사가 나의 가정과 교회에서 떠나기를 기도한다.**

베드로도 사탄이 역사했고 다윗도 어느 누구도 사탄의 역사에서 자유로울 수는 없기 때문이다.

(3) **육의 건강, 영의 건강을 위하여 보혈로 명령 기도한다.**

건강할지어다.

⑷ 신유의 종, 능력의 종이 될 것을 믿고 기도한다.

세계적인 종이 될지어다. 신유의 종이 될지어다.

⑸ 보혈로 죄 사함과 보혈로 덮어 달라는 기도를 한다.

주님의 보혈만이 우리의 모든 죄를 사할 수 있으며 승리할 수 있기 때문이다.

⑹ 야베스 기도와 시편 23편 기도를 적용하는 기도를 한다.

⑺ 보혈의 신학자, 신앙가, 능력자로 세계 최고 목사가 될 것을 기도한다.

⑻ 보혈 충만, 성령 충만, 은사 등 말씀 충만 축복권과 저주권에 대한 기도를 드린다.

⑼ 교회 부흥, 보혈 선교, 부흥회 쓰임받기를 위하여 기도한다.

⑽ 신구약에 나오는 주님의 크게 쓰임 받은 종들, 한국을 비롯해 세계적으로 쓰임 받은 사람들의 이름을 각각 부르며 지혜와 지식과 권능과 능력과 말씀과 신앙과 축복과 기적이 심상태 목사에게 임할지어다. 하고 머리에 안수하며 기도한다.

⑾ 영어의 능력과 지혜와 지식을 구한다.

⑿ 인권, 물권, 영권이 심상태에게 있을지어다. 라고 기도한다.

⒀ 이 모든 기도가 주안에서 응답되기를 기도한다.

⒁ 나와 가족들에게 사탄 축사 기도를 한다.

⒂ 보혈의 보호막 성령의 보호막이 처지도록 예수 이름으로 명령하고 기도한다.

⒃ 모든 분들과 성도 가족 등 남을 위한 도고 기도를 한다.

같은 기도를 4~10번 이상씩 반복적으로 기도한다.

무엇보다 기도마다 제목마다 달리 천사 파송을 주님께 부탁하고 천사를 불러 일하게끔 기도한다.

필자는 목회 사역 중에 많은 시련이 있었다. 그것이 또한 나의 허물 때문이기도 하지만 보혈을 위한 특수 연단이기에 자랑스러운 일이라 할 수 있다.

어떤 분이 필자의 부흥성회에 참석하여 은혜 받고 난 후에 필자를 보혈특공대 목사님이라 불렀다. 그런데 얼마 전부터는 보혈사령관 목사님이라고 부른 것이다. 그래서 왜 호칭이 바뀌었느냐고 물었더니 주님이 그렇게 말씀하라고 하였다고 하였다. 그때 이런 생각이 들었다. 지난날에 받은 고난이 보혈 때문이었구나. 그러나 이제 크게 진급했으니 주님이 나를 크게 쓰실 것을 깨닫게 되었다.

이글을 읽는 모든 분들에게도 필자와 같은 역사가 일어나게 하시고 더 크고 놀라운 기적과 이적이 일어나게 하소서! 아멘!

보혈의 능력 체험 Ⅳ

보혈의 능력

찬송가 268장 후렴에는 주의 보혈 능력있도다 주의 피 믿으오 주의 보혈 그 어린양의 매우 귀 중한 피로다 하였다.

그렇다. 보혈은 능력이다. 보혈은 성령과 항상 함께 역사한다. 보혈을 전하면 항상 성령이 강하게 역사하신다. 그 이유는 성령이 하는 일 중 보혈을 증거하는 것이 주사역이기 때문이다.

필자가 보혈의 전도자로 복음을 전하면서 많은 체험을 하였으나 기록하지 않았다. 그러나 참된 복음 전파를 위해서『보혈은 기적이다Ⅱ』체험방에 몇 가지 치유의 사건을 소개하였다.

그런데『보혈은 기적이다』책을 대폭 새로 개정하면서 2010년 여름에 말레이시아 Malaysia 안디옥교회에서 보혈세미나를 2주간 동안 하였을 때 일어났던 작은 체험 중 하나를 소개하고자 한다. 오전에 보혈세미나를 인도한 후 오후에 시내에서 노방전도를 하는데 등이 거의 굽은 중국 여인이 길을 지나가고 있었다. 필자는 그분에게 양해를 구하고 '예수 이름으로 굽어진 등이 펴질지어다.' 예수 이름으로 보혈의 능력으로 명령하며 간절히 기도하였다.

'등허리가 창조의 능력으로 회복될지어다.' 하고는 내 무릎을 그의 등에 대고 밀었다. 그리고 '예수 이름으로 등이 펴질지어다.' 하고 외쳤다. 그런데 이게 웬일인가! 현장에서 70~80%가 회복된 것이다.

그리고 2011년 여름에 대전에서 집회 때 똑같은 일이 일어났다. 젊은 집사님 한 분이 등이 많이 굽어져 있었다. 그에게도 같은 말로 명령기도 하였다.
'예수의 이름으로 명령한다. 허리가 펴질지어다.'

계속해서 외치고 필자의 무릎을 등에 대고 힘차게 밀었더니 거의 다 완치가 되었다. 그 후 그는 말했다. "나는 이번 집회에서 고친다는 확신을 했어요."

그 후에도 여러 번 만났는데 회사에 갔더니 난리라는 것이다. 언제 말도 없이 수술하여 등이 펴졌느냐고 하면서 말이다.

이 모든 영광을 주님께 돌려드린다.

서울 평강교회에서 일어난 일

'심 목사님! 우리 사모가 목사님 응답 받았대요.'
서울에서 필자의 보혈세미나에 2주간이나 참석하셔서 은혜 받으신 서울평강교회 목사님의 전화였다.

목사님은 군 장성출신이시며 겸손하시고 진실하신 분이시다. 필자의 『보혈은 기적이다Ⅱ』를 출간도 하기 전에 3권 주문하셨다.

마침 책이 출간되었고 출판사에서 『뉴-보혈은 기적이다』를 부활주일 전에 출간하도록 하기 위해 서울에 갈일이 있어 목사님께 책을 전해드리고 식사라도 한 끼 하고 싶어서 연락하였는데 목사님이 하신 말씀이다.

'목사님, 우리 사모가 목사님 응답 받았대요. 그래서 식사 대접하고 싶다고 하는데 집사님과 같이 목사님 만나러 가도 괜찮겠어요?' 라고 물으셨다. 우리는 약속을 하고 연희동 일식집 에서 만났다. 사모님은 필자를 보자 놀라워하며 사진으로 보다가 실제로 보니 정말 꿈속에 보던 목사님이 맞다고 하였다.

사모님께 들은 이야기는 이러했다.

그날은 깊은 기도를 한 후에 꿈을 꾸셨는데 밤색 양복을 입은 키가 아주 크신 목사님이 많은 성도들이 모인 집회 장소에 오셔서 본 교회 집사님께 먼저 안수 기도를 하신 후에 본인에게 기도해 주셨는데 영적으로 큰 것이 나가고 말할 수 없이 영이 회복되는 꿈이었고 꿈을깬 후에도 기분이 좋았고 그 꿈이 잊혀지지 않았다고 하였다.

본 교회 목사님께 꿈 이야기를 했더니 심상태 목사가 맞다고 하셨다고 한다. 꿈을 깬 후에 이 목사님 같으면 기도를 받아도 되겠다는 생각이 들었다고 하였다.

필자는 양복이 10여벌 되지만 밤색은 콤비 하나밖에 없는데 2년 동안은 한 번도 입지 않다가 처음으로 입고 갔는데 놀라운 것은 꿈에 밤색옷이었다고 하였다. 그런데 더 놀라운 것은 필자가 교회 문제로 안양에 가볼 일이 있어서 우연히 목사님 교회에서 하루 밤만 재워 달라고 하였는데 그리하여 그날 밤 보혈세미나를 하기로 하였다.

갑자기 일어난 일이라 교인들이 많이 올수가 없어서 10여 명도 안 되게 모였는데 모두가 은혜와 영적인 신비한 체험을 하게 되었다.

2시간 정도 설교를 하고 2부로 안수 기도를 하였는데 주님이 만져주셨다.

통곡하며 회개한 분이 다섯 분이었고 그중에 방언을 못하시는 분이 세 분인데 단 한 번의 기도, '방언할지어다.' 이 한 마디에 모두가 유창한 방언이 터졌다.

그날 밤에 예언, 환상 등 은사가 회복된 분이 서너 분이고 죽기 직전에 있는 분도 은혜 받아 회복되었고 많은 상처의 치유와 축사가 임했으며 입신한 분이 세 분인데 천국에 가서 주님을 만난 사람, 주님의 음성을 들은 사람도 있었다.

그날 밤 한 번 설교를 듣고 짧은 시간에 담임목사님을 위시하여 100% 은혜 받은 것은 놀라우신 주님의 은혜였다.

사모님은 과거에 은사자였으나 힘든 개척교회를 하다 보니 상처를 받아 은사를 잊어버렸는데 그날 밤 새롭게 은사를 회복하게 되었다. 사모님은 예언도 환상도 주님의 음성도 들으시고 또 입신도 하고 병도 많이 고침 받으셨다.

그렇게 시작된 집회는 새벽 2시까지 계속되었고 잠시 잠 잔 후에 아침에 또 다시 시작되었다. 감사하게도 보혈복음 전파를 위해 『보혈은 기적이다Ⅱ』를 50권 또 주문하셨다.

이 모든 것이 주님의 은혜이지만 사모님의 기도 응답이었다.

목사님, 사모님 감사합니다. 이 모든 일로 주님께 영광을 돌려드리며 주님! 주님이! 하셨습니다. 준비시키신 종을 계속 쓰시옵소서.

할렐루야!

종을 통해 역사하신 주님을 찬양합니다.

> 자기 아들을 아끼지 아니하시고
> 우리 모든 사람을 위하여 내주신 이가
> 어찌 그 아들과 함께 모든 것을
> 우리에게 주시지 아니하겠느냐
>
> 로마서 8:32

7장

신앙 에세이
그리고 보혈

*Religion &
the precious blood of Jesus*

우군은 적고 적군은 많은 세상 | 천국에서의 환영식
참된 행복은 어디에 | 주님을 웃기는 자
주님을 닮아 가는 삶 | 참다운 진리를 알아야 한다
당신은 모든 것을 잃었군요 | 참다운 성공비결 | 보혈을 얻기가 어렵다
주님을 닮아야 | 하나님이 하실 수 없는 것
세계에서 가장 큰 부자 | 참된 보화 | 칠전팔기의 신앙
참된 장수의 길 | 주님이 기도 응답을 약속하셨다
겨자씨의 위력의 기도 | 영생의 약속
천국 시민의 자격 | 깨달음의 지혜

우군은 적고 적군은 많은 세상

세상을 살아가다 보면 나를 돕는 우군은 적고, 나에게 관심이 없거나 나를 해치는 적군이 더 많은 것이 사실이다. 바울도 에베소서 2:2에서 사람들이 공중 권세 잡은 자를 따랐다고 하였고 본인도 선한 싸움을 다 싸우고 나의 달려갈 길을 마치고 믿음을 지켰다고 하였다(딤후 4:7).

한 번은 이런 생각이 들었다. 지금 내가 돈이 당장 100만원이 필요하다 말하면 말없이 나에게 줄 사람이 몇 명이나 될까? 생각해보았는데 놀랍게도 아무리 생각해도 두 사람밖에 생각이 나지 않았다.

한 사람은 국민은행 간부로 있는 막내 아우 심상영 집사이고 또 한 사람은 미국에 간호사로 있는 하나밖에 없는 사랑하는 딸 심라야이다. 물론 필자의 판단이 정확하지 않을 수도 있고 또한 필자가 많은 선을 행치 않았고 심지 않은 신앙의 열매일 수도 있고 100만원 자체가 꼭 우군과 적군의 기준이 될 수 있는 것은 아니라는 것도 잘 안다.

그때 내 마음에서 하늘의 소리가 들렸다. "주는 나를 돕는 자시라"(히13:8)는 말씀이 내 마음에 들렸다. 이 말씀은 창조주이신 그분이 나를 도와주신다는 말씀이다.

로마서 8:32 자기 아들도 아낌없이 우리 모두에게 주신 이가 아들과 함께 우리에게 모든 것을 주시지 않겠느냐는 성경말씀을 기억나게 하셨다. 주님은 우리에게 모든 것을 주셨다.

주님은 이 세상 모든 것과도 바꿀 수 없는 하나밖에 없는 생명도 아낌없이 주셨고 또한 생명의 피도 주셨다. 보혈은 주님 자신이요 우리에게 주시는 하늘의 가장 귀한 선물이다. 그 이유는 보혈은 주님의 생명을 잃으시면서 쏟아 부어 주신 것이요 그것이 곧 주님의 생명, 또한 나의 생명이기 때문이다. 그때 생각했다. 주님은 나에게 모든 것을 주셨구나. 그리고 또한 주시기를 기뻐하시는구나 생각하였다.

천국에서의 환영식

어느 미국인 선교사가 아프리카 Africa에서 수많은 수고와 노력과 열정을 쏟아 부어 선교를 했음에도 불구하고 선교사 생활에서 큰 열매를 거두지 못하였다. 그러던 어느 날 작은아들이 병으로 죽었고 이어서 2년 후에는 큰아들이 죽었다. 그 충격으로 사모님이 시름시름 앓다가 사모님마저 죽게 되었다. 그러던 중 선교 파송 교회가 어려워져 재정적인 압박도 함께 받게 되어 영적으로, 육적으로 큰 상처를 입고 선교를 포기하기로 마음을 먹고 귀국을 하게 되었다.

'나는 왜 이렇게 시련이 많을까.' 큰 상처를 입고 하나님을 원망하며 배를 타고 조국인 미국으로 귀국하는데 마침 아프리카에서 사냥을 하고 돌아가는 미국 대통령과 한 배를 타게 되었다.

배가 미국 샌프란시스코에 도착하자 대통령을 환영하는 수많은 인파가 항구에 몰려왔다. 붉은 주단을 깔고 군악대의 예포소리와 함께 거대한 환영행사가 이어졌다. 그 뒤를 이어서 혼자 힘없이 걸어 나오며 이런 생각을 하였다. '나는 10년 동안 선교지에서 처자식을 잃고 영혼을 살리는 선교사로 일했는데도 마중 나온 사람도 한 사람도 없는데 사냥하러 갔다 온 대통령에게는 저렇게 수많은 환영인파가 나왔군. 나는 무엇인가.' 생각하고 있는데 갑자기 어디선가 한 음성이 들렸다. '사랑하는 종아, 너는 네 고향에 돌아올 때 천군천사를 동원하여 내가 직접 마중 나가리라. 그때 너는 붉은 주단이 아니라 황금보석 길을 걸을 것이며 예포소리가 아니라 천군천사가 나팔 불며 너를 환영하리라! 사랑하는 종아, 끝까지 충성하여라.' 하는 음성이 들렸다. 이 음성을 들은 선교사님은 그동안 지은 죄를 회개하고 다시 아프리카로 가서 충성하였다.

고린도전서 15:58 그러므로 사랑하는 형제들아 견실하여 흔들리지 말고 항상 주의 일에 힘쓰는 자들이 되라 이는 너희 수고가 주 안에서 헛되지 않을 줄 앎이라고 했다.

요한계시록 2:10 죽도록 충성하라 그리하면 생명의 면류관을 네게 주리라고 주님이 약속하셨다.

참된 행복은 어디에

미국의 한 신문에 이런 글이 실렸는데 많은 사람이 공감하였다.
우리는 돈으로 무엇이든지 살 수 있으나 행복은 살 수 없고
돈으로 침대는 살 수 있으나 잠을 살 수 없고
돈으로 음식을 살 수 있으나 식욕은 살 수 없고
돈으로 집은 살 수 있으나 가정을 살 수 없고
돈으로 약은 살 수 있으나 건강은 살 수 없고
돈으로 쾌락은 살 수 있으나 행복은 살 수 없고
돈으로 어디든지 갈 수 있으나 천국은 갈 수 없고
돈으로 십자가는 살 수 있으나 보혈은 살 수 없다.
이화여대 총장을 지내셨던 故 김활란 박사가 졸업식 축사에서 행복이란 주

제로 강의를 하였다. 그때 많은 학생들이 감동을 받았다. 그런데 어느 학생이 질문을 하였다.

"선생님! 선생님같이 잘나고 많이 배우고 부유한 사람은 행복을 말할 수 있으나 우리같이 가난하고 못나고 불행한 사람이 어찌 행복을 말할 수 있겠습니까?"

그때 그는 말하기를 행복은 육적인 소유에 있지 않고 예수를 소유함에 있다고 하였다. 그러면서 "사도 바울을 보아라. 아무것도 없었으나 그는 항상 감사하고 기뻐하였다. 그 이유는 바울은 행복의 원천인 예수를 소유했기 때문이다."라고 하였다.

김활란 박사는 죽기 전에 그의 유언에서 '내가 죽거든 장송곡을 부르지 말고 환송곡을 불러 달라. 그리고 내가 죽거든 묘비에다 데살로니가전서 5:16~18 말씀을 세워 달라.' 는 유명한 말을 남기고 천국에 갔다.

사도행전 7:57 유대인 지도자들은 스데반의 설교를 듣고 돌로 쳤으나 스데반은 주님을 보았다. 그 이유는 스데반은 성령이 충만하였고 하늘이 열렸기 때문이요 (행 7:56) 유대인들은 육적인 눈은 떴으나 영적인 눈은 감았기 때문이다. 그 결과 스데반은 자기를 죽이는 자를 위해 기도했으나 그들은 영이 열리지 않았기 때문에 설교자를 죽인 것이다.

주님을 웃기는 자

기독교 철학자 엘튼 트루불러드 Elton trueblood가 쓴 『그리스도의 유머』란 책이 있다. 그 책에는 주님은 우리가 웃기면 역사하신다는 말이 있다.

시편 16:11 주의 앞에는 충만한 기쁨이 있고 주의 오른손에는 영원한 즐거움이 있다고 하였다.

창세기 18:11~12에 보면 천사가 사라에게 아들이 있으리라 하니 사라가 비웃었다. 남편이 100세요 내가 90이 넘어 경수가 떨어졌는데 어찌 그런 일이 일어날 수 있느냐고 했다. 육적으로 보면 사라의 말은 진실이다. 그러나 주님은 비웃은 사라를 진실로 웃게 하셨다.

창세기 21:6 사라가 이르되 하나님이 나를 웃게 하시니 듣는 자가 다 나와 함께 웃으리로다 하였다.

어느 날 어떤 집사님이 목사님을 찾아왔다. "목사님, 기도응답이 일어났어요. 하나님은 내가 남편 전도를 위해 울면서 금식하며 기도해도 응답이 없더니 이번 주에는 새벽기도 갔다 온 후에 남편 구두를 들고 교회 강대상에 갖다놓고 '주님, 남편 구두를 먼저 가지고 왔습니다. 구두를 가져왔으니 이제 구두 주인도 속히 오게 하소서.' 하고 기도하였는데 너무 우스워서 혼자 깔깔대고 웃었습니다. 그런데 목사님, 이번 주일날 남편이 말없이 교회에 따라 나왔어요. 주님은 웃기니까 역사하네요." 하더라는 것이다.

우리도 주님을 웃게 하자. 그러면 역사가 일어나게 될 것이다.

세계적인 최고 경영자 CEO 100명에게 성공적인 말을 조사했더니 ① 유머러스한 말 ② 겸손의 말 ③ 친절한 말 ④ 재미있는 말 ⑤ 감동스런 말이라고 하였다. 그런데 바울은 하나님의 뜻을 세 가지라 하였는데 그것은 데살로니가전서 5:16~18 항상 기뻐하는 것, 쉬지 않고 기도하는 것, 범사에 감사하는 것이라고 하였고 또 히브리서 11:6 믿음이라 하였다. 다시 말해 보혈을 주심을 기뻐하고 감사하고 믿음으로 보혈신앙을 가지는 것이 주님을 기쁘시게 웃기는 길임을 알아야 할 것이다.

주님을 닮아 가는 삶

어느 도시 교회에 목사님이 새로 부임하셨다. 부임 설교로 '용서'라는 제목으로 설교하였는데 많은 사람들이 은혜를 받았다. 그런데 그 다음 주일에도 같은 본문에 같은 제목으로 설교를 하였다.

그때 성도들은 목사님이 아마도 이사하시느라 시간적으로 준비하실 시간이 부족했거나 정신이 없어 그랬겠지 생각하고 이해를 하였다. 그런데 이게 웬일인가. 그 다음 주일도, 또 그 다음 주일도 같은 설교를 한 달 동안이나 계속 한 것이었다.

이제 교인들 하나둘씩 웅성웅성 말썽이 일어나게 되었고 목사님을 비판하기 시작하였다. 그중에 성격이 급한 집사님 한 분이 목사님께 질문하였다.

"목사님, 언제 새로운 설교를 시작 하실 건가요?"

이 질문에 목사님이 대답했다.

"여러분들이 설교를 듣기만 하지 않고 실천할 때 다른 설교를 하지요."라고 말이다.

야고보서 1:22 "너희는 말씀을 행하는 자가 되고 듣기만 하여 자신을 속이는 자가 되지 말라".

우리나라의 초대교회에 김익두라는 목사가 있었다. 그는 유명한 깡패였다. 그는 예수 믿고 목사가 되자 모든 사람에게 부고장을 보냈다. 김익두가 죽었다고 많은 사람들은 그의 부고를 받고 기뻐하였다. 그런데 김익두가 목사가 되어 시장에 다시 나타났다. 그래서 어떤 사람이 그를 시험하기 위해 물 한 동이를 그에게 부었다. 그랬더니 그가 말하기를 "예전의 김익두 같으면 너희를 박살을 내었을 것이다. 그러나 옛 김익두는 죽고 이제 새로 태어난 김익두가 살았기 때문에 참는다."고 하였다. 예수 믿는 것은 믿음만이 아니라 믿음의 삶인 것이다.

그런데 놀라운 것은 ^{히브리서 9:14} 예수 피가 양심에서, 죽은 행실에서 깨끗하게 하고 살아계신 하나님을 섬기게 한다고 하였다.

예수님의 피가 오면 양심에 죽은 것이 살아나고 주님을 잘 섬기게 한다고 성경은 말하고 있다. 우리도 보혈의 신앙인이 되어 주님께 실천하는 신앙인이 되어야 하겠다.

또한 ^{히브리서 12:14} 모든 사람으로 더불어 화평함과 거룩함을 따르라 이것이 없이는 아무도 주를 보지 못하리라고 하였다. 그런데 놀라운 것은 ^{로마서 5:9-10} 하나님과 원수된 우리를 예수 피가 화목케 한다고 하였다. 예수 피의 능력이 이렇게 귀하다.

참다운 진리를 알아야 한다

^{요한복음 8:32} 주님은 진리를 알지니 진리가 너희를 자유케 하리라고 말씀하셨다.

그러나 유대인들은 그 말의 뜻을 알지 못하여 우리가 남의 종이 된 적이 없거늘 어찌하여 자유케 되리라고 하느냐고 말했다. ^{요한복음 8:33} 주님은 영적으로 말씀하셨으나 저들은 육적으로 생각하고 대답한 것이다.

주님은 저들이 사탄과 죄악에 매여 있음을 말하였으나 저들은 그 뜻을 알지 못했다.

또한 35절에 종은 영원히 거하지 못한다고 하셨고 아들은 영원히 거하나니 하심으로 보혈로 자유함을 얻지 못하면 지옥에서 영원히 거할 것을 말씀하셨고 36절, 주님이 보혈로 우리 죄를 씻고 사탄을 축사하여 자유케 하면 천국에서 영원히 산다는 진리를 말씀하신 것이다.

그런데 놀라운 사실은 찬송가 268장 1절은 '죄에서 자유를 얻게 함은 보혈의 능력주의 보혈 시험을 이기고 승리하니 참 놀라운 능력이로다'.라고 말하고 있다.

다시 말해 찬송가 268장은 보혈이 진리라고 한 것이다. 보혈만 있으면 저들은 사탄에서, 죄에서 자유를 얻는다고 주님이 말씀하셨는데 찬송가 268장도 같은 말을 한 것이다.

그 당시의 제자들, 심지어 예수님의 어머니 마리아도 몰랐다.

누가복음 18:34 '제자들은 하나도 깨닫지 못하였으니 그 말씀이 감추었으므로' 라고 하였다. 그러므로 보혈의 말씀을 유대인들처럼 내 생각대로 평가하지도 말고 주님의 제자들처럼 떠나지도 말고 보혈의 진리를 기도하고 겸손하게 받아들여야 할 것이다.

요한복음 6:66 그때로부터 제자 중에 많은 사람이 떠나가고 다시는 그와 함께 다니지 아니하니라.

그때로부터 떠났다는 말씀은 보혈의 말씀을 듣자 제자들의 다수가 떠났다는 말이다. 그리고 주님께 다시 오지 않았다.

그 이유가 무엇인가 보혈은 진리요 들어보지도 또한 많은 사람이 알지 못한 비밀이기 때문이다.

　복음 성가 '예수가 좋다오' 란 곡의 가사 중에 '많은 사람들 참된 진리를 모른 채 주님 곁을 떠나갔지만 내가 만난 주님은 참사랑이었고 진리였고 소망이었소' 라는 구절이 있다.

　그렇다. 그들은 진리를 모르기에 떠난 것이다.

구원의 문이 좁은 것을 알아야 한다.

　필자는 며칠 전 우리 카페 보혈신앙선교회 http://cafe.daum.net/angtae 에 올라온 동영상을 보았다. 총 내용이 20분이니 다 말씀드릴 수는 없으나 줄여서 말씀드리면 제목이 '구원은 1%' 였다. 외국에 있는 2만 명이 모이는 큰 교회 담임목사님이 기도 중에 주님을 만났다. 그래서 주님께 질문을 하였다. '주님, 우리 교회 2만 명 중에 몇 명이나 구원을 얻을 수 있습니까?' 물었더니 주님이 말씀하시기를 '한 200명 정도.' 라고 하셨으니 1%라 말씀하신 것이다. 그때 그 목사님은 너무나 큰 충격을 받았다. 그래서 교회에 모든 행사 프로그램을 새로 짜게 되었다. 회개와 기도로 전 성도들에게 오직 기도하고 회개하는 일만 시킨 것이다. 그리고는 회개는 철저히 하되 반드시 그냥 회개가 아니라 예수 피로 씻고 보혈로 씻어달라고 기도해야 된다고 가르쳤다는 내용이었다.

　필자는 보혈을 알고부터 이미 아는 것이니 큰 충격은 아니었으나 이 사실을 알려야 한다는 사명의식을 갖게 되었다. 우리는 알아야 한다. 물론 개인적인 한 사람의 영적인 체험이 진리일 수는 없으나 성경이 그렇게 말씀하고 있다는 것이다. _{마태복음 7:13-14} 좁은 문으로 들어가라 멸망으로 인도하는 문은 크고 넓어 그리로 들어가는 자가 많으나 생명으로 인도하는 문은 길이 좁고 협착하여 찾는 이가 적다고 주님이 말씀하셨다.

^{고린도후서 7:10} 하나님의 뜻대로 하는 근심은 후회할 것이 없는 구원에 이르게 하는 회개를 이루고 세상 근심은 사망을 이룬다고 하였다.

나는 세상 근심 쪽은 아닌지, 그 결과는 멸망이다. 하나님의 뜻대로 근심하여 구원의 회개 보혈을 받았는지?

마태복음 18:1~4

1절, 제자들이 누가 천국에서 큰 자냐고 주님께 물었다. 주님은 2절, 어린아이를 가운데 세우시고 너희가 돌이켜 어린아이와 같이 되지 아니하면 결단코 천국에 들어가지 못하리라고 하셨다.

제자들은 이미 천국에는 관심이 없고 이미 구원을 받았다고 생각했으나 주님은 결단코란 말씀을 하시면서 4절, 겸손하지 않으면 천국에 들어가지 못한다고 하셨다. 오늘날 교회는 구원에 대하여는 가르치지도 않고 또한 이미 구원을 받았다고 믿고 있다. 그러나 성경은 그렇게 말하지 않고 있다.

주님은 영생의 문제를 말한 부자 청년에게 네 재산을 팔아서 불쌍하고 가난한 이웃을 위해 나눠주라 그리할 때 하늘의 보화(보혈)를 주시 겠다고 하셨다. 주님 곁을 떠난 부자 청년을 향하여 주님은 부자가 천국에 들어가는 것이 약대가 바늘귀로 들어가는 것보다 더 어렵다고 말씀하셨다.

바울도 ^{빌립보서 2:12} 두렵고 떨림으로 우리 구원을 이루라고 하였고 ^{고린도전서 9:27} 내가 내 몸을 쳐서 복종케 함은 남에게 복음을 전한 후에 도리어 버림을 받을까 두렵다고 하였다.

사도 바울도 구원을 두렵고 떨림으로 이루어간다 하였는데 주님도 12제자들에게도 돌이켜 어린 아이와 같이 자신을 낮추지 아니하면 결단코 천국에 들어가지 못하리라고 하셨는데 이미 구원이 완성된 것처럼 말하고 가르치는 주의 종들이 얼마나 많은가 심히 통탄할 일이 아닐 수 없다.

누가복음 13:23 어떤 사람이 주님께 물었다. 구원을 얻을 자가 적으니이까? 24절, 주님의 대답이 좁은 문으로 들어가기를 힘쓰라 내가 너희에게 이르노니 들어가기를 구하여도 못하는 자가 많으리라 하셨다. 천국에 가게 해달라고 기도하여도 천국에 못 갈자가 더 많다고 주님이 말씀하셨다. 그런데 이미 구원을 받았다고 구원을 구하지도 않다가 심판을 받으면 어떻게 할 것인가. 이 말씀을 명심해야 한다.

그러나 우리가 알아야 하는 것은 요한복음 6:54 내 살을 먹고 내 피를 마시는 자는 영생을 얻었고 마지막 날에 내가 그를 다시 살리리라고 하심으로 보혈의 피로 씻음 받는 자가 구원을 얻을 것이며 보혈이 생명임을 말씀하셨다.

당신은 모든 것을 잃었군요

어느 학자가 강 건너 마을을 가기 위해 나룻배를 탔다. 이 학자는 자신을 과시하기 위해 사공에게 질문을 하였다.

"사공님, 삼국사기를 아십니까?"

그때 사공이 하는 말이 "아니요. 나는 무식해서 그런 걸 잘 몰라요." 하였다.

그때 학자가 말했다.

"쯧쯧. 사공님은 인생의 20%는 헛살았군요."

조금 가다가 신이 난 학자는 다시 물었다.

"사공님, 이 지역 생태계를 아십니까?"

사공은 언짢은 표정을 지으며 "아니요. 몰라요." 하였다.

그랬더니 이 학자가 빙그레 웃으면서 "사공님은 인생을 40%는 헛살았군요." 하였다. 그런데 그때 갑자기 큰바람이 불기 시작하더니 나룻배가 바람에 못 이겨 흔들리더니 학자가 그만 물에 빠지고 말았다. 허푸 허푸 옷을 입은 채로 살려달라고 사공에게 아우성을 쳤다.

그때 사공이 점잖게 물었다.

"학자님, 수영할 줄 아세요?"

"아니요. 할 줄 몰라요."

이 말을 듣자 사공이 웃으면서 말했다.

"그럼 학자님은 인생의 100%는 헛살았군요."

이 이야기는 한 가지 중요한 것을 깨닫게 한다. 모든 것을 얻어도 목숨을 잃으면 소용이 없다는 것이다. 이와 같이 이 세상을 다 얻는다 하여도 천국에 가지 못한다면 무슨 소용이 있겠는가?

보혈의 참된 진리를 모르면 영육의 100%을 잃는 것이요 보혈을 알고 행하면 모든 것을 얻는 것이라는 사실이다. 주님이 말씀하셨다. 발 씻음의 참다운 의미가 보혈임을 가르쳐 주시고 요한복음 13:17 이것(보혈)을 알고 행하면 복이 있으리라 하셨다.

참다운 성공비결

옛날에 한 청년이 임금님께 찾아왔다. 그리고 성공의 비결을 가르쳐달라고 하였다.

  왕은 말없이 잔에다가 포도주를 가득 담아 이 청년에게 주고는 온 시내를 한 바퀴 돌고 오라고 하였다. 그리고는 군인을 급하게 불렀다. 그리고 군인에게 칼을 빼어들고 그를 따르라고 하였다. 만약 이 청년이 포도주를 떨어뜨리거나 조금이라도 포도주를 쏟으면 목을 즉시 내리치라고 명령했다.

  이 청년은 포도주가 한 방울이라도 떨어지면 죽기 때문에 긴장하며 식은땀을 흘리며 시내를 한 바퀴 돌고 무사히 왕궁에 돌아왔다.

  성공한 이 청년에게 왕이 물었다.
  "너는 시내를 도는 동안 무엇을 보고 들었느냐?"
  그 청년은 아무것도 보지도 듣지도 못하였다고 하였다. 이 말을 들은 임금님은 말하였다.
  "그렇다. 바로 그것이 성공의 비결이다. 네가 시내를 돌아오는 동안 포도주 잔만 보고 아무것도 듣지도 보지도 못한 것처럼 네 인생에 한 가지 일에 집중하고 어떤 유혹에도 넘어가지 아니하면 성공한다."

  히브리서 12:2 믿음의 주요 또 온전케 하시는 예수를 바라보자고 하였다.
  노아의 방주는 크고 웅장하였으나 문이 하나요 또한 위로만 보게 되었다. 우리의 신앙생활도 모든 일에 성공도 예수, 예수, 예수님만 바라보아야 참된 성공을 얻을 수 있다.
  우리가 기억하자. 부귀도 영화도 천국도 주님 안에 있음을……..

보혈을 얻기가 어렵다

요한 사도가 주님께 물었다.

"주님, 저기 흰옷을 입은 무리들이 누구입니까?"

요한계시록 7:14 주님은 말씀하시기를 "큰 환난에서 나오는 자들인데 어린양의 피에 옷을 빤 자들"이라고 하셨다. 여기서 우리가 알아야 할 것은 주님은 묻지도 않은 큰 환난에서 보혈이 나온다고 하신 것이다. 다시 말씀드리면 보혈은 환난을 통하여서만 온다는 것이다. 그것도 큰 환난이라고 주님은 말씀하셨다.

며칠 전에 TV에서 북한 탈출기를 보았다. 많은 사람들이 몇 번이나 죽을 고비를 넘기면서 사선을 넘어 탈출하는 장면을 보았다. 그것을 보면서 이런 생각이 들었다. 잠시 살다 죽는 육적인 자유를 얻는 길도 저렇게 힘이 드는데, 영적인 영원한 생명인 보혈을 얻는 것이 어찌 쉽겠는가. 보혈이 큰 환난이란 주님의 말씀이 깨달아졌다.

필자는 몇 년 전에 책을 쓴다고 3개월 동안 운동을 거의 하지 않았더니 5kg이나 불었다. 그리하여 필자의 아파트의 계단을 타면서 운동하기로 하였다. 하루에 120층씩 죽을힘을 다하여 3개월 운동한 결과 5kg 뺄 수 있었다. 그러나 이게 웬일인가. 몇 주간 동안 일이 있어 운동은 하지 않고 뷔페식당에서 과식을 한 결과 몇 주 만에 다시 6kg이 불어난 것이다.

이때 깨달았다. 보혈도 이와 같은 것이라고. 보혈은 하늘의 보화이기에 보혈 신앙을 얻기는 어려워도 잃기는 쉽다는 것을 깨닫게 되었다.

필자는 영어공부를 열심히 한다. 무려 7년째 거의 주일 외에는 매일 한다고 할 수 있다. 그 이유는 복음을 세계인에게 전하기 위해서는 영어가 반드시 필요하기 때문이다. 그런데 영어가 쉽지 않다. 어렵다. 영어가 어려워 아무리 열심히 하여도 아직도 잘할 수가 없다. 이와 같이 보혈도 영어와 같다.

우리 속에 역사하는 사탄과 죄가 보혈신앙을 얻지 못하게 밀 까부르듯이 우는 사자처럼 역사하기 때문이다. 그러므로 우리는 날마다 보혈로 성령으로 충만하기 위해 힘쓰고 애써서 보혈신앙인이 되어야 하겠다.

주님을 닮아야

우리는 우리의 모습에서도 예수님의 향기를 풍겨야 하고 또한 예수를 닮아야 한다.

성화란 신인협력으로 예수님을 닮기 위해 힘쓰고 애쓰는 삶을 말한다. 우리는 하나님의 형상대로 창조되었다. 그러므로 우리의 지·정·의 모두가 창조의 원리대로 하나님을 닮아가야 한다. 오늘날에는 마치 기독교가 복만 추구하는 기복신앙인 것처럼 생각하는 사람들도 많은 것 같다. 그러나 기독교는 예수를 닮는 종교요 십자가의 종교이다. 주님은 마태복음 16:24~25에서 보듯 우리가 복음을 위해서 십자가를 지고 목숨까지도 버리기를 원하고 계신다.

인도에 어떤 할머니가 있었는데 그 손자가 사탕을 너무 좋아하여 이빨이 다 썩었다. 아무리 말해도 어느 누구의 말도 듣지 않았다. 그래서 할머니는 고민하다가 간디Gandhi 선생께 부탁하기로 하고 간디 수상을 찾아갔다.

"선생님, 우리 손자가 사탕을 너무 좋아해서 이빨이 다 썩어 가는데도 아무 말도 듣지 않아 선생님께 데려왔으니 선생님이 사탕 먹지 말라고 말씀 좀 해주십시오." 하고 부탁했다.

한참 생각하던 간디 수상이 말하기를 3개월 후에 오라고 하였다. 할 수 없이 3개월 후에 다시 간디에게 갔다. 그런데 이번에는 두 달 후에 또 오라고 하였다. 다시 할머니는 기다렸다가 두 달 후에 간디를 찾아갔다. 그랬더니 간디 수상이 하는 말이 "애야, 사탕을 너무 좋아하면 이빨이 썩으니 이제 사탕을 먹지 말거라."고 하였다.

그 말을 들은 할머니가 화가 나서 그에게 물었다.

"선생님, 그 말씀을 하시려고 5개월씩이나 걸렸나요? 처음 왔을 때 그렇게 말씀해 주셨으면 될 것을 왜 이제야 하십니까?" 하고 따져 물었다. 그랬더니 간디가 하는 말이 "나도 나이가 많아 사탕을 좋아합니다. 처음에 왔을 때는 3개월이면 사탕을 끊을 수 있으리라 믿었는데 다 끊지 못해서 두 달을 더 기다려 이제 완전히 끊었기에 이야기할 수 있는 자격이 되었기에 말을 한 것입니다."라고 하였다.

빌립보서 4:18 바울은 내가 눈물을 흘리면서 말하노니 여러 사람이 십자가에 원수로 행하는도다 그들의 마침은 멸망이요 그들의 신은 배요 땅의 일만 생각하는도다 하였다.

바울은 고린도전서 11:1 내가 그리스도 예수를 본받은 것처럼 너희는 나를 본받으라고 하였다.

많은 사람들은 보혈이 마치 부적을 대하듯 보혈을 뿌린다 바른다 마신다 말로만 한다. 감사가 없는 보혈, 주님의 은혜를 망각한 보혈, 보혈의 진리도 알지 못한 채로, 죄를 지어도 보혈만 뿌리면 다 된다는 기복적이요 미신적인 보혈은 안 된다.

간디는 사탕 하나도 끊지 않고는 말할 수가 없다 했거늘.

필자가 생각할 때 보혈을 향한 감사와 사랑하는 마음이 우리의 가슴에 가득 차야 하고 주님의 은혜에 감격하여 감사의 눈물이 흘러야 그리고 그때야 비로소 보혈을 불러야 할 것이다. 간디처럼 말이다.

하나님이 하실 수 없는 것

김진홍 목사는 어떤 방송 강의에서 하나님이 하실 수 없는 것이 세 가지라고 하였다.

① 과소비하는 지갑을 주님이 지켜주실 수 없고
② 과식하는 위장을 주님이 지켜주실 수 없고
③ 과로하는 건강을 주님이 지켜줄 수 없다고 하였다.

이 말씀은 하나님이 하실 일과 인간이 해야 할 일이 따로 있다는 말이다. 필자는 소원 중 하나가 살을 빼는 것이다. 그래서 10년 동안이나 날마다 10kg을 빼게 해달라고 간절하게 기도했으나 그 기도는 아직도 응답되지 않았다. 그런데 독한 마음을 먹고 3주간 동안 식사량을 대폭 줄이고 하루에 3시간씩 빨리 걷는 운동을 하였더니 응답이 왔다. 무려 3주간에 4kg이 빠진 것이다.

이는 무엇을 교훈하고 있는가 생각해보자.

한신교회를 시무하셨던 故 이중표 목사님 강의에서 들은 이야기이다. 자기를 너무 괴롭히는 장로님이 계셔서 날마다 주님께 기도하였다. '주님, 저 장로님을 다른 교회를 보내주시든지 제게 무릎 꿇고 빌게 하든지 죽게 해주세요.'

라고 기도하였는데 하루는 주님의 음성이 들렸다. '종아, 나도 못하는데 네가 어찌하려고 하느냐. 장로 고쳐 달라 하지 말고 네가 고쳐라.' 하는 주님의 음성을 듣고 자신이 고쳤더니 행복했고 그 후에 장로님도 고쳤다는 말을 들었다.

히브리서 6:16~17에는 주님이 못하시는 것이 둘이니 하나는 약속을 변개치 못하시고 다른 하나는 거짓말을 못하신다고 하였다.

필자는 이런 생각이 들었다. 하나님이 아담을 만드시고 그의 첫째 아들이 가인인데 인간적인 관계로는 가인은 하나님의 첫손자이다. 그런데 그렇게 귀여운 손자도 주님은 버리셨다. 보혈이 없는 자를 주님이 버리시는 것이 언약이기에 주님도 버리지 않을 수가 없으시다. 요한복음 13:8 주님은 베드로에게도 내가 너를 씻기지 아니하면 너와 나는 상관이 없다고 하셨다. 주님은 당신의 피가 없으면 베드로도 버리신다 하셨다. 그 이유는 보혈은 언약이니 공의의 하나님이 폐기하실 수가 없기 때문이다.

세계에서 가장 큰 부자

영국이 세계를 제패했을 때는 영국의 왕이 세계 제일 부자였다. 어느 날 밤에 영국의 왕이 꿈에 주님을 만났다. 그리고 주님이 말씀하셨다. '내일 밤 12시에 영국에 사는 세계 제일 부자가 죽는다.' 는 말이었다. 꿈을 깨고 보니 자기가 내일 밤 12시에 죽는다는 말인 것이다. 이 말을 듣자 두렵고 떨리고 걱정이 되어 잠이 오지를 않았다.

날이 밝자 왕은 신하를 모아놓고 대책회의를 하였다. 하나님은 절대로 거짓말을 하시지 않으시니 이 일을 어떻게 하면 좋겠느냐며 꿈속에서 주님이 하신 말을 신하에게 하였다.

그때 한 신하가 하는 말이 세계 명의를 불러 의술을 베풀어 죽지 않게 하면 된다고 했으나 그것은 말이 안 된다고 채택되지 않았다. 또 다른 신하가 하는 말이 "왕이여, 왕의 재산을 남에게 나눠주면 제일 부자가 아니니 죽지 않을 것입니다."라고 하였으나 그것은 욕심 때문에 실천하지 못했다.

그러다보니 어느덧 약속한 밤 12시가 되었다. 그런데 임금이 12시가 넘어도 죽지를 않았다. 왕이 신하들에게 말하였다. 전국에 다 조사하여 밤 12시에 죽은 자를 찾으라고 하였다. 그랬더니 런던 시내에 거지 한 명이 밤 12시에 죽었다는 보고가 들어온 것이다. 그래서 왕이 명령했다.

"그를 조사해 보아라. 분명히 보물지도라도 있을 것이다."

그런데 그 거지의 유품은 낡은 성경 한 권과 밥 얻어먹을 때 쓰는 낡은 깡통과 작은 그릇 누더기 옷 몇 벌이 전부였다.

왕은 말했다.

"하나님은 거짓말을 하시지 않는다. 그의 생활을 조사해보라."

왕의 명령대로 그 거지를 조사해 보았더니 자기보다 어려운 거지에게 밥과 옷을 나눠주며 평생을 구제하고 헌신한 사람이라는 보고였다.

그때 왕은 깨달았다. 하늘의 보화를 쌓는 것이 진정한 부자라는 것을…. 그리고 이 거지가 자기보다 더 큰 부자라는 사실을 깨닫고 남은 여생을 전 재산을 팔아 구제하고 선을 베풀고 살았다는 이야기다.

주님은 말씀하셨다. ^{마태복음 6:20} 오직 너희를 위하여 보물을 하늘에 쌓아두라 거기는 좀과 동록이 해하지 못하고 도둑이 구멍을 뚫지도 못하고 도둑질도 못한다 하셨다. 주님은 부자 청년에게도 네 재산을 팔아서 불쌍하고 가난한 이웃을 위해 나눠주라. 그리하면 하늘의 보화를 주시겠다고 하셨다.

이 말씀은 하늘의 보화인 보혈이 세상의 어떤 보화보다 더 귀함을 주님이 말씀하신 것이다. 우리가 알아야 한다. 진정한 부자는 하늘의 보화를 쌓아 두는 것을….

알렉산더 Alexander 대왕은 그가 죽을 때 유언하기를 '내가 죽거든 관에 구멍을 내고 내 두 손을 내어놓으라'고 하였다. 그 이유는 나는 아무것도 가지고 가지 않았다는 것을 보여 주기 위해서라 하였다.

참된 보화

이스라엘 나라에 지혜로운 랍비의 아내가 있었다. 하루는 랍비가 멀리 외국으로 가게 되었다. 그런데 이게 어쩐 일인가. 랍비도 없는데 사고로 두 아들이 죽게 된 것이다.

지혜로운 랍비의 아내는 시체에 향유를 부어 죽은 아들을 방에 잘 보관하여 두었다. 여러 날 후에 외국에 갔던 남편이 돌아오게 되었다.

그때 아내가 말했다.

"여보, 오래 전에 어떤 분이 나에게 보화 둘을 보관하라고 주고 갔는데 며칠 전에 다시 그 보화 주인이 와서 돌려 달라고 하는데 어떻게 하면 좋을까요?"

랍비는 잠시 후에 말하기를 "남의 것이면 아무리 귀한 보화라도 주인이 달라 하면 돌려주어야지요." 하는 것이었다.

남편의 말을 들은 지혜로운 랍비의 아내는 랍비를 데리고 시체가 있는 아들

방에 가서 시체를 보여 주며 말을 이어갔다.

"여러 해 전에 하나님께서 우리에게 두 명의 자식을 선물로 주셨지요. 우리는 우리 것이라 여겼는데 주님이 필요하셔서 데려갔으니 감사해야 되지 않겠어요?"

이 지혜로운 아내의 말에 랍비도 지난날을 생각하며 주님께 감사했다고 하였다.

욥기 1:21 욥은 말하기를 주신 자도 여호와시요 취하신 자도 여호와시니 여호와의 이름이 찬송을 받을지어다 하였다. 로마서 14:8 우리가 살아도 주를 위해 살고 죽어도 주를 위해 죽나니 그러므로 사나 죽으나 우리가 주의 것이라 하였다.

우리는 과연 누구의 것인가? 주님은 당신이 주인이신데 우리를 위하여 보배피를 흘려주시고 생명도 주셨다. 그러므로 주님이 보혈이요 말씀이 보혈이요 보혈만이 주님이 주시는 참된 보화인 것이다.

칠전팔기의 신앙

미국의 16대 대통령 아브라함 링컨 Abraham Lincoln은 참으로 위대한 대통령이기도 하지만 위대한 신앙인이었다.

그의 어머니 낸시는 그가 10살 때 풍토병으로 죽었다. 낡은 성경 한 권을 유산으로 남기고 '너는 성경을 많이 읽고 성경의 약속을 믿으라'고 하였다. 그는 어머니의 유언을 지키기 위해 촛불을 켜놓고 성경을 읽고 또 읽었다. 잠언 22:6에 마땅히 행할 길을 아이에게 가르치라 그리하면 늙어서도 그 길을 떠나지 아니하리라고 하였다.

그러나 원치 않게도 링컨에게는 많은 시련이 찾아왔다. 23세, 25세에 두 번이나 사업에 실패하였고 10살 때 어머니를 잃은 것 외에도 20살 때 누이인 사라가 죽었고, 27살에 결혼한 아내가 불치병으로 죽었으며 42살과 52살 때 둘째 아들 에드워드와 셋째 아들 윌리엄이 죽는 아픔을 겪었다.

그는 24세 의회의원 선거에 낙선하였고 30세에 의회의장 선거에 낙선, 36세에 하원의원 공천에서 탈락하였고 46세에 상원의원 선거에 낙선하였다. 그 후에도 48세에 부통령에 낙선하였고 50세에 상원의원에 또 낙선하였다.

그러나 그로부터 4년 뒤 아브라함 링컨은 드디어 칠전팔기의 인내의 신앙으로 1860년 54세에 미국의 16대 대통령이 된 것이다. 미국 역사상 가장 훌륭한 대통령이 된 것이다. 그는 어머님의 유언의 말씀과 주님이 주시는 성경의 약속을 굳게 믿은 것이다.

로마서 8:28 하나님의 뜻대로 부르심을 입은 자에게는 모든 것이 합력하여 선을 이룬다고 하였다.

우리는 기억하자. 주님은 생명을 잃는 고통을 당하시고 보혈을 흘려주셨고 우리는 모든 것을 다 잃어도 어떠한 시련이 닥쳐와도 생명의 보혈만은 꼭 우리 것으로 만들어야 한다. 링컨처럼 약속을 꼭 지켜야 한다.

필자는 약속을 잘 지키려고 노력한다. 그러나 그렇지 못한 사람들이 우리 주위에는 너무나도 많다. 링컨은 어렸지만 어머니와의 약속을 잘 지켰고 또한 주님과의 약속도 잘 지켰다. 링컨은 어머님과 주님께 약속하였다. 어떠한 경우에도 술을 마시지 않겠다고. 그는 평생을 술을 마시지 않았다. 그런데 그가 대통령이 되자 참모들이 건의하였다.

대통령께서는 술을 마시지 않아도 하객들에게는 이 기쁜 날 와인을 한 잔씩 돌려야 되지 않겠느냐고. 그러나 그는 한마디로 거절하였다. 더 중요한 것은 백성들과의 약속보다도 하나님과의 약속이기 때문이라 하였다.

그 후 선물로 온 술들은 정중히 거절하여 돌려보냈고 파티에 모인 백성들에게 말하였다.

"여러분, 나는 여러분들과의 약속보다 하나님과의 약속을 지켜야 합니다. 그래서 술을 들이지 못함을 용서하시고 그 대신 방금 떠온 생수를 가져왔으니 드십시오." 하였다.

잠언 20:1 포도주는 거만하게 하고 독주는 떠들게 하는 것이라 이에 미혹되는 자마다 지혜가 없느니라 하였다.

마태복음 5:18 천지가 없어지기 전에는 율법의 일점일획도 결코 없어지지 않고 다 이루리라 하셨다.

우리는 기억해야 한다. 우리의 구원을 위해 보혈로 약속하셨음을. 그래서 구약의 짐승 피의 보혈을 옛 언약이라 하였고 신약의 예수님의 피를 새 언약이라 하였다는 것을 알아야 한다.

참된 장수長壽의 길

당대에 세계 최고의 부자였던 록펠러 Rockefeller가 43세에 이미 미국에서 최고의 부자였고 53세에는 세계 최고의 부자가 되었다. 그럼에도 그는 행복하지 않았다.

그는 알로피셔 alopecia라는 불치병을 앓고 있었기 때문이었다. 머리카락이 빠지고 눈썹도 빠지고 온몸이 말라 가는 병이었다. 무엇보다 불면증에 시달려 잠이 오지 않았다. 의사는 일 년을 더 살기 힘들다고 하였다.

그는 살아온 자신을 반성하며 어머님의 유언 10계명을 읽고서 크게 깨닫게 되었다. 구제하는 일을 소홀히 하고 돈 버는 기계처럼 산 자신을 발견하게 된 것이다. 그 후 그는 교회 100개를 지어 하나님께 드리고 록펠러 재단을 설립하여 가난한 이웃을 위하여 재산을 쏟아 부었다. 그런데 놀랍게도 주님이 그를 건강하게 하셨고 그는 그 후 45년이나 더 살아 98세까지 건강하게 살다가 주님의 부름을 받았다.

여기서 우리는 기억할 것이 있다. 참된 행복이란 이 땅에서의 행복이 아니라 천국에 가는 길임을, 영원히 행복하게 사는 길은 보혈의 신앙으로 회복하는 길임을 알아야 한다.

주님이 기도 응답을 약속하셨다

요한복음 15:7 너희가 내 안에 거하고 내 말이 너희 안에 거하면 무엇이든지 원하는 대로 구하라 그리하면 이루리라.

주님은 히브리서 6:18 주님은 거짓말을 하실 수 없다고 하셨다. 그러므로 성경은 기도의 약속들이 기록된 책이요 또 그 약속의 성취로 응답받은 기록들이 기록된 책이다. 요한복음 15:7을 다시 보면 너희가 내안에 거하고 내말이 너희 안에 거하면 무엇이든지 원하는 대로 구하라 그리하면 응답하신다고 하셨다. 그런데 우리가 주님 안에 거한다는 것이 무엇인가?

요한복음 6:56 보혈의 피를 마시는 것이 주 안에 거하는 것이라고 하였다. 다시 말해 보혈의 기도가 응답을 받는다는 말이다.

고아들의 아버지 조지 뮬러 George Muller는 기도의 사람이다. 그가 살아있는 동안 5만 번 기도하여 생애에 한 번만 응답받지 못하고 다 받았다고 알려져 오고 있다.

모든 기도는 다 응답을 받았는데 두 사람의 친구 구원을 위한 기도는 응답받지 못했다. 한 친구는 뮬러가 죽기 직전에 병실에서 응답을 받았고 또한 친구는 52년 동안 그 친구를 위해 기도했지만 끝내는 응답을 받지 못하고 눈을 감았다. 그 친구가 뮬러의 장례식장에 와서 자신을 위해 52년 동안 기도했다는 말을 듣고 그는 그 후에 예수를 믿게 되었고 그는 영국 방방곡곡을 다니면서 순회 전도를 하면서 이렇게 외쳤다.

"조지 뮬러 목사님, 당신의 기도는 5만 번 모두 다 응답을 받았습니다. 목사님, 보시고 계시지요?"

우리는 기억하자. 예수 이름으로 하는 기도는 응답받는다. 특히 생명의 보혈의 기도는 반드시 응답을 받는다.

겨자씨의 위력의 기도

복음서에는 겨자씨에 대한 기록들이 여러 번 나온다. 특히 주님이 믿음을 설명하시면서 여러 번 겨자씨를 언급하셨다. 겨자 나무는 팔레스틴 지역에 자라는 1~2년생 식물로써 씨앗은 눈에 잘 보이지 않게 작지만 1년 동안에 많게는 3m 이상도 자란다고 한다.

 페르시아 Persia의 유명한 장군이자 대왕인 다리우스 Darius 황제가 구라파를 점령하기 위해 알렉산더 Alexander 대왕과 전쟁을 하게 되었다. 다리우스는 선전포고를 하면서 병사를 시켜 알렉산더 대왕께 선물을 보냈다.

 그 선물 안에는 참깨를 한 부대 가득 담아 보냈다. 이 선물의 뜻은 우리는 이렇게 군대가 많으니 항복하라는 뜻이 담겨 있었다.

 이 선물을 받은 알렉산더 대왕은 선물을 가져온 군사에게 봉투에다 겨자씨 한 알을 선물로 보냈다. 이 뜻은 우리가 작다고 무시하지마라. 우리는 무섭고 놀라운 생명력을 지닌 군대라는 뜻이 포함되어 있었다. 그 선물의 뜻대로 알렉산더 대왕은 다리우스 황제와의 전쟁에서 크게 승리하였다.

 문제는 작고 큰 것이 문제가 아니라 생명이 있는 강한 군대냐 아니냐의 문제인 것이다.

 우리는 기억한다. 다윗과 골리앗의 싸움을 다윗이 승리한 것은 다윗에게는 주님이 함께하셨기 때문이며 여호와의 이름으로 승리할 수가 있었던 것이다.

 기드온 사사는 무기도 쓰지 않고 300명만으로 미디안 15만 명과 싸워 승리하였다. 그 이유는 하나님의 방법대로 했기 때문이다.

 주님은 보혈은 생명이라고 하셨다. 보혈의 기도야말로 하나님의 원하시는 방법의 기도요 작지만 크게 빨리 자라는 겨자나무 같은 생명의 기도인 것이다.

영생의 약속

어느 농촌 교회에서 권사님이 병으로 돌아가시게 되었다. 임종 직전에 담임 목사님이 심방을 가시게 되었다. 예배 후에 목사님이 물으셨다.

"권사님, 이제 천국에 가실 준비는 다하셨지요?"

그런데 그 말씀을 듣자 권사님의 얼굴이 어두워지면서 "목사님, 자신이 없어요." 하는 것이었다.

그래서 담임목사님이 물으셨다.

"권사님, 요한복음 3:16 암송하실 줄 아시지요?"

권사님이 그렇다고 대답했다.

"그럼 한 번 암송해 보세요." 하시고 천천히 암송하게 하였다.

다 암송한 권사님께 목사님이 물었다.

"권사님, 하나님이 세상을 사랑하는 것 믿으시지요?"

권사님이 역시 그렇다고 하였다.

"그럼 세상이란 말속에 권사님이 포함된 걸 믿으시지요?"

다시 "예"라고 대답하였다.

"그럼 생각해 보세요. 누구든지 예수를 믿으면 멸망치 않는 것 믿으시나요?"

다시 권사님은 대답했다. "그럼, 이제 누구든지 대신에 권사님 이름을 넣고 다시 암송해 보세요."

'○○○ 예수님 믿으면 멸망치 않고' 라는 구절에서 권사님이 눈물을 흘리시면서 "그럼 나는 멸망치 않고 영생을 얻었네요. 목사님." 하시면서 확신에 찬 모습으로 소천하셨다고 한다.

그렇다. 누구든지 예수를 믿으면 구원을 받는다. 이것은 만고불변의 진리이다. 그러나 본문에서 독생자를 주셨음을 믿는다는 말의 뜻이 십자가에서 죽으시고 피 흘리신 예수를 말하고 있으니 피 흘리신 예수를 믿으면 멸망치 않고 구원을 받는다는 말이다.

누구든지 십자가 보혈을 믿고 그 피로 씻음 받음을 믿음에 포함해야 하는 것이다. 찬송가313장 2절에 내 임금 예수 내주여 내 허물은 덮으시고 주 십자가에 흘리신 그 피를 믿는 마음을 보사 내 중한 죄를 사하여 참 평안한 맘을 주소서 하였음에서도 볼 수 있다.

다시 말씀드리면 믿음으로 구원을 받지만 십자가 보혈과 부활을 헛되이 믿지 않으면 구원을 받는 것이다(고전 15:2~3 참조).

천국 시민의 자격

감리교회의 창시자인 존 웨슬레 John wesley 목사의 유명한 일화이다.

웨슬레가 기도하다가 영적으로 수면 상태에 들어가서 천국에 가게 되었다.

웨슬레는 천국 문 앞에서 천사를 만났다. 그는 천사에게 물어보았다.

'천사님, 나와 함께 메소디스트 Methodist 감리교 운동을 하는 사람들이 몇 명이나 천국에 들어왔나요?' 하였더니 천사가 책을 뒤져 보고는 한 사람도 없다고 하였다.

웨슬레는 너무나도 낙심을 하고 '그럼 천사님, 존 칼빈 Jean Calvin의 5대 교리를 믿는 장로교 교인들은 몇 명이나 천국에 들어 왔나요?' 물었더니 그들도 한 명도 없다고 하는 것이었다.

그는 크게 낙심하여 '그럼 우리들의 종교개혁은 완전히 실패하였네.' 낙담

하면서 '천주교를 신봉하는 신자는 몇 명이나 천국에 들어 왔나요?' 하였더니 천사는 또 한 명도 없다고 했다.

'그럼 천사님, 누가 천국에 들어 올 수 있나요?' 하였더니 천사가 하는 말이 '이 천국은 예수 그리스도의 피로 죄를 씻고 참으로 예수를 영접하고 중생하여 믿는 자가 들어오는 곳이오.' 라고 하였다. 그 말을 들은 웨슬레는 천사의 말의 뜻을 알게 되었다.

어떤 목사님과 장로님, 집사님 세분이 천국에 들어가게 되었다. 먼저 목사님이 주님 앞에 갔더니 주님이 일어나시며 '수고했다. 사랑하는 종아.' 하시며 크게 환영을 해주셨다. 그 다음 장로님 집사님께는 말만 하시며 목사님처럼 환영하시지 않으셨다. 그때 집사가 예수님께 따졌다. '주님 천국에서도 목사님과 장로, 집사 차별하는 겁니까? 목사님께는 그렇게 크게 환영하시고 우리는 왜 환영을 안 해주시는 겁니까?' 하였더니 주님이 하시는 말씀이 '사랑하는 종아, 섭섭하게 생각지 마라. 장로, 집사는 날마다 천국에 들어오지만 목사는 하도 오랜만에 들어와서 너무 반가워서 그렇게 한 것이란다.' 하였단다.

야고보서3:1 내형제들아 너희는 선생 된 우리가 더 큰 심판을 받을 줄 알고 선생이 많이 되지 말라 하셨다.

충현교회 담임목사요 총신 교수이셨던 신성종 교수는 그가 쓴 『내가 본 지옥과 천국』이란 저서에서 지옥에서 교황, 신부, 많은 목사님, 총회장 출신 목사님, 또 자신이 알고 있는 큰 교회 담임목사도 있었다고 증언하였다.

우리가 천국 가는 것은 어떤 직분의 자격이나 업적으로 가는 것이 아니라 예수님의 공로, 즉 십자가 피를 믿고 중생하여 주님을 영접함으로 가는 것임을 명심하여야 하겠다.

깨달음의 지혜

누가복음 24장에 엠마오로 가던 두 제자가 주님과 함께 동행하면서도, 함께 이야기를 하면서도 이야기하는 사람이 주님인 줄 알지 못했다. 그 이유를 누가복음 24:16에서 그들이 눈이 가리워져 있었기 때문이라 하셨다. 그런데 30절에 주님이 떡을 떼어 축사하시고 주셔서 그들이 떡을 먹자 31절에 눈이 밝아져 예수님을 알게 되었다.

그럼 그 떡이 무엇일까 요한복음 6:51 내가 줄 떡은 곧 세상의 생명을 위한 내 살이라고 하셨고 58절은 이 떡을 먹으면 영원히 살리라고 하셨다. 이 떡은 보혈의 말씀과 보혈을 의미한다. 다시 말해 보혈의 말씀을 먹으면 모든 것을 깨닫게 되고 영생한다는 뜻이다.

어느 날 보혈전도자 토레이 Torrey 목사에게 어떤 부인이 찾아와서 상담을 신청하였다.

"목사님, 저는 많은 집회에 참석하여 많은 은혜를 받았는데도 실감이 잘 나지 않고 구원받은 확신이 없습니다. 왜 그럴까요?"

이 말을 들은 토레이는 고민하는 부인에게 기도의 법을 가르쳐 주었다.

"부인, 오늘부터 집에 가셔서 다른 기도는 하지 말고 나 자신을 보여 달라고만 한 주간 기도하세요."

이 부인은 한 주간 동안 열심히 자신을 보여 달라고 기도하였다. 기도를 열심히 계속하던 부인에게 주님은 마침내 그 부인의 모습을 깨닫게 해주셨다. 그 모습은 머리끝부터 발끝까지 죄로 덧입혀진 더러운 모습이었다. 이 부인은 자신의 모습을 보자 절망한 모습으로 토레이 목사님께 찾아왔다.

"목사님, 저는 이제는 죽어버리고 싶습니다. 나는 머리끝부터 발끝까지 죄인인 것을 주님이 가르쳐 주셨어요."

토레이는 "이제는 됐습니다. 오늘부터는 한 달 동안 십자가를 보여 달라고 하시고 보혈로 씻어달라고 기도하세요."

한 달 동안 그는 열심히 기도한 후에 응답을 받았다.

'내가 너 같은 죄인을 구원하기 위해 십자가에 죽었단다. 너는 그 뜻을 깨닫고 너의 죄를 내 피로 씻고 십자가 복음을 전하라.'고 하였다.

성경은 주님이 우리를 사랑하시어 십자가에서 생명의 피를 흘려주셨다. 그러므로 그 피로 씻어 구원받고 이 천국의 복음을 전하는 자들이 되라고 가르치고 있다. 주님 감사해요. 보혈을 주셔서.

침례교 증경총회장이시자 유명한 부흥사인 강풍일 목사님이 몇 년 전에 어느 신문에 연재한 글이 생각난다.

담임하고 있던 교회의 이미 고인이신 권사님의 결혼한 딸이 대전의 모병원에 백혈병으로 입원했다는 말을 듣고 병원에 심방을 갔다. 예배시간에 우연히 질문을 하였다.

"집사님, 하나님을 사랑하십니까?" 물었더니 "예."라고 대답하더라는 것이다. 그래서 계속해서 반복해서 주님을 사랑하느냐고 물었다. 그는 사랑한다고 고백하였다.

"그럼 주님께 '감사합니다' 라는 말을 반복적으로 계속하세요."

그 말을 하고 집으로 왔다는 것이다.

그때 목사님은 자신이 왜 그런 말을 했는지도 잘 모르겠다고 하셨다.

그로부터 몇 개월 후에 부흥회 인도차 대전에 가게 되어 권사님 딸이 생각이 나서 다시 병원에 갔더니 완치되어서 퇴원을 했다는 말을 의사로부터 들었다고 한다. 그래서 의사에게 물어보았더니 담당의사가 하는 말이 그는 백혈병 증후군이라 도저히 나을 수 없는 상태였는데 갑자기 완치가 된 것은 현대의학으로는 도저히 이해가 안 되는 기적이라 하더라는 것이다.

주님은 감사자를 찾으시고 감사자를 축복하시고 역사하신다.

또 이어진 글에서 강풍일 목사님은 자신이 당뇨병을 여러 해 앓고 있어서 항상 하루에 1시간 이상 운동을 하고 음식을 조절하여 먹는다는 것이다. 그 덕택으로 항상 날씬한 몸매와 건강을 수십 년 동안 유지한다는 것이다. 만일 자신이 당뇨병 환자가 아니었으면 운동도 안 하고 음식도 조절하지 않아 언제 죽었을지 모르는데 당뇨병 때문에 지금도 건강하니 오히려 당뇨병을 주신 하나님께 감사한다는 말씀이 생각이 났다.

시편 50:22 하나님을 잊어버린 너희여 이제 이를 생각하라 그렇지 않으면 내가 너희를 찢으리니 건질 자가 없으리라 하셨다. 주님은 하나님을 잊은 자를 찢으리니 이를 생각하라는 것이다. 만일 하나님이 우리를 찢으신다면 건질 자가 없다는 말씀인 것이다. 그런데 놀라운 것은 다음 구절 시편 50:23 감사로 제사를 드리는 자가 나를 영화롭게 하리니 그의 행위를 옳게 하는 자에게 네가 하나님의 구원을 보이라고 하였다. 이 말씀은 하나님을 잊은 것이 감사를 잊은 것이고 하나님을 찾는 것이 감사를 찾는 것이요. 또한 감사하는 자를 주님이 구원하신 다는 말씀이시다.

우리가 주님께 감사할 것이 너무나도 많다. 그러나 가장 감사할 것은 우리를 죄에서 구원해주신 것이다. 그렇다면 보혈은 구원의 죄 사함이요 생명이요 성경 속의 가장 위대한 진리이므로 보혈을 계시해 주시고 우리에게 주신 것은 가장 감사해야 할 일이다.

이 은혜를 깨달은 바울은 십자가만 자랑하고 십자가만 알기 원하고 십자가만 증거한다고 하였다. 바울이 말하는 십자가란 십자가 보혈을 말씀하신 것이다.